BY PUTLAND

THE ROLLING STONES

SPEKTAKULÄRE FOTOS DER LEGENDÄREN ROCKBAND

DELIUS KLASING VERLAG

Der Verleger dankt: Sophie Putland, Antonio Bagnoli, Giovanni Barducci, Guido Elmi, Angela und Roberta Focacetti.

Die Originalausgabe erschien 2016 unter dem Titel »THE ROLLING STONES BY PUTLAND« bei LullaBit srl, Bologna, Italien.

Konzept in Zusammenarbeit mit ONO arte: Maurizio Guidoni, Vittoria Mainoldi, www.onoarte.com

Bibliografische Information der Deutschen Nationalbibliothek

Die Deutsche Nationalbibliothek verzeichnet diese Publikation in der Deutschen Nationalbibliografie; detaillierte bibliografische Daten sind im Internet über http://dnb.dnb.de abrufbar.

1. Auflage

ISBN 978-3-667-12352-7

Text: Michael Putland, außer Nachwort der Redaktion: Michael Kokoscha
Aus dem Italienischen von Monika Eingrieber
Lektorat: Michael Kokoscha, Johanna Schwarz
Fotos (so weit nicht anders angegeben) © Michael Putland, www.michaelputland.com
Einbandgestaltung: Jörg Weusthoff, Weusthoff & Reiche Design, Hamburg
Art Direction, Layout und Bildbearbeitung: Arturo Bertusi, Rosanna Mezzanotte, Chiaroscuro Creative srl, Bologna
Druck und Bucheinband: L.E.G.O., Vicenza
Printed in Italy 2021

Delius Klasing Verlag, Siekerwall 21,
D - 33602 Bielefeld
Telefon: +49 (0)521 559-0
Fax: +49 (0)521 559-115
E-Mail: info@delius-klasing.de
www.delius-klasing.de

Inhalt

Mick Jagger während der Aufnahmen für das Video von Till The Next Goodbye. *London 1974.*

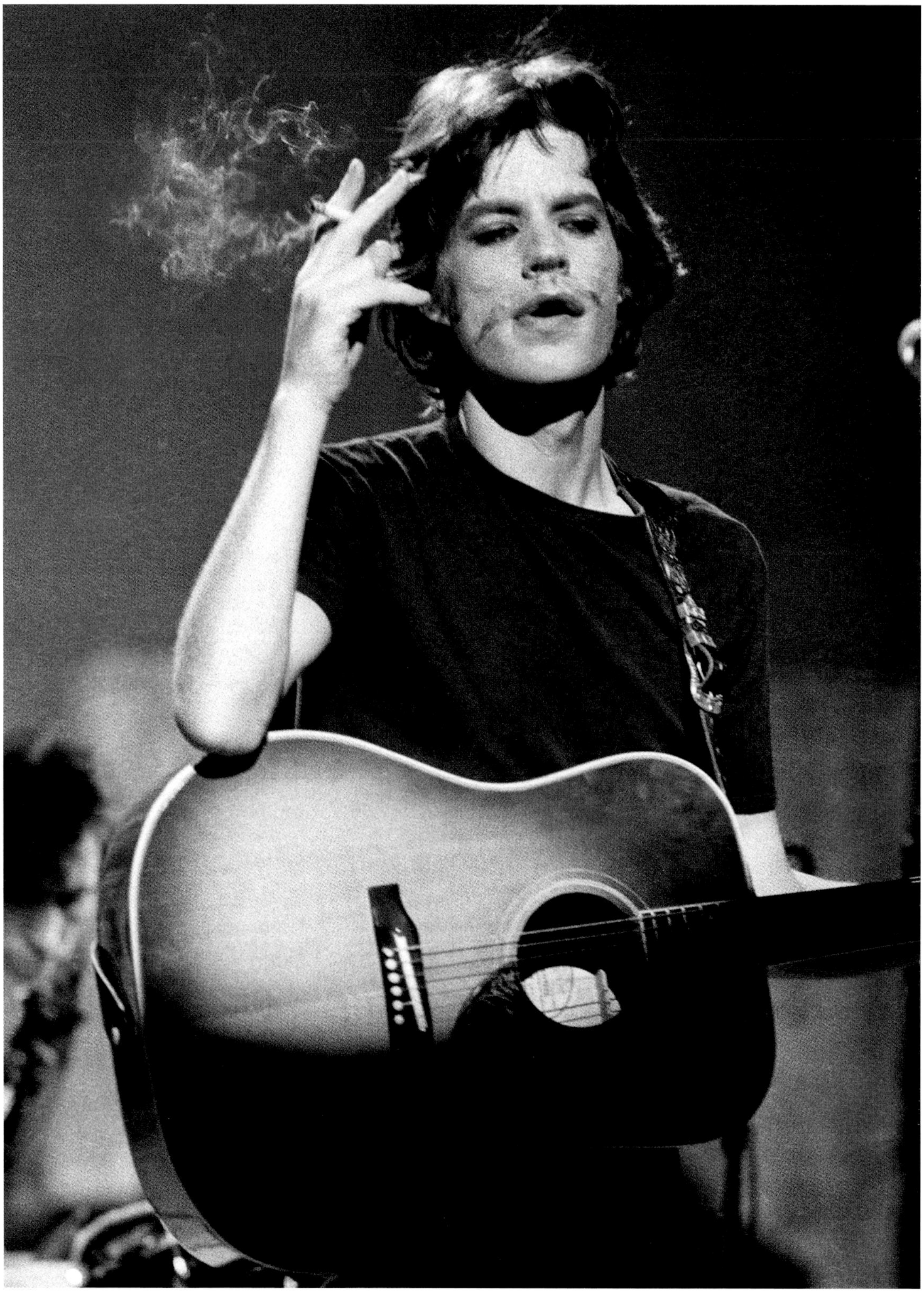

Vorwort

Guido Elmi, Produzent und Liedermacher

1964 spielte ich zusammen mit anderen Jugendlichen in einer Band, und einer der Songs, die wir oft aufführten, war *Quel che ti ho dato* von Equipe 84. Eigentlich war dies ein Stück von Mick Jagger und Keith Richards, und in der Originalversion hieß es *Tell Me*. Es war das Jahr, in dem ich die Rolling Stones entdeckte. Ihr erstes Album, *The Rolling Stones*, enthielt neun Coverversionen, von Willie Dixon über Chuck Berry und Jimmy Reed bis zu Rufus Thomas und vielen anderen Bluesmusikern.

Bei den beiden folgenden Alben, *Rolling Stones No. 2* und *The Rolling Stones, Now!*, waren es schon weniger Coverversionen. In der vierten LP *Out of Our Heads* aus dem Jahr 1965 finden sich dann zwei Stücke, an denen mir viel liegt, weil ich sie als Junge ständig in der Jukebox spielen ließ: *(I Can't Get No) Satisfaction* in der amerikanischen und *Talkin' 'bout You*, ein sehr gelungenes und tadellos gespieltes Cover von Chuck Berry, in der englischen Fassung.

Das absolute Meisterwerk, *Aftermath*, erschien 1966. Es war das erste Album, bei dem alle Stücke von Jagger und Richards selbst geschrieben wurden. Auf dieser LP erlaubte sich der vielseitige und geniale Musiker und damalige Leadgitarrist der Stones Brian Jones viele Experimente, wurde danach aber immer stärker in der Band isoliert.

Am 5. April 1967 spielten die Rolling Stones im Palazzo dello sport in Bologna, meiner Heimatstadt. Natürlich war ich dabei, und das Konzert war unvergesslich. Es hatte große symbolische Bedeutung, auch wenn die Schreie des Publikums oft die Lautstärke der Anlage übertrafen. Dabeisein war alles. Nah bei meinen Legenden zu sein war das Wichtigste.

In den Folgejahren brachte die Band wie am Fließband weitere Meisterwerke wie *Their Satanic Majesties Request, Beggars Banquet, Let It Bleed, Sticky Fingers, Exile on Main St* oder *Black And Blue, Some Girls, Emotional Rescue, Tattoo You* und *Dirty Work* im Jahr 1986 heraus. Dieses Album, das gemeinsam von Jagger, Richards und Steve Lillywhite produziert und meiner Ansicht nach unterschätzt wurde, war das letzte, das ich mir aufmerksam angehört hatte.

Abgesehen von musikalischen Überzeugungen war doch die Seele der Rolling Stones für uns junge Leute der 60er-Jahre, die mit ihnen aufgewachsen sind, immer das Wichtigste. Diese inzwischen unsterbliche Band macht keine Rockmusik, sie ist Rock!

Die spöttisch-freche Bühnenpräsenz Jaggers und Richards starke Gitarrenriffs zogen sofort auf die Seite der Stones, und wir verteidigten sie mit allen Mitteln, denn uns gefielen die honigsüßen italienischen Produktionen genauso wenig wie die geleckte Musik der Beatles. Mehr als musikalische Leidenschaft war das eine Glaubensfrage. Auch heute noch, wenn ich *Sympathy for the Devil, Brown Sugar, Gimme Shelter* und viele andere Stücke höre, spüre ich ihre Kraft und ihre Zeitlosigkeit. Sie sind immer noch aktuell.

Die Fotos von Michael Putland legen ein einzigartiges Zeugnis ab, und ich freue mich darüber, dass unter den fotografierten Künstlern auch Chuck Berry ist. Für mich ist er der wirkliche Erfinder des Rock 'n' Roll, dem alle, auch die italienischen Musiker, viel schulden. Diese Fotos dringen bis in dein Innerstes vor, sie bringen dich zurück in die Vergangenheit, ohne alt zu wirken. Ihre Stärke ist, dass sie nicht retuschiert wurden. Sie reflektieren das Bild der »Hässlichen, Schmutzigen und Bösen«, wegen dem wir uns in die Rolling Stones verliebten.

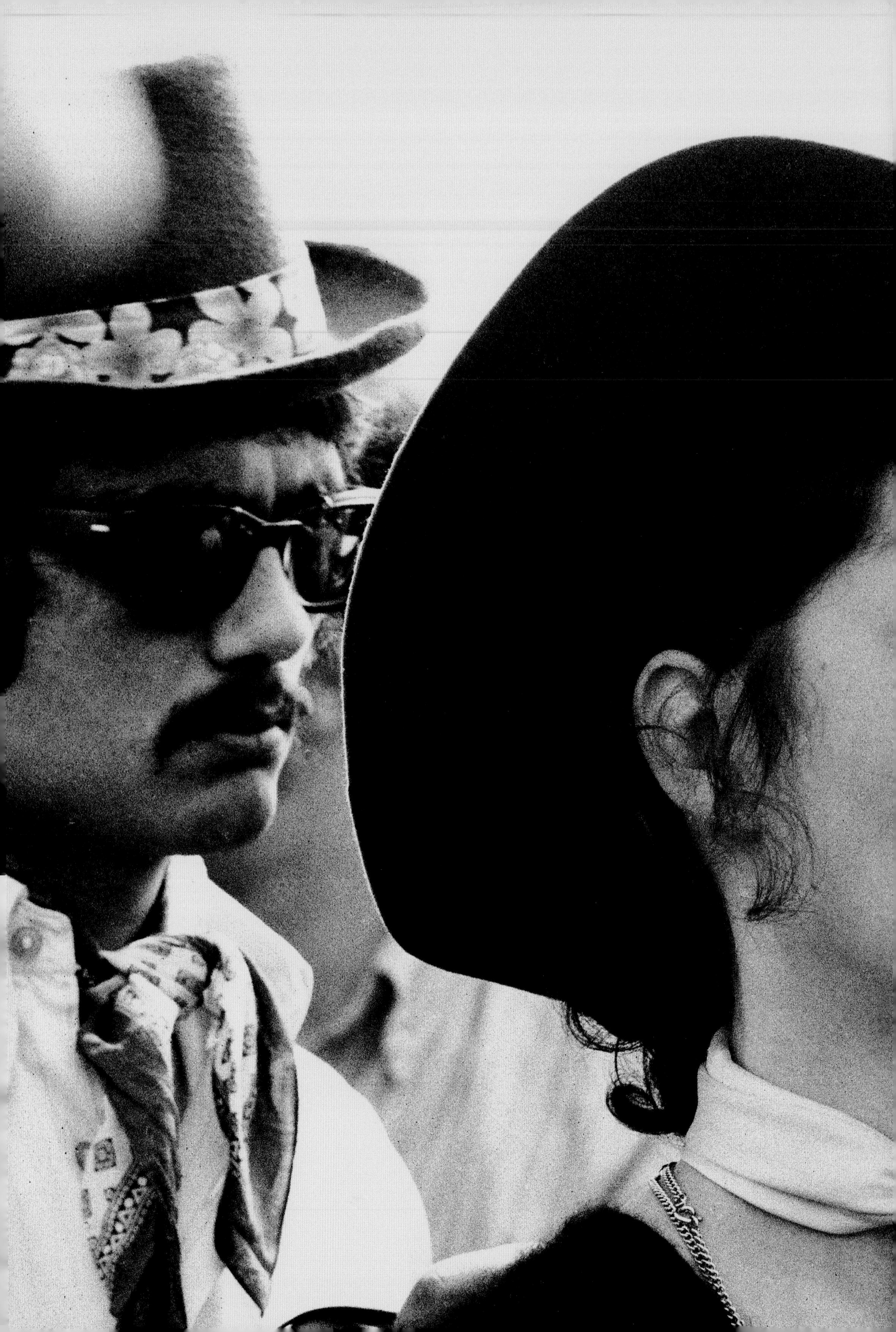

KAPITEL #1

1963–1969

DIE ANFÄNGE – SWINGING LONDON

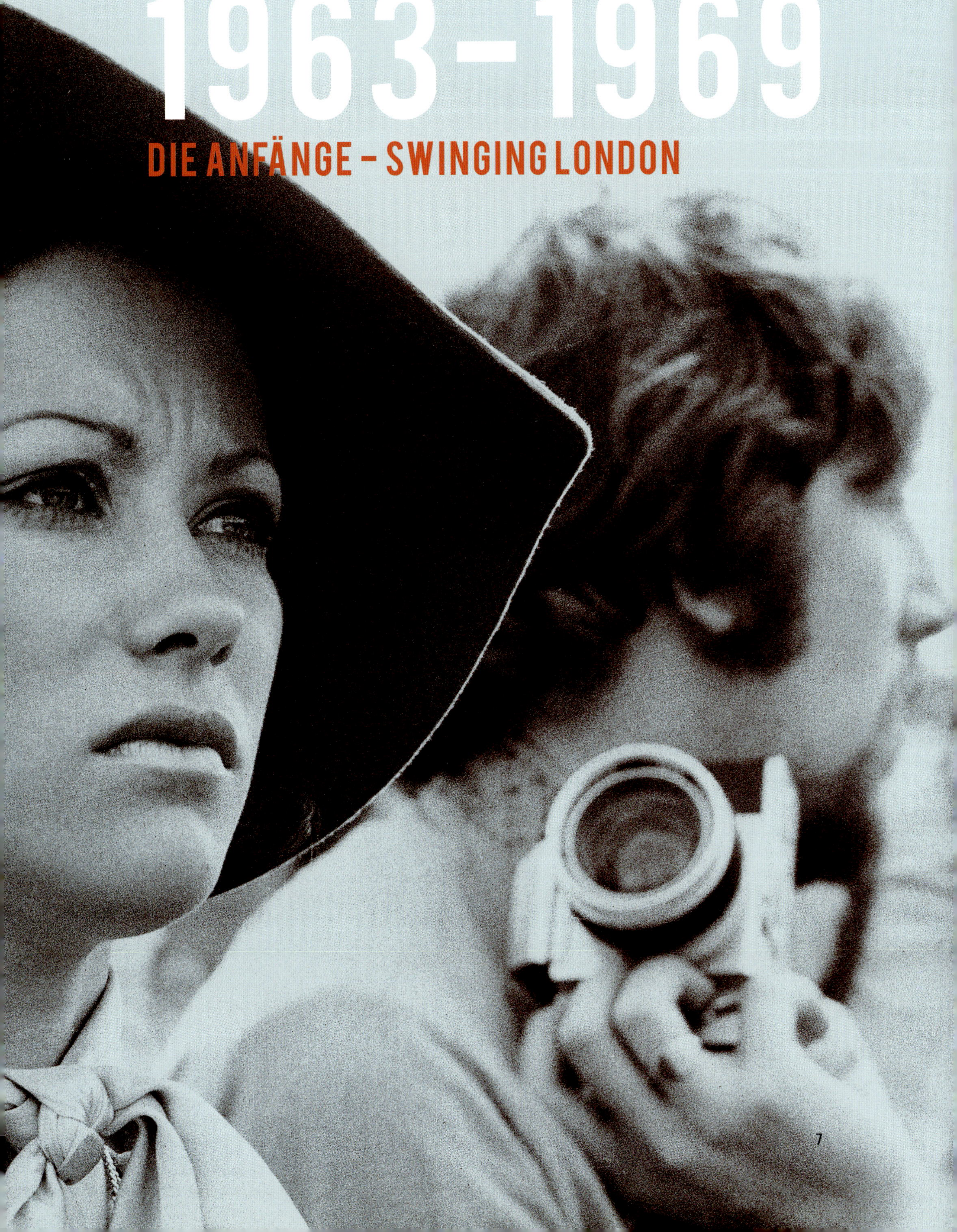

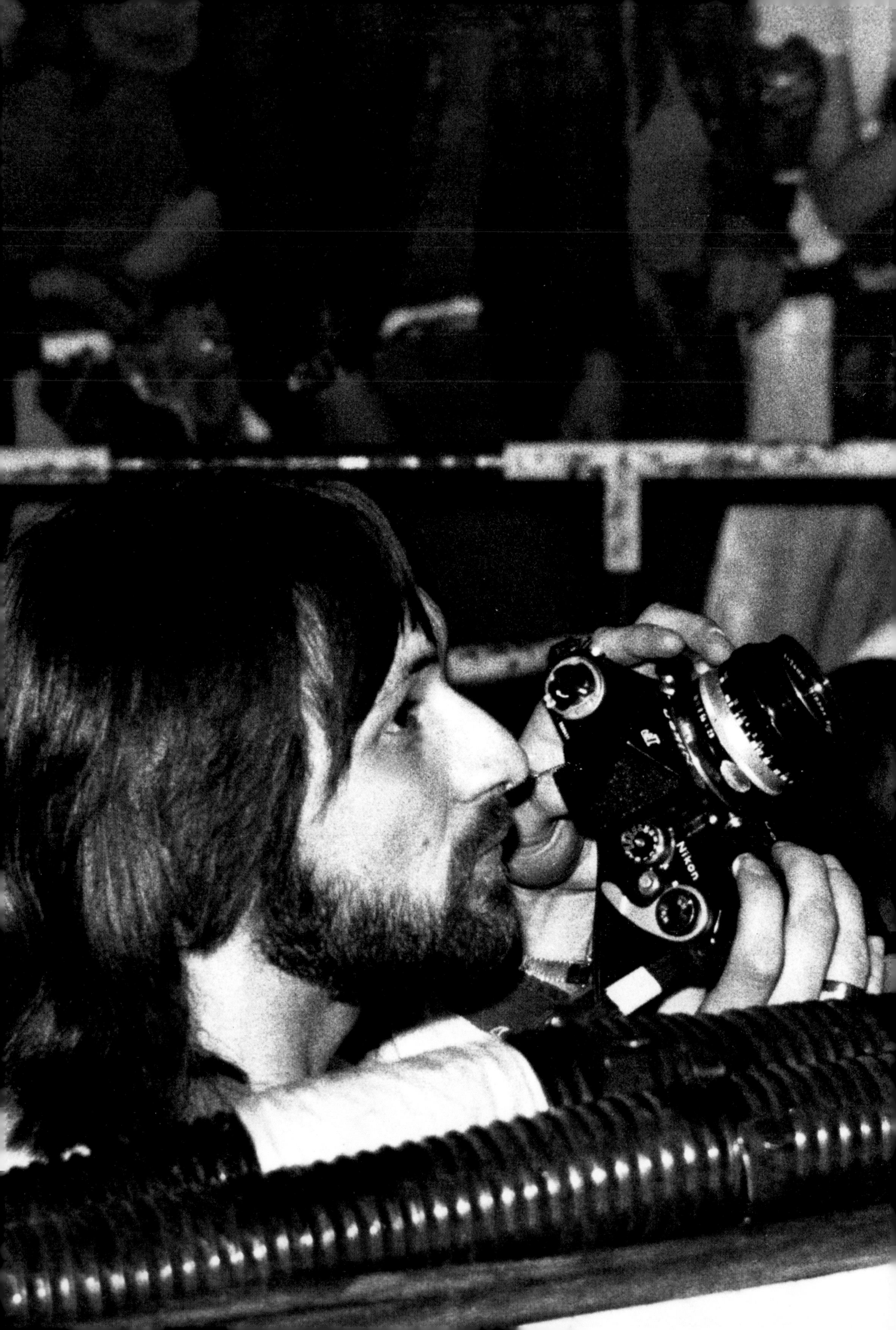
Nikon

1963 waren die Rolling Stones bereits bekannt. Ich hatte sie jedoch noch nie live spielen gehört, auch wenn sie in Lokalen auftraten, die ich besuchte. Eins davon war der Ealing Jazz Club, der erste Nightclub Londons, der Anfang der 60er-Jahre regelmäßig R&B auf dem Programm hatte. Dort hörte ich zum Beispiel die Konzerte von Manfred Mann (anfangs Mann Hugg Blues Brothers) und von Alexis Korner, der als Gründervater des britischen Blues betrachtet wird. Man kann sagen, dass genau hier der Grundstein der Rolling Stones gelegt wurde. Im Frühjahr 1962 spielte Alexis Korner im Ealing Jazz Club mit einer Band namens Blues Incorporated. Zu den häufig wechselnden Musikern der Band gehörten auch Charlie Watts und Brian Jones, dem Korner Mick Jagger und Keith Richards vorstellte.

Dann gab es noch den Flamingo Club. Zu jener Zeit besuchte ich gelegentlich auch diesen Club, obwohl ich sehr jung war und der Flamingo einen schlechten Ruf hatte. Er war voll von Gangstern, Zuhältern und Prostituierten, und es gab oft Schlägereien unter den Gästen. 1963 wurde der Club als Treffpunkt der Vertreter einer neuen Subkultur berühmt. Hier trafen sich Fans und Musiker von Jazz und R&B. Es kamen auch farbige amerikanische Soldaten, die ganz in der Nähe in der Luftwaffenbasis stationiert waren, nur einige Kilometer von Ealing. Damals gab es noch nicht so viele Farbige in England, und es war ungewöhnlich, in einem Nightclub 50 oder 60 Prozent nichtweißes Publikum vorzufinden.

Der Flamingo Club war anders als alle anderen. Natürlich spielten dort viele berühmte Künstler, von Wilson Pickett bis hin zu Jimi Hen-

Links: Michael Putland bei der Arbeit. Berlin 1973. Foto von Julian Ruthven

Unten: Carnaby Street. London 1966.

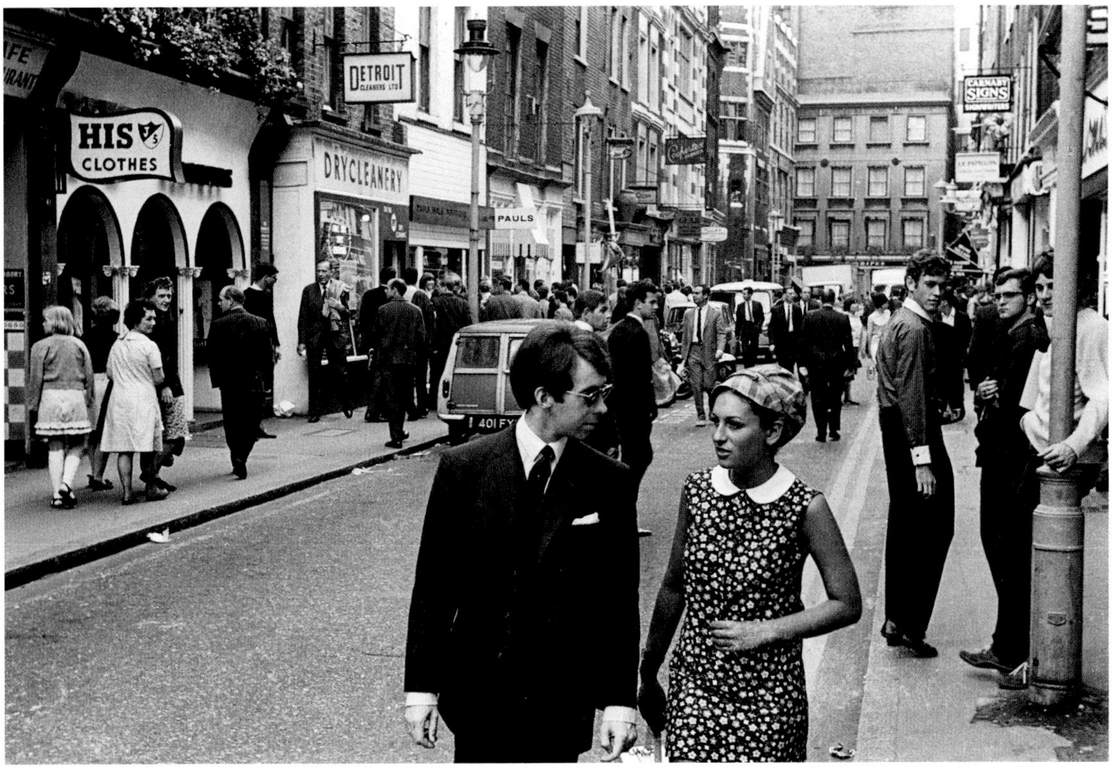

drix und vielen anderen. Die Einflüsse aus Blues und Jazz, die für die Stones so wichtig waren – aber auch für mich, der ich damals ständig Musik von Ray Charles kaufte – stammten aus genau solchen Clubs wie dem Flamingo. Ein weiteres Lokal, in das ich oft ging, war der Pub in der Nähe meiner Wohnung, das Oldfield Hotel in Greenford, wo unter anderem das ganze Jahr 1963 und einen Teil des Jahres 1964 praktisch jeden Samstag The Who spielten (ursprünglich The Detours).

Kommen wir zurück zu den Stones des Jahres 1963, denn vielleicht wissen viele Fans nicht, dass die Band zu Beginn nur amerikanische Stücke nachgespielt hat: Rock 'n' Roll, Blues und R&B. In diesem Jahr kaufte ich ihre erste Platte, *Come On*, eine Single, die ein Cover der gleichnamigen Single von Chuck Berry war. Sie waren große Fans von Berry genauso wie von Bo Diddley und ähnlicher Musik.

Zu den Lokalen, die ich damals öfters besuchte, gehörte auch das British Legion Hall, eine Art Veteranenclub und eher seriös und konventionell, fast wie ein Gemeindesaal. Als ich herausfand, dass die Stones dort spielen wollten, habe ich mich mit einigen Freunden zusammengetan, um sie zu hören. Wir waren etwa 15, 16 Jahre alt. Im British Legion hatte schon Van Morrison gespielt, und wir wussten, dass dort 200 bis 300 Personen hineinpassten, nicht mehr. Wir hätten nie gedacht, dass der Saal voll werden könnte. Aber es war die Zeit, in der die Stones berühmt wurden, und als wir zu dem Lokal kamen, stand dort bereits eine Riesenmenge kreischender Schülerinnen. Es gelang uns nicht, hineinzukommen. So beschlossen wir ziemlich frustriert, wieder nach Hause zu gehen. Als ich heimlief, hielt ein kleiner blauer Transporter neben mir, ein junger Mann kurbelte das Fenster herunter und fragte mich: »Weißt du zufällig, wo das British Legion ist?« Und ich dachte: »Das ist Keith Richards!«

Ich hatte Fotos von ihm gesehen und hatte ihn erkannt! Darum sagte ich zu ihm: »Ich bring dich hin, wenn du willst.« Ich dachte, wenn man sieht, dass ich in seinem Transporter bin, würde man mich vielleicht

Mitgliedsausweis des Ealing Clubs. 1964.

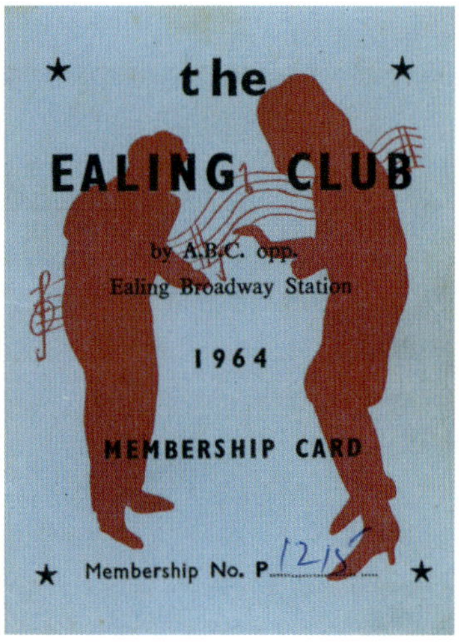

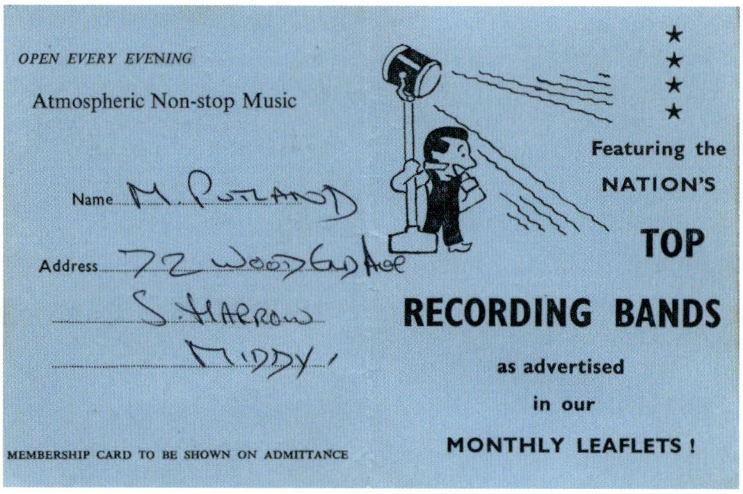

ins Konzert hineinlassen. Er antwortete mir: »Spring rein, Kumpel!« Und ich stieg ein. Schließlich kamen wir zum British Legion, und ich meinte: »Wir sind da.« Darauf antwortete er: »Danke, Kumpel.« Dann stieg er aus dem Transporter und ging weg. Er ließ mich draußen, allein! Ich weiß nicht mehr, ob ich ihm später noch einmal etwas von dieser Geschichte erzählt habe. Das war meine erste Begegnung mit Keith Richards!
Das waren die Zeiten, in denen Keith noch in Seelenruhe seinen eigenen Transporter lenken, dabei ein Bier trinken und mitten auf der Straße parken konnte. Das sind Dinge, die sich heute nicht mal die kleinste und unbekannteste Band erlauben könnte. Ich erinnere mich nicht, ob noch irgendjemand anderes in dem Transporter war – schließlich sind wir bis zum British Legion höchstens einen Kilometer weit gefahren, und ich war sehr aufgeregt. Ich weiß auch nicht mehr, worüber wir gesprochen haben, ich versuchte nur, die Ruhe zu bewahren!

Es waren schon außergewöhnliche Zeiten, damals, weil es ganz einfach war, Leute wie Eric Clapton oder andere Künstler dieses Kalibers in solch kleinen Konzertsälen zu treffen. Das war das »Swinging London«, und ein großer Teil der Künstler, die in den folgenden zwei Jahrzehnten Musikgeschichte schreiben sollten, stand noch am Anfang. Im British Legion habe ich zum Beispiel auch Rod Stewart und andere Musiker getroffen, die heute Legenden sind. Heute passiert es nicht mehr, dass Künstler, die dann zu Mythen werden, in so kleinen Lokalen auftreten.
Auch im Marquee, einem anderen berühmten Lokal Londons, konnte ich Konzerte von wirklichen Giganten der Musik auf einer winzigen Bühne hören. Die Künstler spielten nur eine Handbreit vom Publikum entfernt, man hätte sie berühren können. Manchmal konnte es auch passieren, dass man sie in den Toilettenräumen auf dem Boden liegend fand, nach einem Whisky zu viel ... Das war allerdings absolut nicht empfehlenswert, so wie die Toiletten damals aussahen!

In der Zeit nach der Episode mit dem Transporter begannen die Stones, im Fernsehen aufzutreten und wirklich berühmt zu werden. Das erste Mal live gesehen habe ich sie 1964. Das genaue Datum weiß ich nicht mehr, weil ich niemand bin, der sich alle Daten aufschreibt, aber ich meine, dass es Januar war. Sie spielten gleich nach den Ronettes im Rahmen einer Package Show, also einer für vier oder fünf Bands organisierten Tournee, bei der jede Band nur fünf Songs aufführt. An diesem Abend haben die Stones die bereits erwähnte Coverversion der Single von Chuck Berry gesungen, *Come On*, die sie als erste Platte herausgebracht hatten. Sie spielten auch *Mona, You Better Move On, Roll Over Beethoven* und zum Schluss *I Wanna Be Your Man*, das von John Lennon und Paul McCartney geschrieben und als Single im November 1963 von den Stones veröffentlicht wurde (praktisch gleichzeitig mit der Version der Beatles auf dem Album *With The Beatles*). Das Stück wurde ihr erster Erfolg.

Ich kann mich daran erinnern, dass die Ronettes, die nach dem Vertragsabschluss mit Phil Spector im Vorjahr auf dem Höhepunkt ihrer Karriere waren, superkurze Röcke trugen. Zwischen den einzelnen Darbietungen stieg der Theaterdirektor auf die Bühne und drohte ihnen damit, die Vorstellung zu unterbrechen, wenn sie ihre Röcke nicht verlängerten, was aber natürlich unmöglich war.
Aus musikalischer Sicht waren sie unglaublich. Ich betete sie an, denn sie boten die sogenannte »Wall of Sound«, ein für ihren Produzenten Phil Spector typisches Klangbild, erzeugt durch das Übereinanderlegen einer unglaublichen Anzahl von Spuren, ein absolut unerwarteter Effekt – pure Tontechnik. Auch heute noch fühle ich mich in meine Jugend zurückversetzt, wenn ich wieder einmal ein Stück von ihnen höre. Außerdem sahen sie wirklich gut aus! Viele Jahre danach habe ich Ronnie getroffen, die Frontfrau der Gruppe, die inzwischen Phil geheiratet hatte und nun Ronnie Spector hieß. Ich sollte sie für ein Interview fotografieren, und sie war wirklich reizend und echt brillant.

Die Beziehung zwischen den Beatles und den Rolling Stones war immer sehr gut – unabhängig davon, was die Presse und auch ihre Manager das Publikum glauben machen wollten. Als beide Bands auf dem Höhepunkt ihrer Karriere waren, 1964 und 1965, haben sie sich miteinander telefonisch abgesprochen, um die Erscheinungstermine der jeweiligen Singles zu vereinbaren.

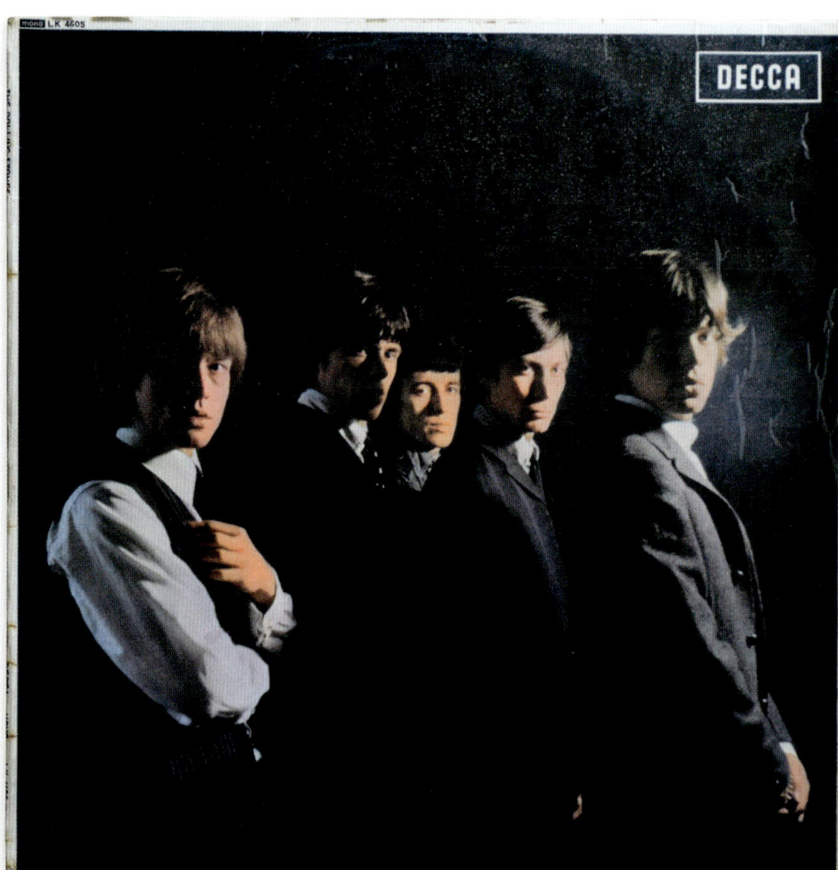

Vorder- und Rückseite der ersten LP der Stones, auf der sich ein einziger Jagger und Richards zugeschriebener Titel befand. Das Pseudonym »Phelge« bei zwei weiteren Titeln weist ebenfalls auf Eigenkompositionen hin. 1964.

Paul McCartney hatte sicher den engsten Kontakt zu den Stones, auch persönlich, und ich habe ihn oft im Backstage-Bereich bei Stones-Konzerten fotografiert. Mick Jagger und er unterhielten sich wie ganz alte Freunde. Sicher gab es auch ein gutes Maß an Wettbewerb, aber es war ein gesunder Wettbewerb. Für meine Generation änderte sich mit den Beatles absolut alles. Sie waren die allerersten. Dann kamen die Stones, und uns wurde klar, was Rock 'n' Roll wirklich ist.

Besonders in der Anfangszeit konnte keiner bestreiten, wie professionell diese Bands waren. Es gab Zeiten, da betraten sie um 21 Uhr die Bühne und verließen sie erst wieder um 2 Uhr morgens. Für diese Musiker war Musikmachen niemals ein Hobby, sondern von Anfang an eine Arbeit, die sie sehr ernst nahmen.
Die Beatles waren wirkliche Genies, das Komponieren lag in ihrer Natur. Für die Stones war die Sache etwas komplizierter, vor allem in der ersten Zeit. Man munkelt auch, dass nach der Zeit der Coverversionen und des Erfolgs von *I Wanna Be Your Man* ihr neuer Manager Andrew Loog Oldham Mick und Keith in ihr Apartment eingeschlossen und ihnen gedroht haben soll, sie erst wieder herauszulassen, wenn sie einen eigenen Song geschrieben hätten. Aber auf der Bühne waren die Stones ganz anders, sie wussten wirklich, wie man Aufsehen erregt.

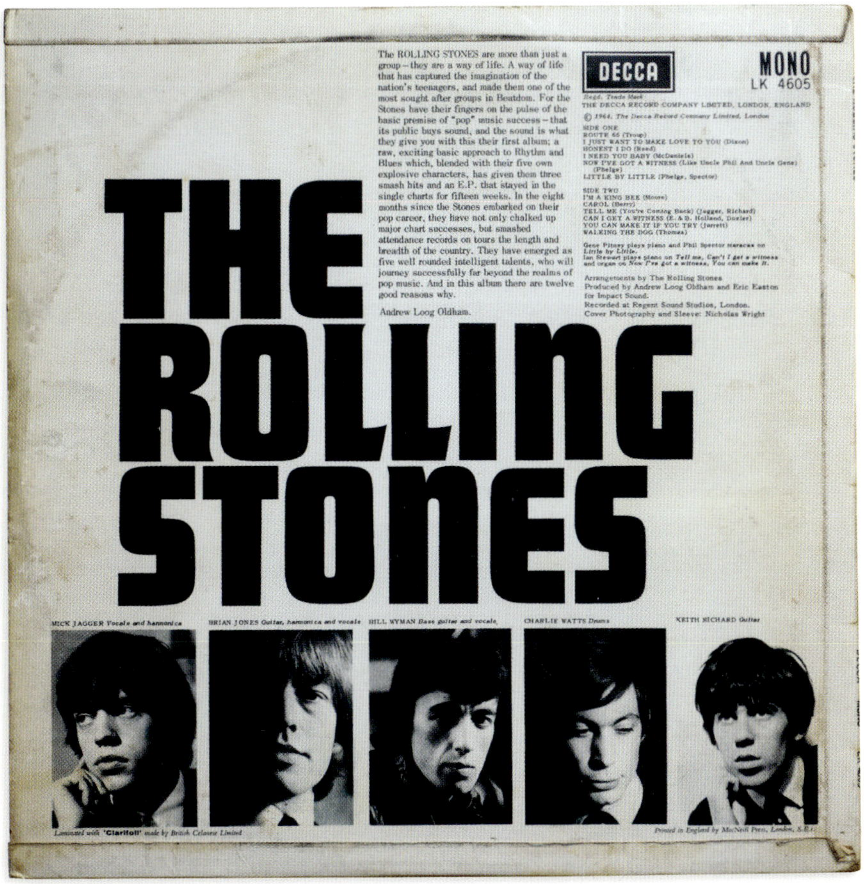

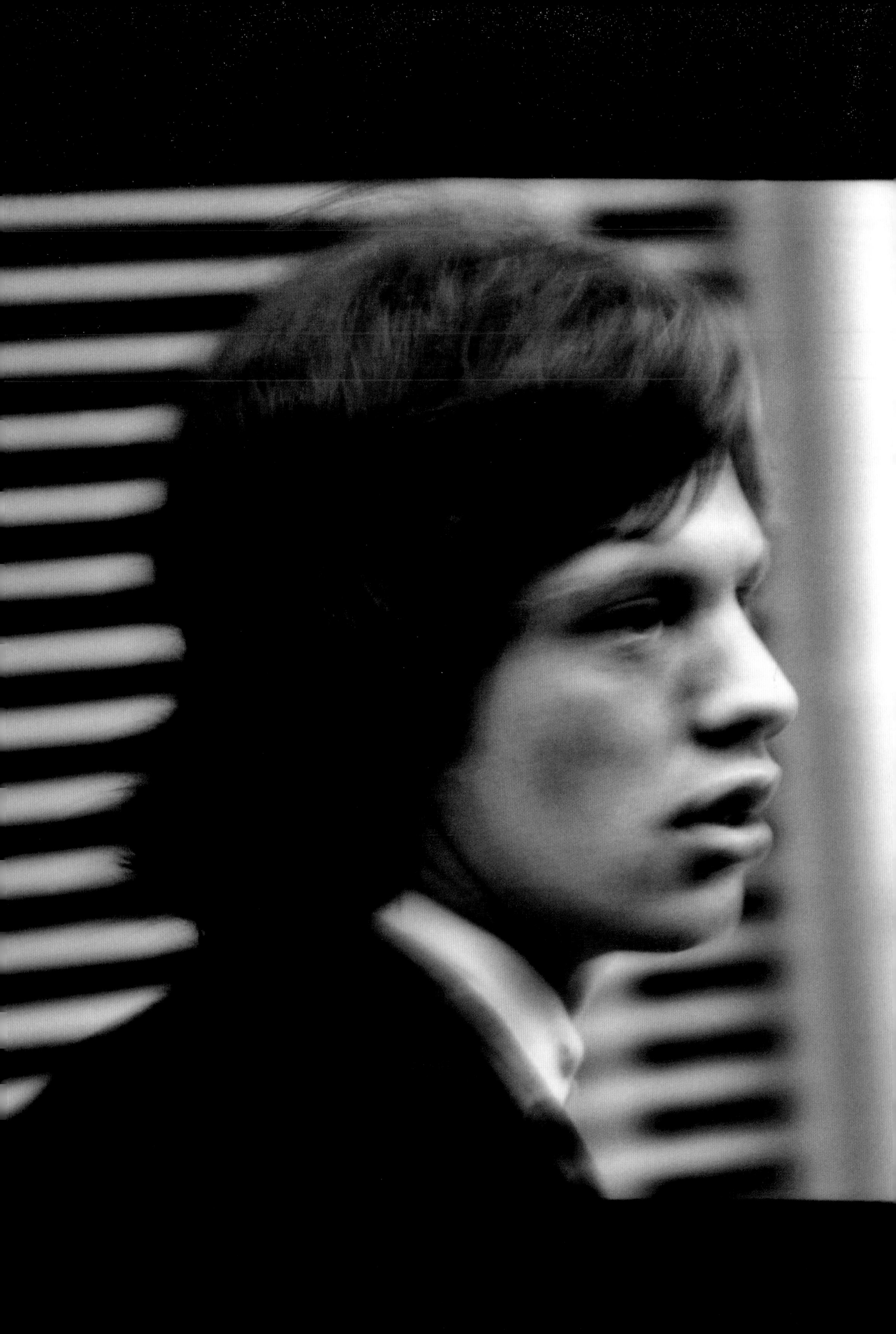

Für die Stones war das eine Übergangszeit. Im April 1964 erschien ihr erstes Album bei Decca Records, *The Rolling Stones* – zwölf Stücke, davon drei eigene – und ich sah sie bei einer anderen Package Show zusammen mit den Everly Brothers wieder.
Danach habe ich sie 1965 beim National Jazz and Blues Festival gehört, einem Spektakel, das vom damaligen Direktor des Marquee, Harold Pendleton, organisiert wurde. Dieses Event, der Vorläufer des heutigen Reading Rock Festivals, fand damals in Richmond statt, einem kleinen hübschen Städtchen an der Themse. Als die Stones auf die Bühne kamen, wurden sie nicht besonders herzlich empfangen, denn sie waren keine Jazz- oder Bluesband. Sie spielten aber sehr gut, und das Konzert war ausgezeichnet. Meine Freunde merkten nicht einmal, dass wir den letzten Zug nach Hause verpasst hatten. Wir mussten unter einer Brücke am Ufer der Themse übernachten. Aber das geschah in meiner Zeit als Stones-Fan, noch bevor ich die Musiker kennenlernte. Das Beste kam später, als ich begann, sie zu fotografieren.

Der absolut erste Popstar, den ich jemals fotografiert habe, war Mick Jagger. Das war 1965, und ich arbeitete als Assistent von Louis Klemantaski, einem berühmten Fotografen von Autorennen. Sein Studio hieß Sound Stills und befand sich in Pimlico, einem Stadtviertel Londons, das damals zu den trendigsten gehörte. Neben unserem Studio war ein Friseursalon, der auch Damenmode verkaufte und in den 60er-Jahren der Laden war, The Hem & Fringe Boutique. Natürlich kannten wir die Leute, die dort arbeiten, und eines Abends luden sie uns zu einem von ihnen organisierten Fest mit ein paar Berühm theiten ein, darunter der amerikanische Sänger und Schauspieler P. J. Proby und Billy Davis. Und plötzlich tauchte auch Mick Jagger auf. Da sagte mir der Leiter der Boutique: »Schnell, hol einen Fotoapparat!« Ich hatte meinen immer dabei, aber keinen Film drin, weil ich

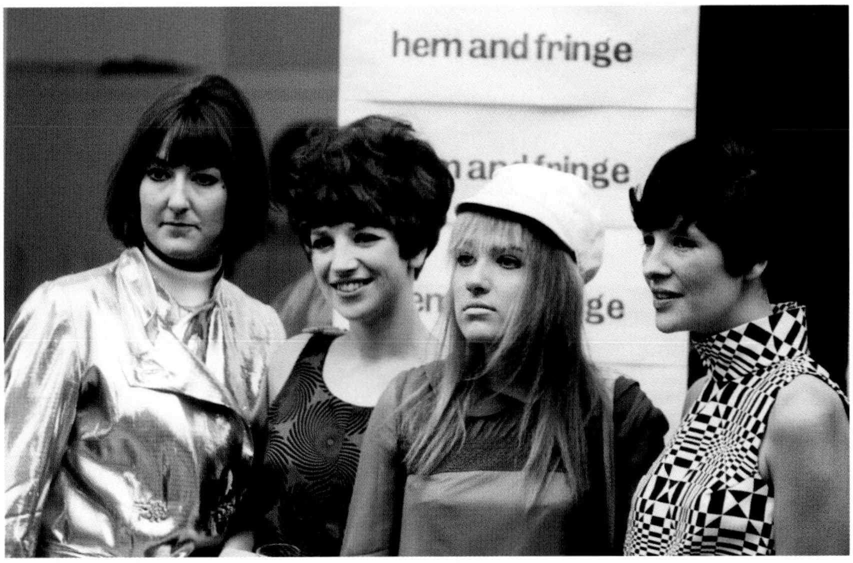

Links: Mick Jagger in der Hem & Fringe Boutique. London 1965.

Rechts: Popstar Twinkle mit einigen Models in der Hem & Fringe Boutique.

mir das in jenen Jahren mit meinem Gehalt nicht immer leisten konnte. Es war mir zwar peinlich, aber ich stahl einen Film in dem Fotostudio, für das ich arbeitete.
Ich kam gerade rechtzeitig zurück, um ein Foto zu schießen. Mick war schon im Aufbruch (eigentlich ist er nicht lange geblieben). Der Leiter des Salons wollte Fotos haben, um sie an die verschiedenen Zeitschriften zu schicken. Deshalb ging ich sofort in die Dunkelkammer, um die Bilder zu entwickeln, nur für ihn. Danach brachte er mich mit einer wilden Autofahrt zur U-Bahn-Haltestelle, denn ich war erst 18 Jahre alt und lebte noch bei meinen Eltern, deshalb musste ich nach Hause. Aber wir hatten die Bilder und ich mein erstes Foto von Mick Jagger!

Ich arbeitete weiterhin für dieses Fotostudio. Meine Karriere wurde besonders vom Film *Blow Up* von Michelangelo Antonioni beeinflusst. Er erschien 1966, frei nach dem Leben des Fotografen David Bailey. Der Film war voll wunderschöner Mädchen, und es spielten in einer Szene auch die Yardbirds. Er machte mir Mut, in der Welt der Fotografie zu bleiben, auch wenn ich nie so viele Frauen getroffen habe wie der von David Hemmings gespielte Thomas.

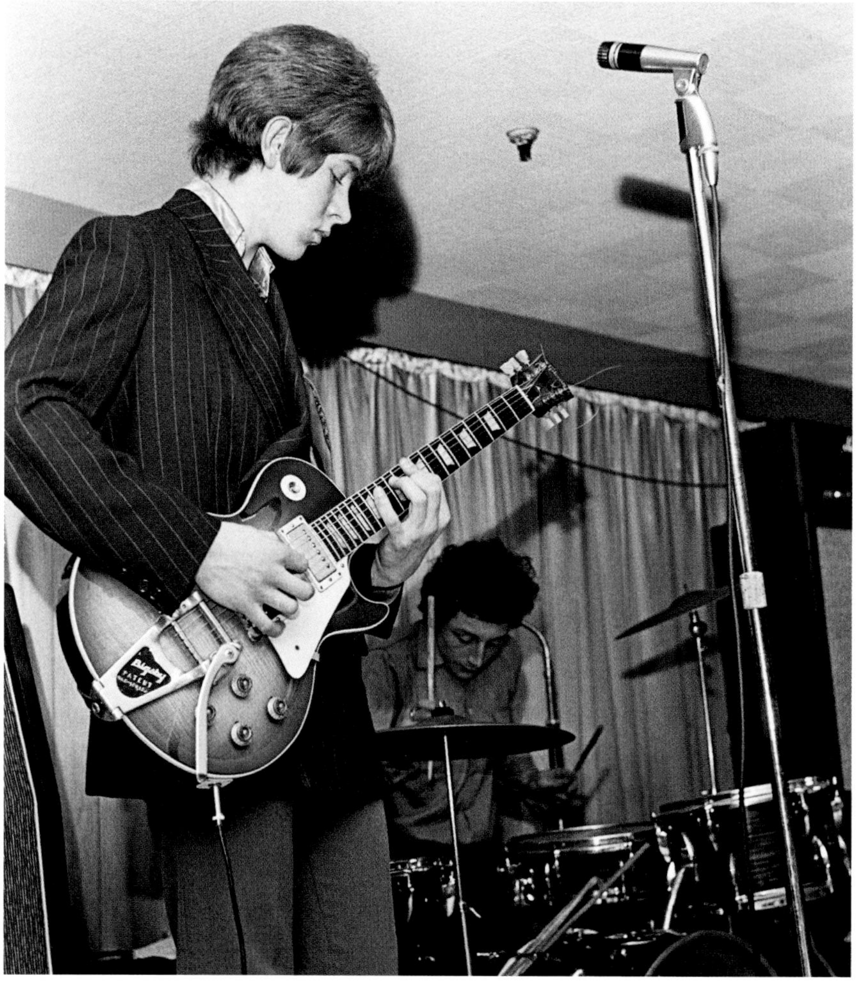

Mick Taylor mit seiner ersten Band, den Gods, im Starlite Ballroom in Greenford. 1967.

1967 spielte die Band Cream im Starlite Ballroom, einem winzigen Tanzsaal – Eric Clapton, Jack Bruce und Ginger Baker. In der folgenden Woche konnte ich auch bei einem Konzert einer unbekannten Band dabei sein. Sie nannten sich The Gods, und hier spielte Mick Taylor mit, bevor er zu den Rolling Stones kam. Die Fotografien dieses Abends wurden später veröffentlicht. Ich erinnere mich daran, dass ich damals noch bei meinen Eltern lebte und nach dem Konzert eine Mandelentzündung bekam, weshalb meine Mutter die Aufnahmen persönlich beim Manager der Band vorbeibringen musste!

Das nächste Jahr, 1968, war ein ganz besonderes Jahr. In Europa war es wegen des Vietnamkriegs turbulent, ich fotografierte Friedensmärsche und politische Veranstaltungen und hatte keine Zeit, mich um die Stones zu kümmern, weder als Fotograf noch als ihr Fan.

1969 starb Brian Jones. Ich hatte ihn noch spielen gehört, aber nicht mehr kennenlernen dürfen. Wenige Wochen vor seinem Tod habe ich Mick im Hyde Park fotografiert. Damals verstand ich nicht, wieso er

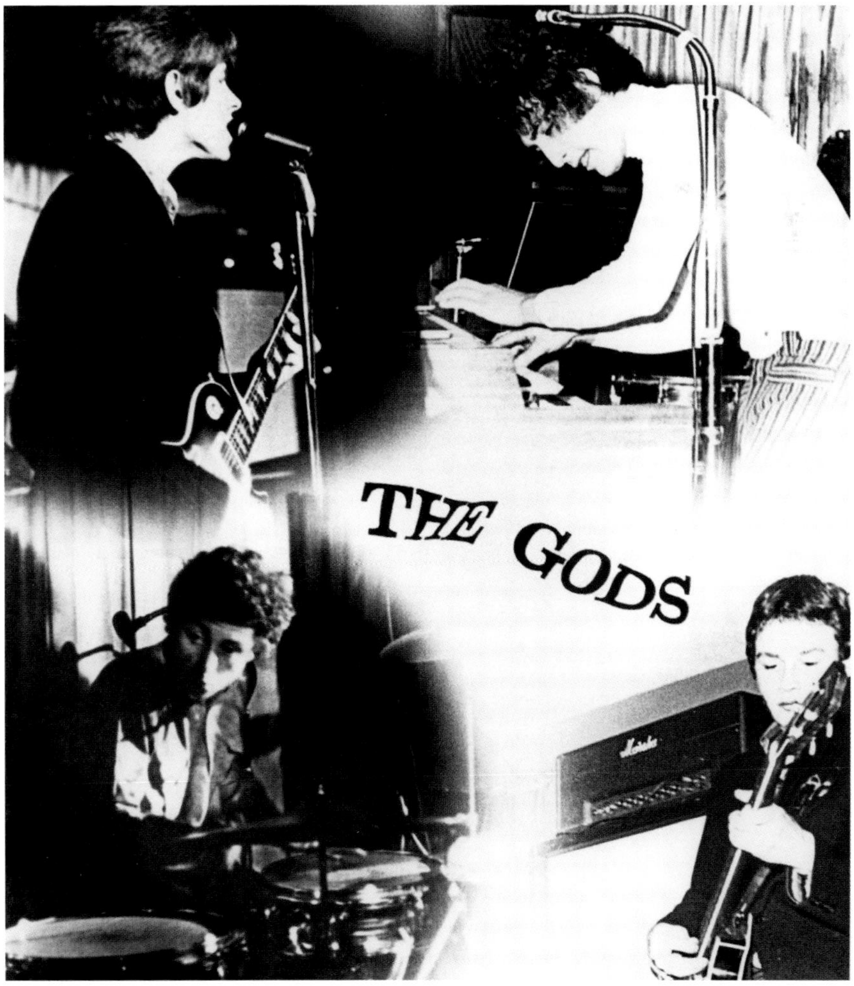

Rechts: Bei den Gods spielte neben Mick Taylor auch Ken Hensley, der später zu Uriah Heep wechselte.

Folgende Doppelseite: Die Rolling Stones im Hyde Park. London 1969. Michael Putland wurde von den Hells Angels aufgehalten. Das Bild wurde so nahe an der Bühne wie möglich aufgenommen.

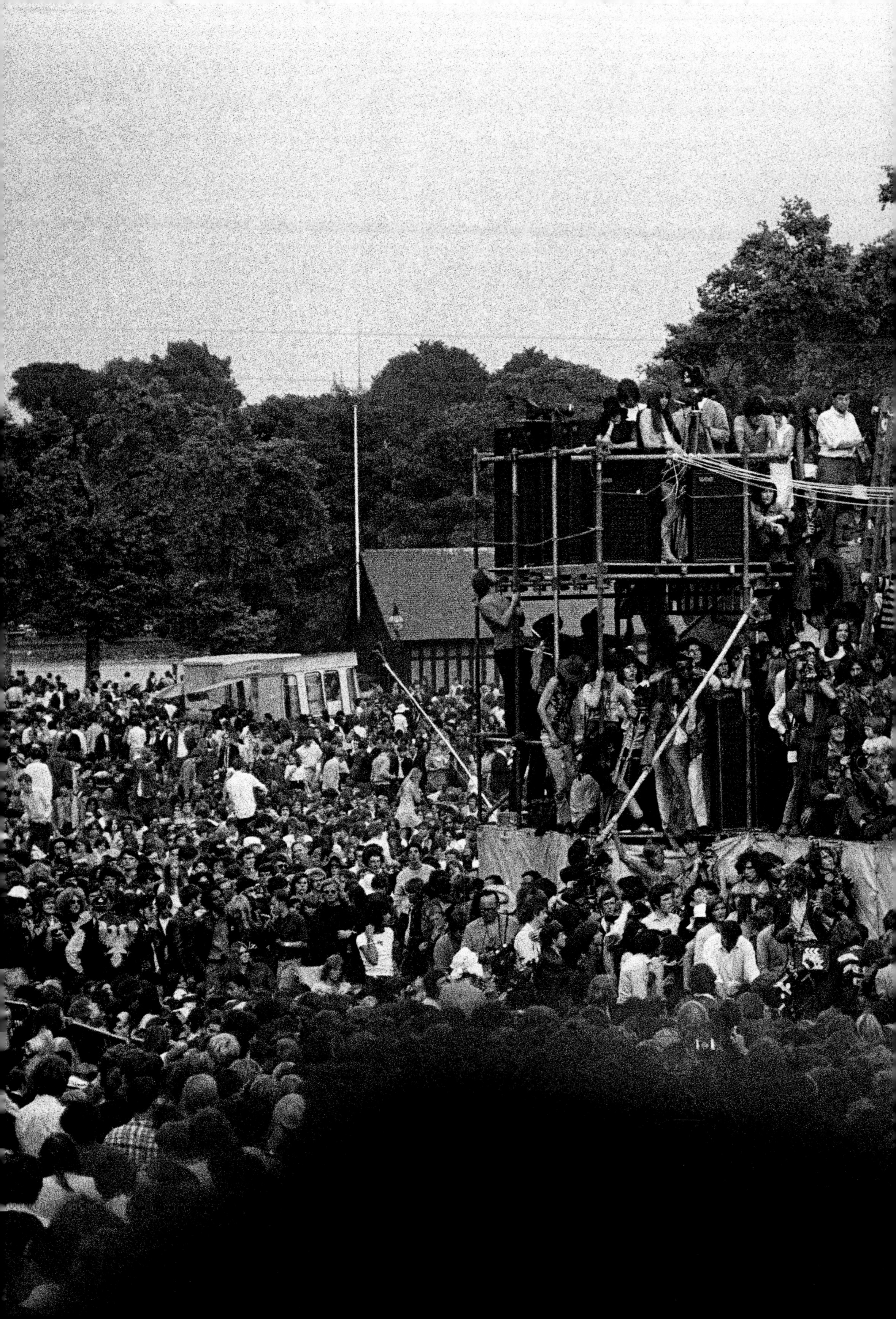

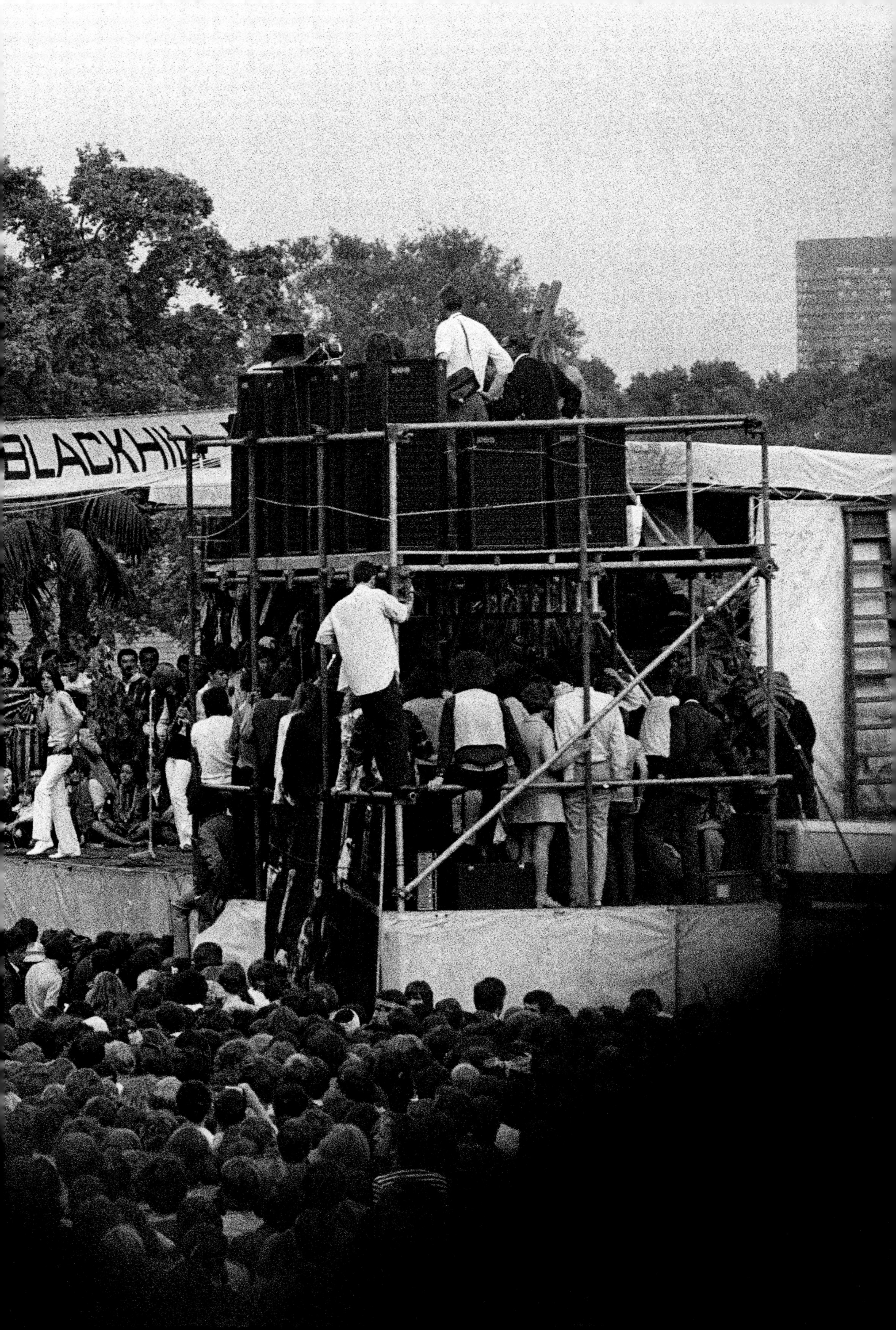
BLACKHIL

dort war. Später fand ich heraus, dass er auf einer Ortsbesichtigung war, während Blind Faith spielte, eine Band, die aus Eric Clapton, Steve Winwood, Ginger Baker und Ric Grech bestand. Die Stones haben wenige Wochen später an diesem Ort gespielt. Während des Konzerts von Blind Faith habe ich Mick hinter den Kulissen zusammen mit Marianne Faithfull fotografiert.

Beim eigentlichen Konzert der Stones war ich leider nicht, weil sich die Hells Angels um den Sicherheitsdienst kümmerten und ich nicht durchkam. Sie waren größer als ich, und ich versuchte noch nicht einmal, mit ihnen zu diskutieren. Fotos schoss ich trotzdem, aber eben nur aus der Ferne.

Das war das erste Konzert Mick Taylors mit den Stones. Nachdem er die Gods verlassen hatte, sah man ihn auch oft mit John Mayall (John Mayall & the Bluesbreakers), einem der wichtigsten Musiker der englischen Bluesszene, mit dem auch Eric Clapton und Peter Green gespielt hatten. Danach verschwanden die Stones einige Monate lang aus der Londoner Szene, um sich ihrem amerikanischen Publikum zu widmen.

Unten: Mick Jagger und Marianne Faithfull während eines Konzerts der Gruppe Blind Faith im Hyde Park. London 1969.

Rechts: Mick Jagger beim Konzert der Blind Faith im Hyde Park. London 1969.

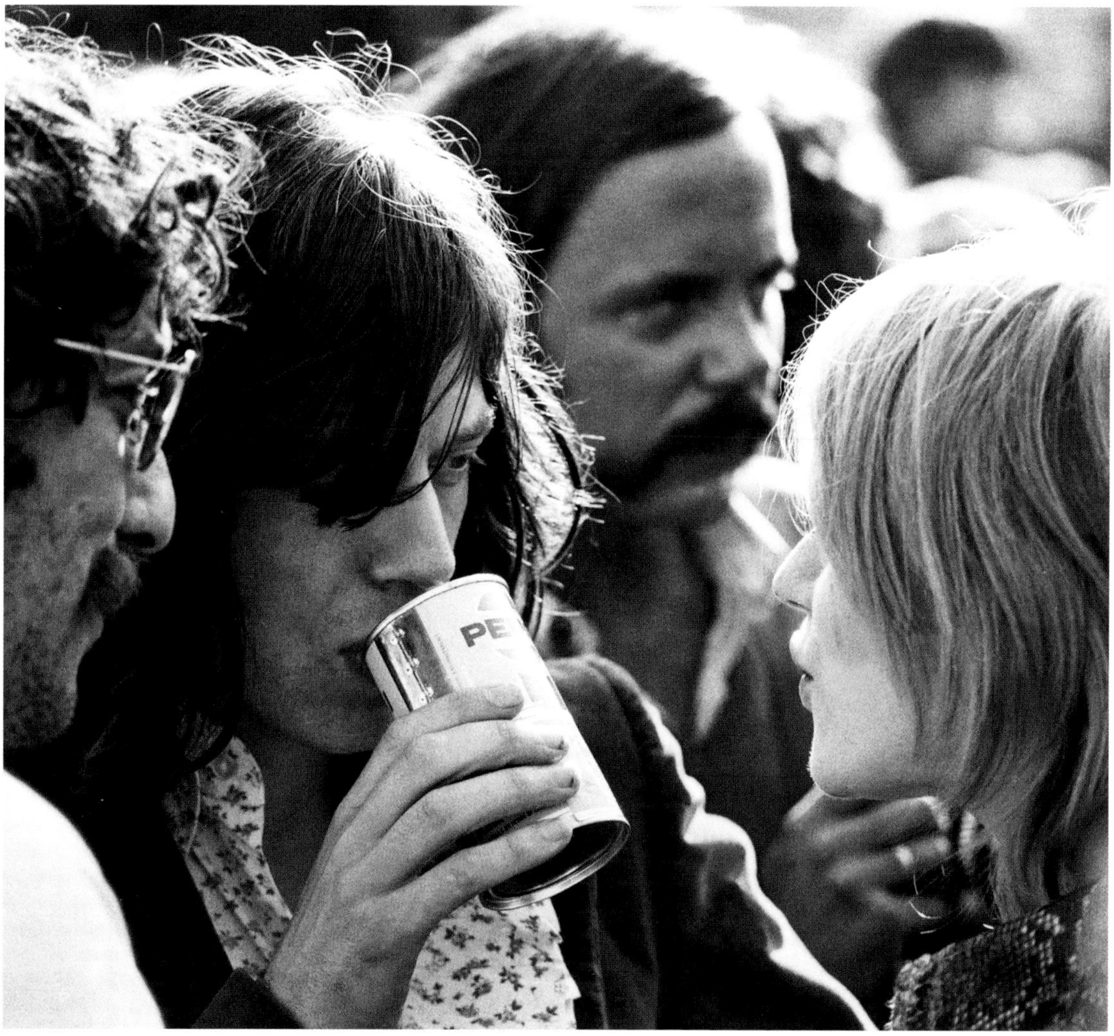

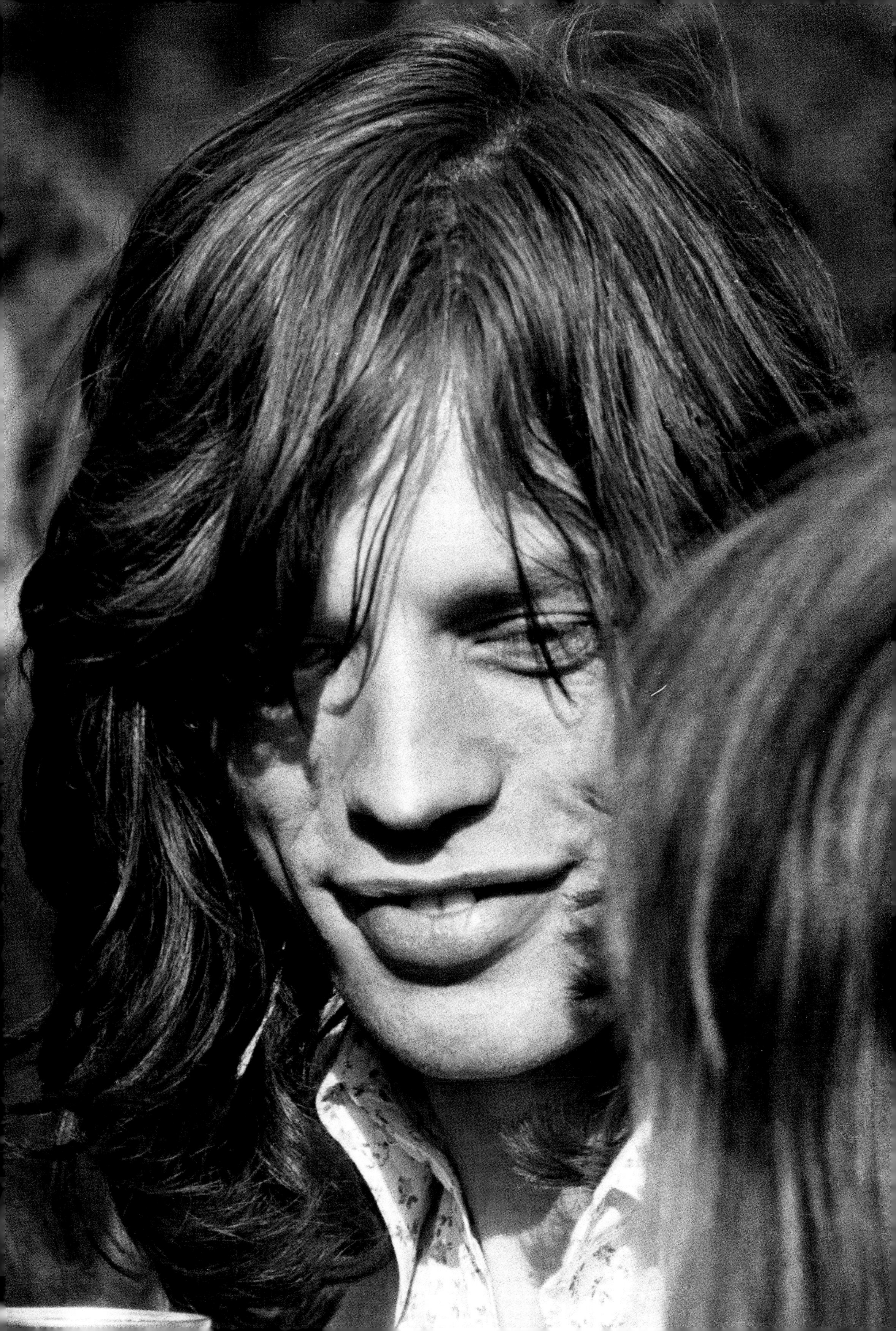

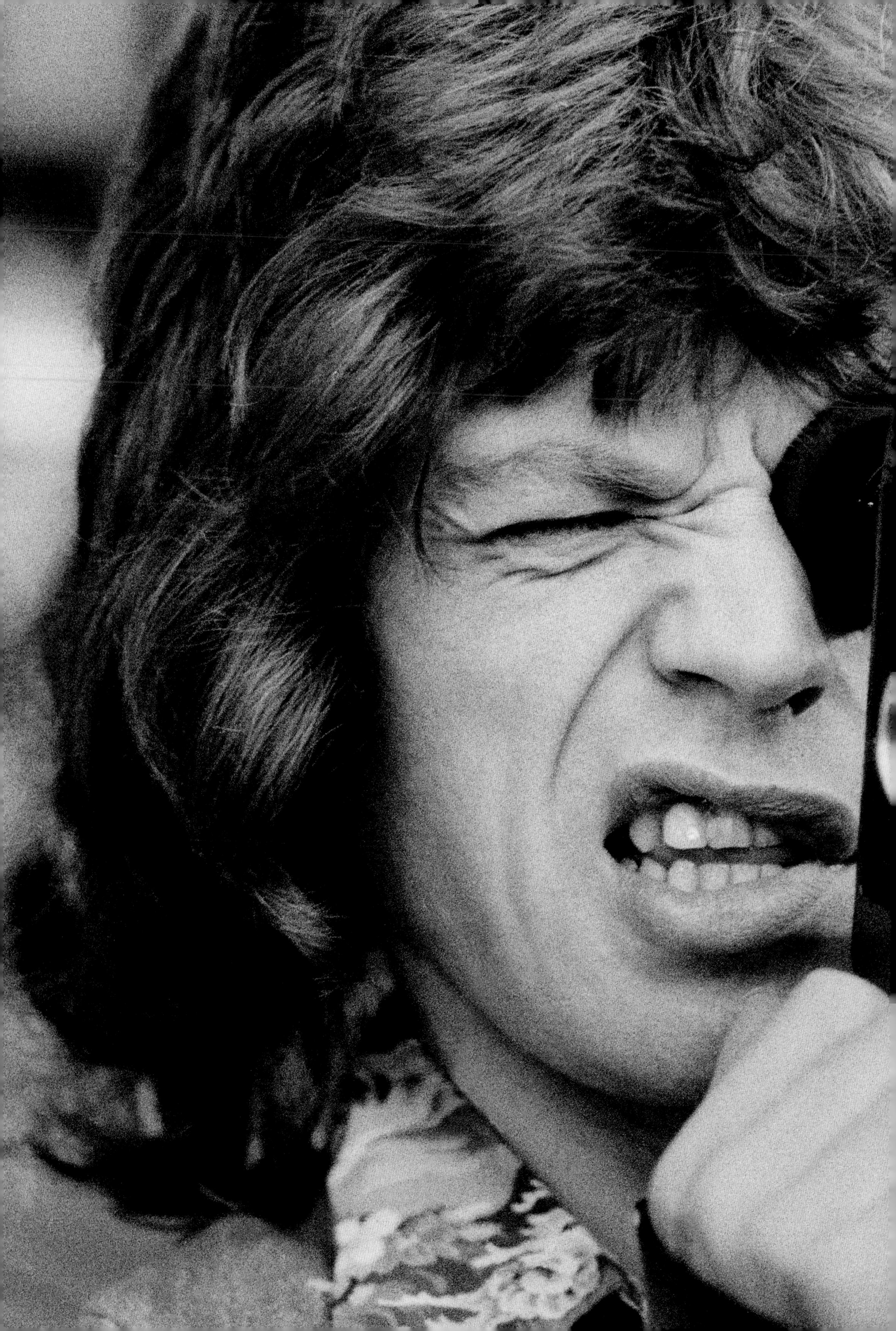

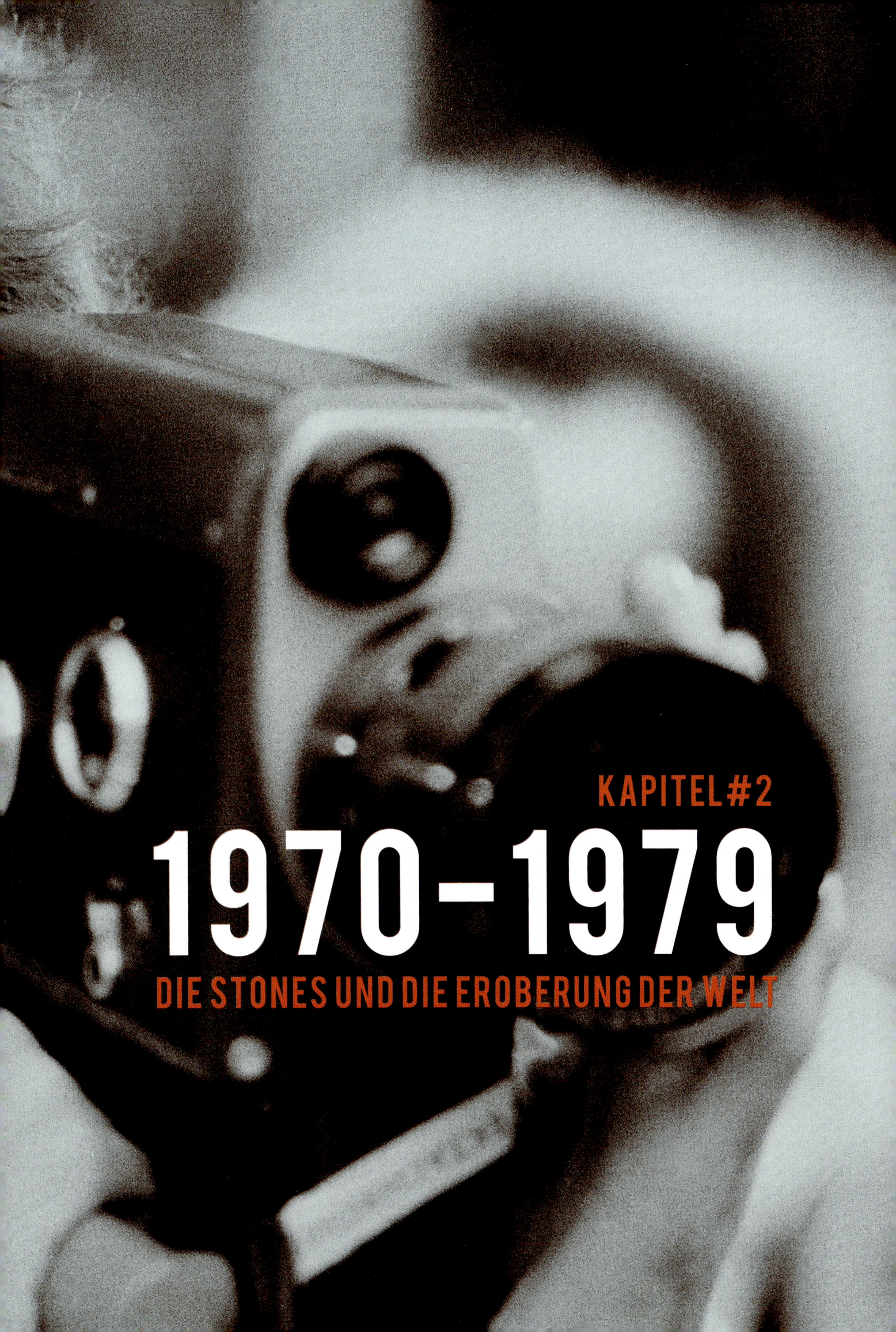

KAPITEL #2

1970–1979

DIE STONES UND DIE EROBERUNG DER WELT

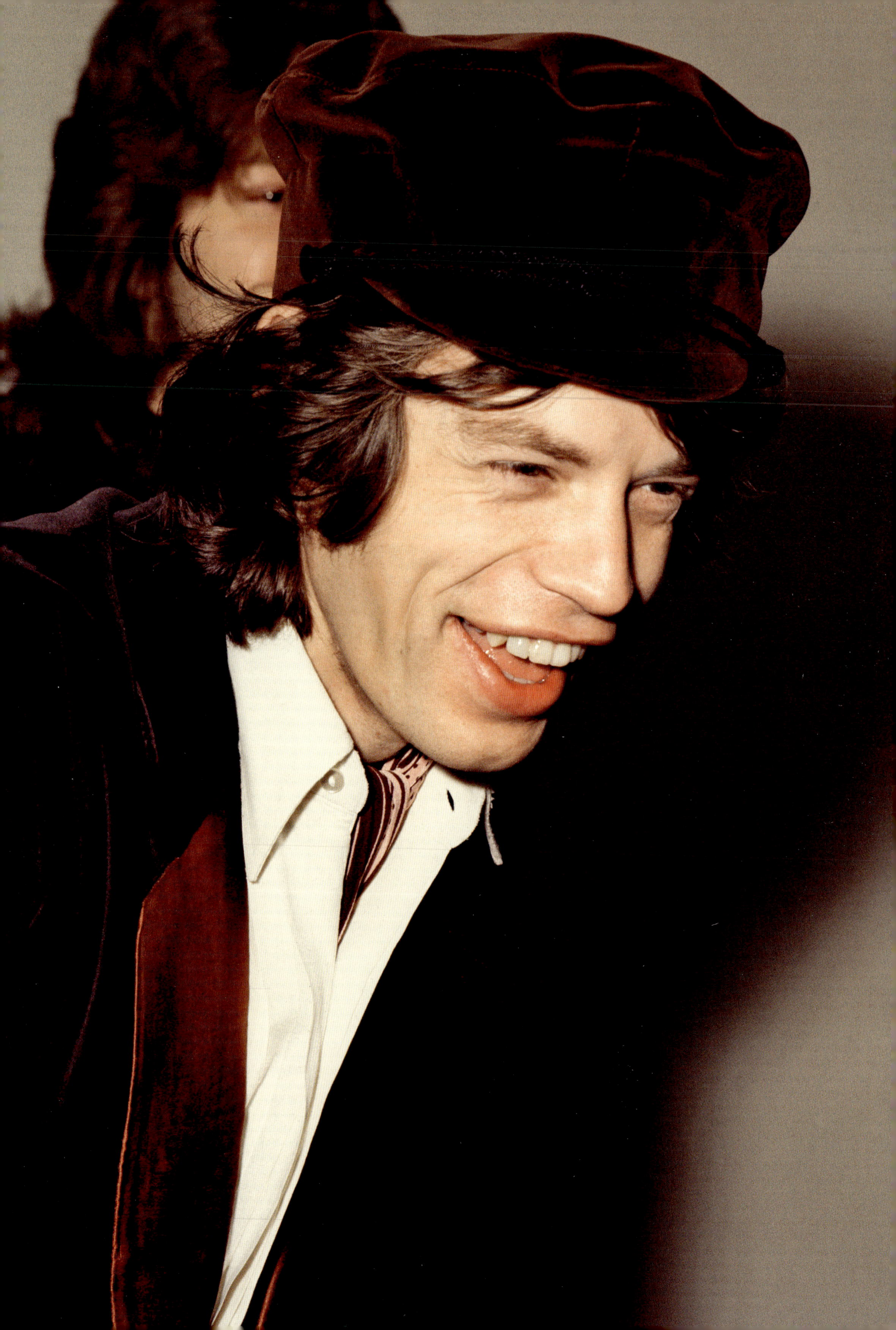

Bei der Rückkehr der Stones aus den USA im November 1970 haben sich unsere Wege wieder einmal gekreuzt. In diesem Jahr hatte ein Freund von seiner Tante ein wenig Geld geerbt und finanzierte mir mein erstes Fotostudio. Leider lief die Arbeit anfangs nicht besonders gut, und irgendwann sagte ich meinem Freund, dass ich aufgeben und mir eine andere Arbeit suchen wolle, um ihm sein Geld zurückzuzahlen.
Ich ging von Redaktion zu Redaktion, um meine Arbeiten zu verkaufen. Als ich jung war, machte mich die direkte Übergabe der Fotos an die Zeitungen noch total nervös. Damals gab es am Hauptsitz der IPC, einer großen Verlagsgruppe, weder einen Empfang noch ein Sekretariat. Man ging einfach hinein in die Büros, ohne sich vorher anzumelden. Zwischen den Büros von *Disc and Music Echo* und *Melody Maker* (zwei wichtigen Musikzeitschriften) lag das Büro einer anderen Zeitschrift: *Cage & Aviary Birds*, eine Monatszeitschrift über Federvieh. In dieser Redaktion war nie besonders viel los, deshalb

Mick Jagger, Foto für die Zeitschrift Disc and Music Echo. *London 1970.*

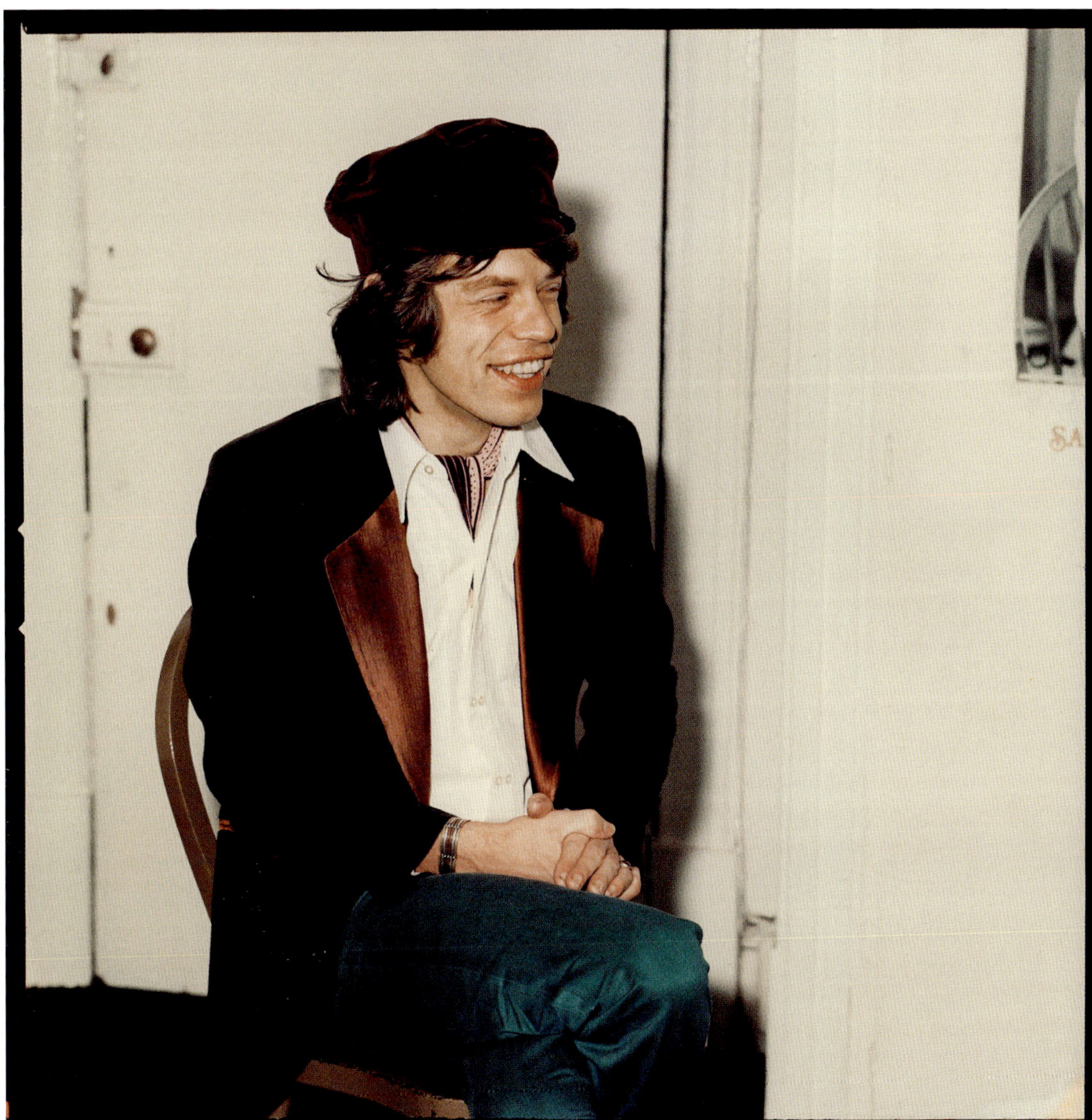

standen die Büros auch oft leer. Ich setzte mich dort hinein, um mich zu beruhigen, durchzuatmen und Kraft zu sammeln. Ich war ja auch erst 18!

Vielleicht gerade deswegen erhielt ich von der seinerzeit sehr bekannten Zeitschrift *Disc and Music Echo* einen Auftrag für ein Fotoshooting der Stones. Obwohl diese Aufnahmen nicht zu denen gehören, auf die ich besonders stolz bin, hat dieser Vertrag meine Karriere ins Rollen gebracht. Ich begann, jede Woche für diese Zeitschrift zu arbeiten, und fotografierte viele unterschiedliche Künstler. Es war eine schöne Arbeit und eine interessante Zeit für die Welt der Musik: 1971 haben zum Beispiel Pink Floyd den Konzertfilm *Pink Floyd: Live at Pompeii* gedreht.

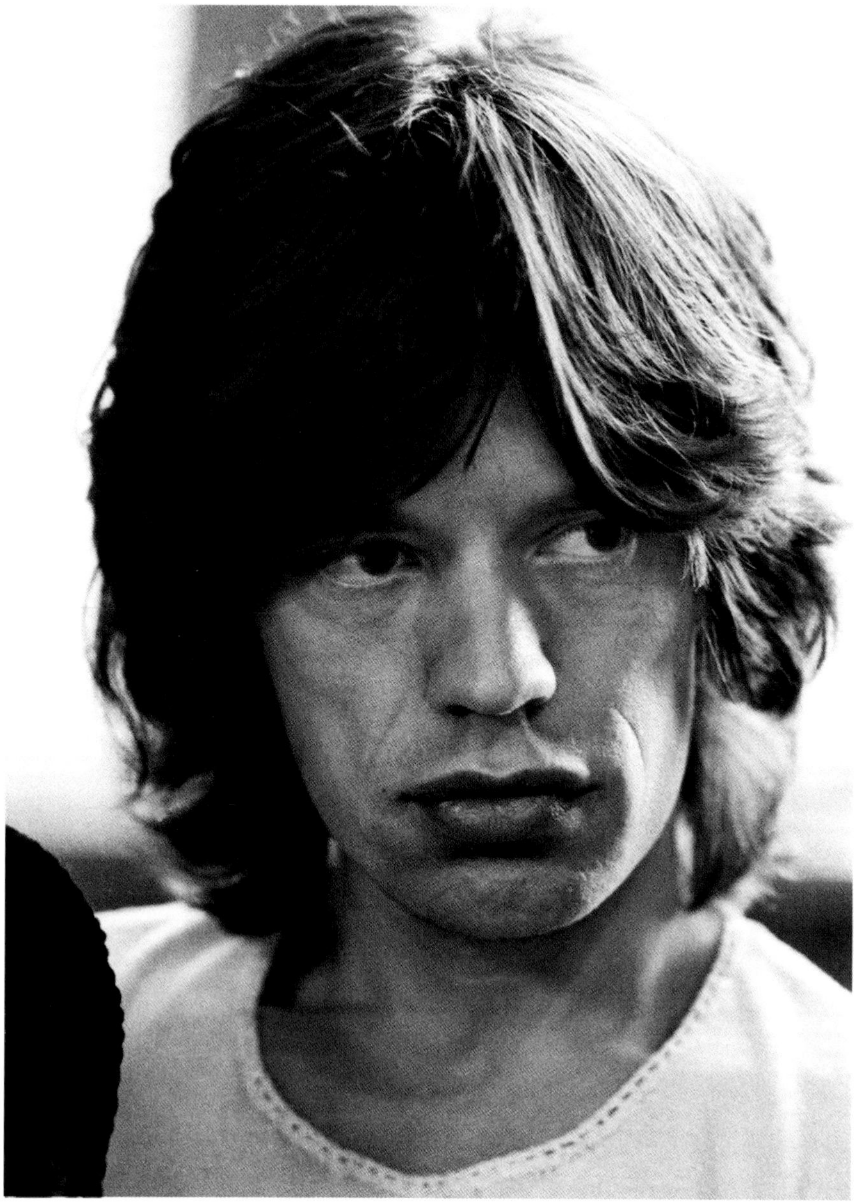

Mick Jagger im Büro der Plattenfirma Kinney Record. London 1972.

Zu Beginn war ich bei Fotoshootings sehr angespannt, und die Stones blieben lange die Band, die bei mir die meisten Beklemmungen verursachte. Sie waren so charismatisch ... Sie waren schließlich auch die letzten, die mich noch nervös machten. Auch später, nachdem ich schon lange Jahre mit ihnen gearbeitet hatte, flößte mir die Band noch Respekt ein. Das lag unter anderem daran, dass die Stones an das oft aggressive Verhalten der amerikanischen Fotografen gewöhnt waren, und manchmal bekam ich zu hören, wie viel diskreter ich doch sei! Im Lauf meiner Karriere habe ich sehr viele Berühmtheiten fotografiert. John Lennon oder Paul McCartney haben mir sicher nicht so viel Furcht eingeflößt. Aber vielleicht waren für mich die Stones immer mit dieser ersten Tournee verbunden, mit der meine Karriere begann. Neben der großen Bewunderung, die ich auch für viele andere Künstler hege, empfinde ich ihnen gegenüber auch eine gewisse Dankbarkeit.

Mit meiner Karriere ging es dann so steil bergauf, dass ich sehr viele Anfragen bekam und es immer schwieriger für mich wurde, die Tourneen zu begleiten. Um wochenlang mein Studio verlassen und stattdessen in Europa mit den Stones touren zu können, hätte ich viele Anfragen von Firmen wie EMI oder RCA, Atlantic und Columbia ablehnen müssen, die zu meinen regulären Kunden gehörten.

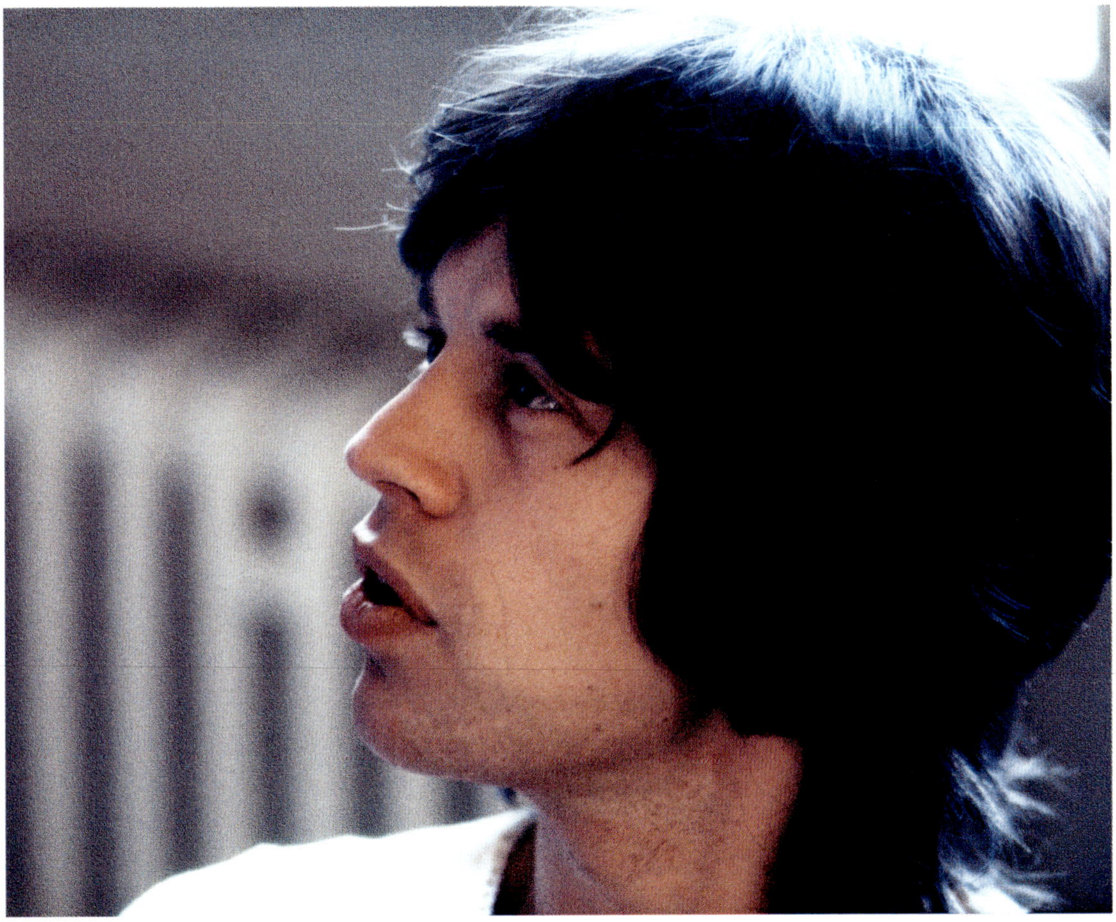

Das nächste Mal begegnete mir Mick Jagger 1972. Inzwischen arbeitete ich regelmäßig für *Disc and Music Echo*. Im Wembley-Stadion wurde ein Konzert organisiert, bei dem Chuck Berry, Jerry Lee Lewis und Little Richard auftraten – die London Rock 'n' Roll Show, und ich war auf der Bühne, um das Ereignis abzulichten.

Dort war auch Mick. Ich filmte gerade Jerry Lee Lewis, der damals so etwas wie ein Mythos war, mit einer Super-8-Kamera. Als ich Mick

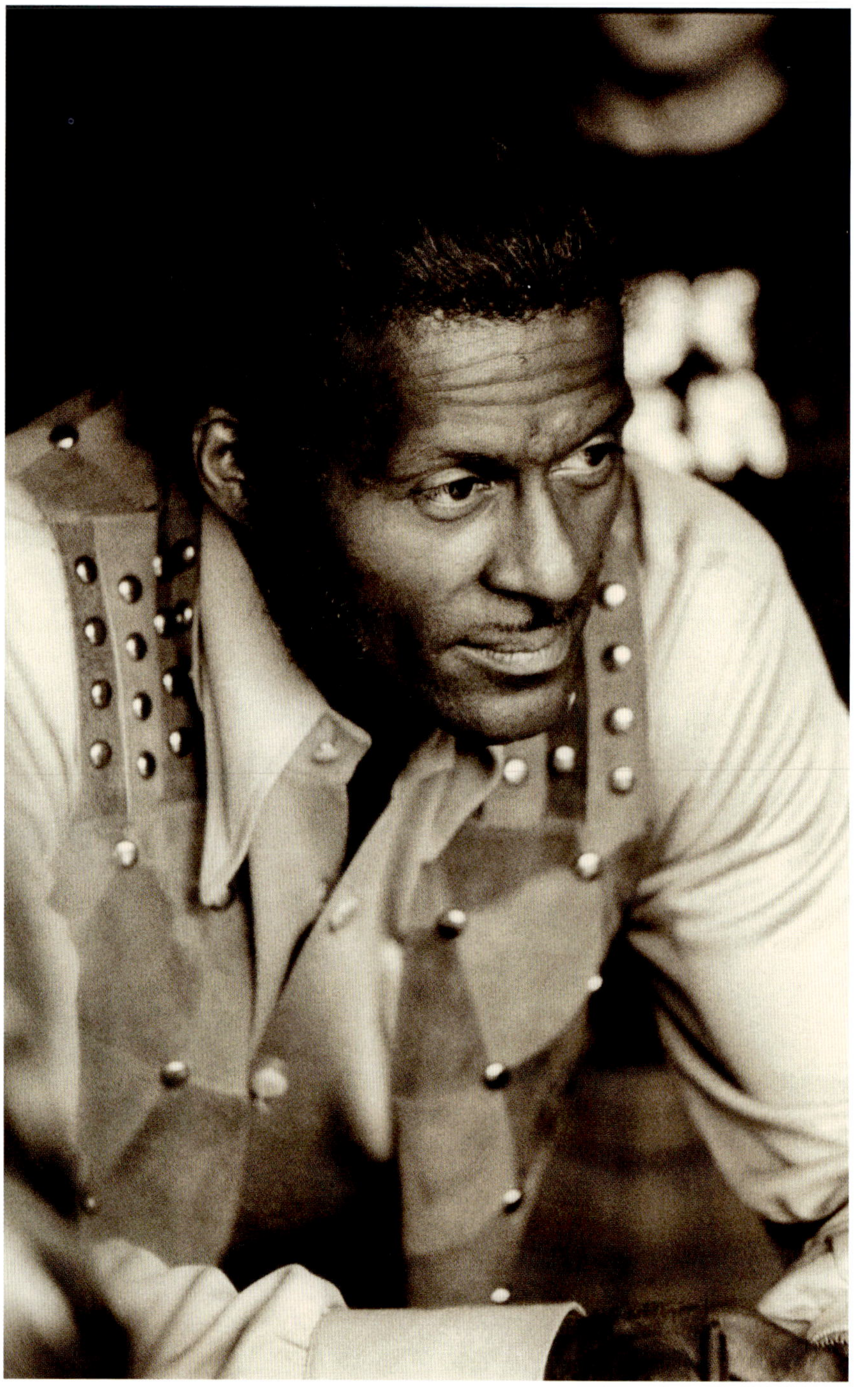

Chuck Berry im Backstage des Wembley-Stadions. London 1972.

bemerkte, habe ich mich umgedreht, um ihn aufzunehmen. Als ich mich dann wieder zu Jerry Lee Lewis zurückdrehte, geschah etwas, das mir in meiner ganzen Karriere nie wieder passiert ist. Ich zog beim Umdrehen aus Versehen mit dem Fuß das Kabel des Bassverstärkers heraus. Als Jerry Lee Lewis merkte, dass ihm der Bass fehlte, drehte er sich um und warf mir einen tödlichen Blick zu. Er hatte den Ruf, gewalttätig, angriffslustig und mit Springmessern bewaffnet zu sein. Es hätte alles Mögliche passieren können. Natürlich hat Jerry Lee Lewis nichts von diesem Missgeschick herumerzählt!

Im Jahr 1972 fotografierte ich Mick auch bei Kinney Record, einem Konzern, der einige Jahre zuvor Atlantic Records gekauft hatte. Zu dieser Zeit waren die Stones auf dem Höhepunkt ihres Ruhms, und ich wunderte mich darüber, dass Mick in aller Ruhe sein Auto vor dem Plattenstudio in der New Oxford Street parkte (ein alter und verbeulter Ford, in dem man ihn nie vermutet hätte).

1973 rief mich Anny Ivil an, die das Pressebüro dieses Labels leitete und mich mit einem ausgeprägten East-End-Akzent fragte: »Mein Lieber, möchtest du mit den Stones auf Tournee gehen?«. Sie sagte mir, dass Mick Jagger nach Cardiff führe und dass ich am besten denselben Zug nehmen solle. Wenn ich ihm gefiele, hätte ich den Auftrag für die Europatournee in der Tasche.

Jerry Lee Lewis im Wembley-Stadion. London 1972.

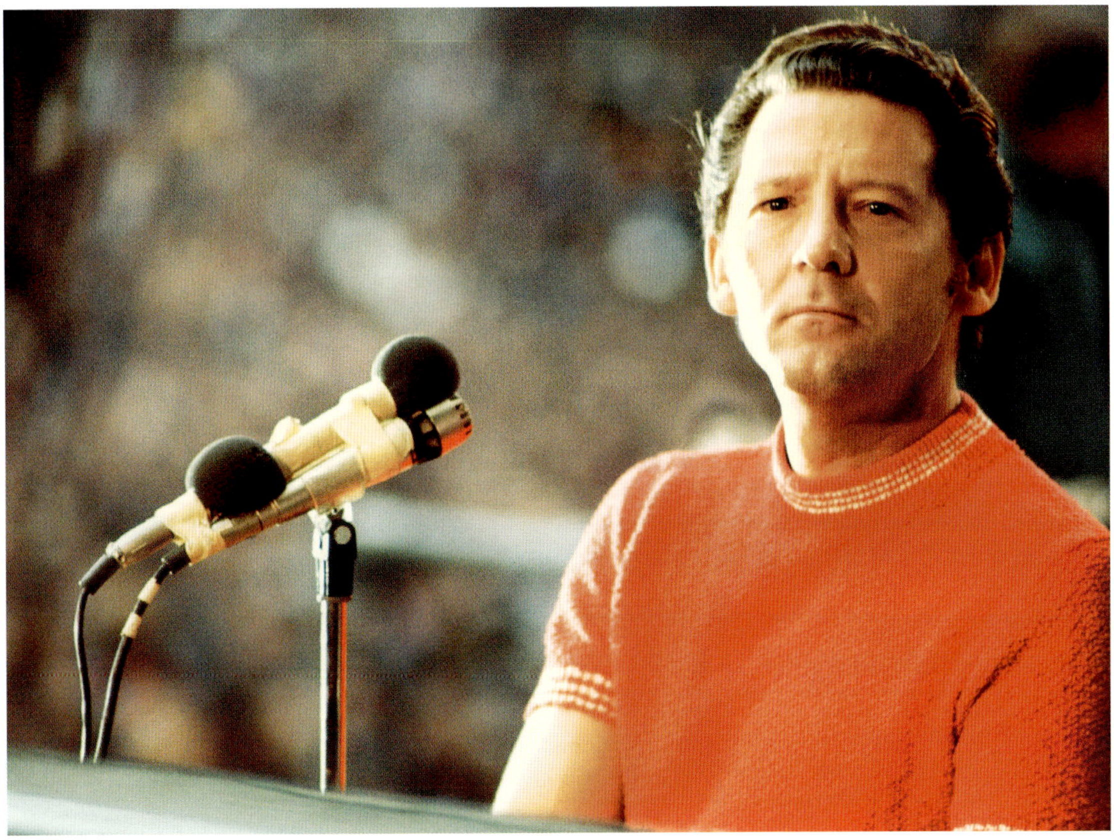

In Cardiff sollten die Stones vor Beginn ihrer Europatournee des Jahres 1973 ein Konzert im Castle geben. Als wir ankamen, goss es wie aus Kübeln, wie man auch gut auf den Fotos sehen kann, die ich von Mick mit Regenschirm gemacht habe. Im Grunde weiß ich nicht, warum Anny Ivil mich anrief, denn auch ihr damaliger Freund war Fotograf!

Als die eigentliche Tour begann, ging es Keith nicht besonders gut. Während des Soundchecks hatte er nicht viel gespielt. Er kehrte ins Hotel zurück, aber auch später, vor dem Konzert, war er absolut nicht in Form. Ich weiß nicht, was dann an jenem Abend passiert ist: Auf der Bühne war er reines Dynamit! Das erste Konzert fand in Wien statt, von dort ging es weiter. Es war absolut wunderbar!

Mick Jagger mit Lord Harlech im Cardiff Castle. 1973.

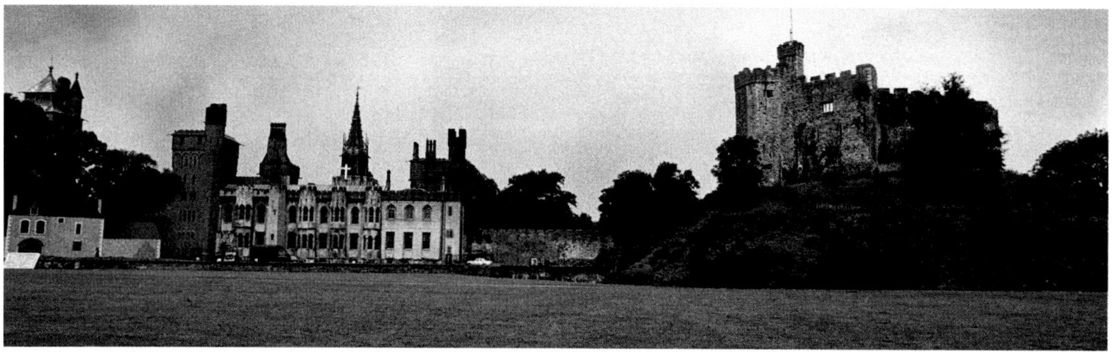

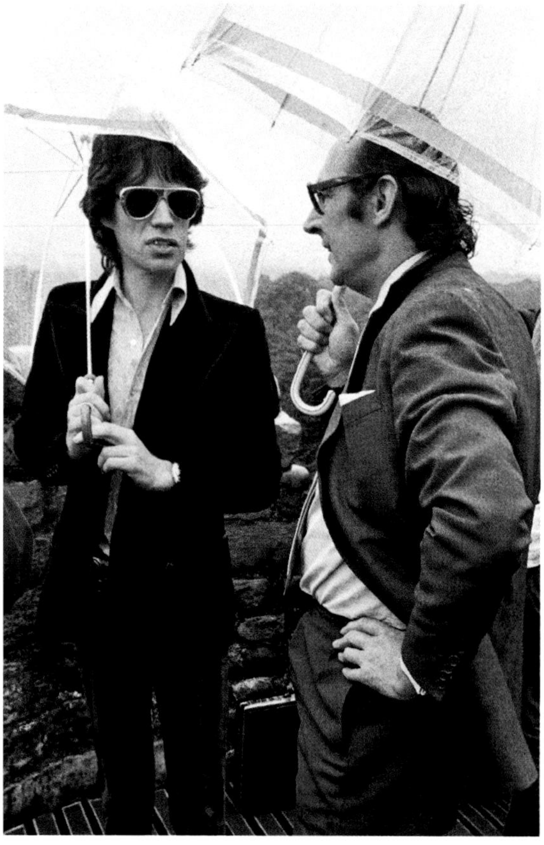

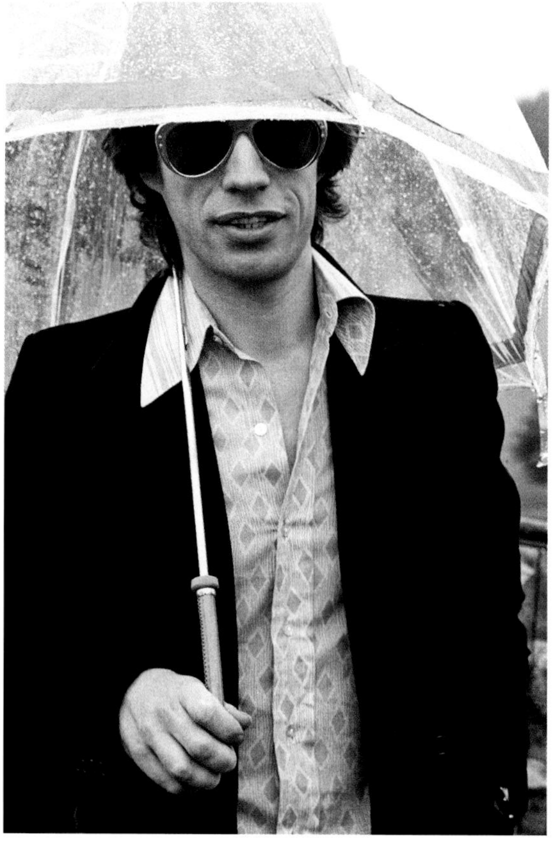

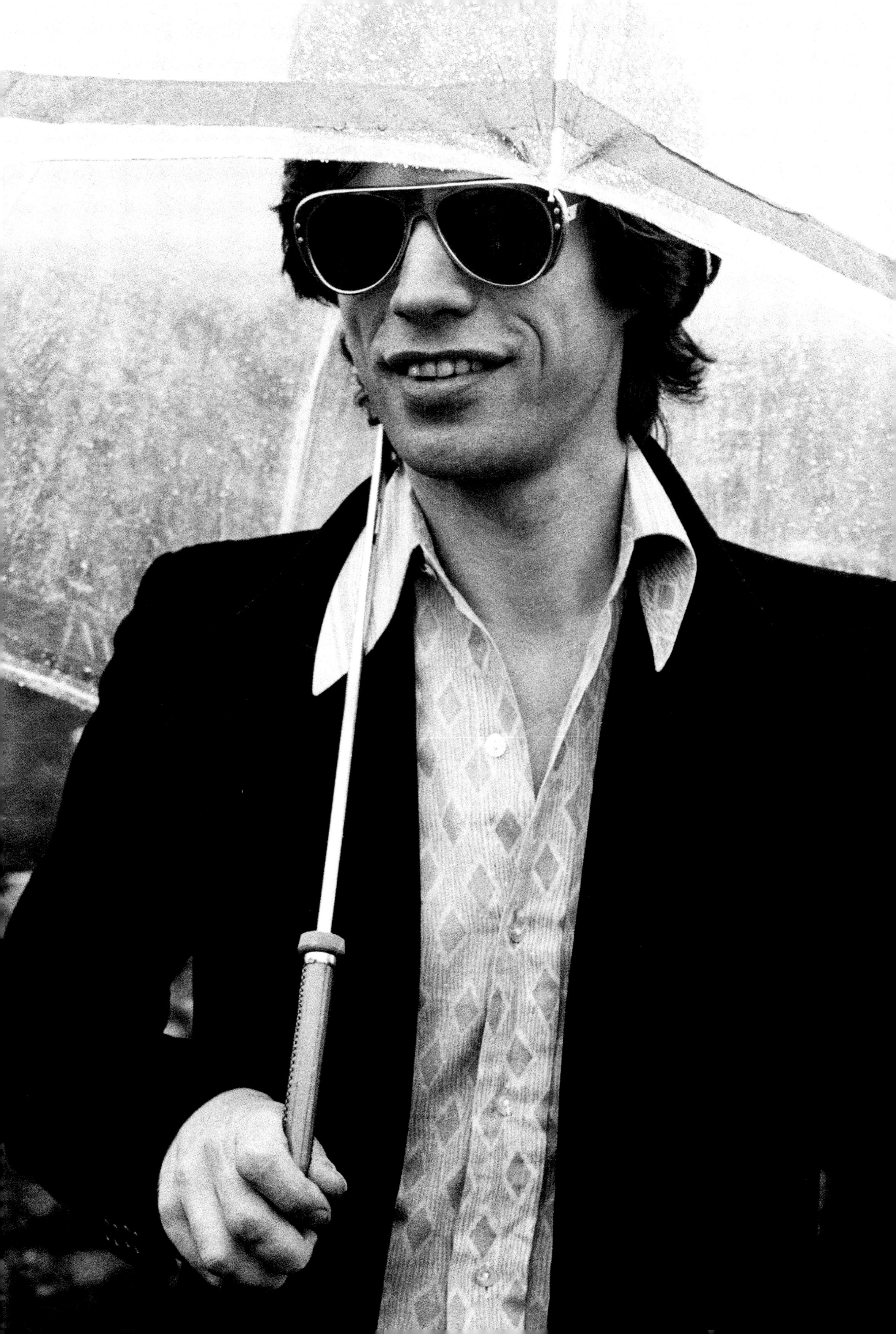

Unten. Mick Jagger und Billy Preston im Blenheim Palace bei einem Fest anlässlich der Europatournee. 1973.

Unten rechts: Mick Taylor mit einer Afro-Perücke, zusammen mit Billy Preston. Berlin 1973.

Heute mutet es seltsam an, dass wir ja damals noch im vordigitalen Zeitalter lebten. Ich musste nach jedem Konzert ein Flugzeug nehmen und nach London zurückfliegen, um die Fotos zu entwickeln, dann ins Auto springen und sie selbst zu den verschiedenen Zeitschriften bringen. Schließlich musste ich wieder ins Flugzeug steigen, um bei der nächsten Etappe der Tournee dabei zu sein. Und so ging es die ganze Zeit: drei bis vier Tage Tournee, dann zurück nach London, und so fort. Als ich beispielsweise nach dem Termin in Wien in England war, um die Fotos zu entwickeln, begab ich mich ins Haus vom Roger Daltrey, dem Sänger von The Who, um ihn zu fotografieren. Dann brachte ich die Filme ins Fotostudio und flog zum nächsten Tourneetermin. Wenn

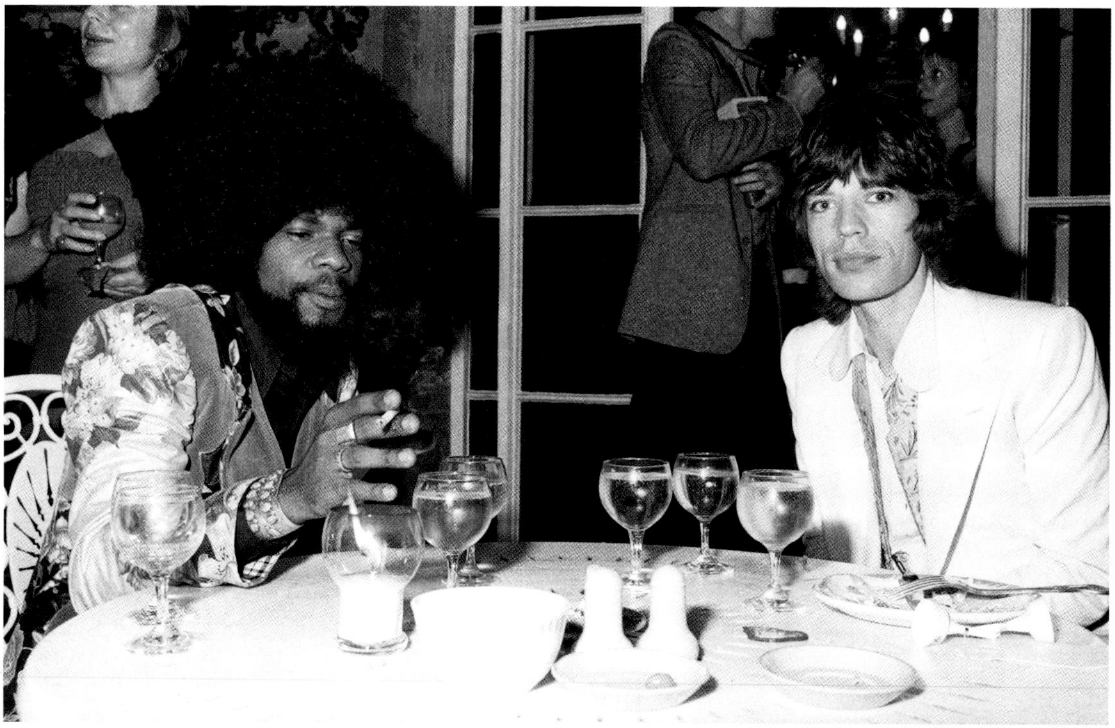

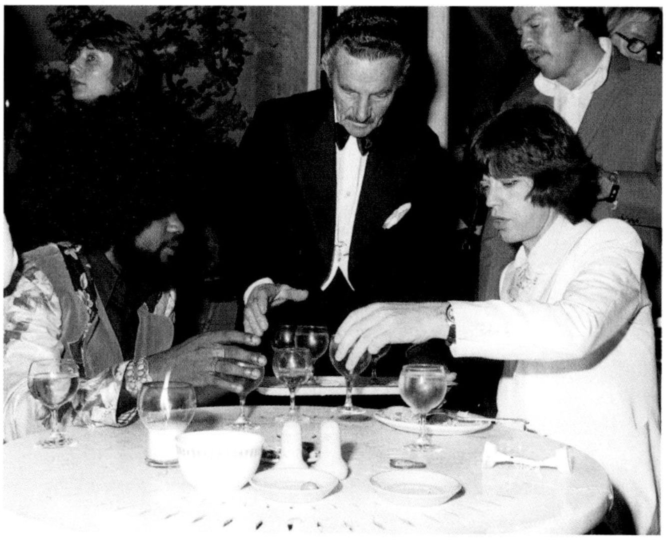

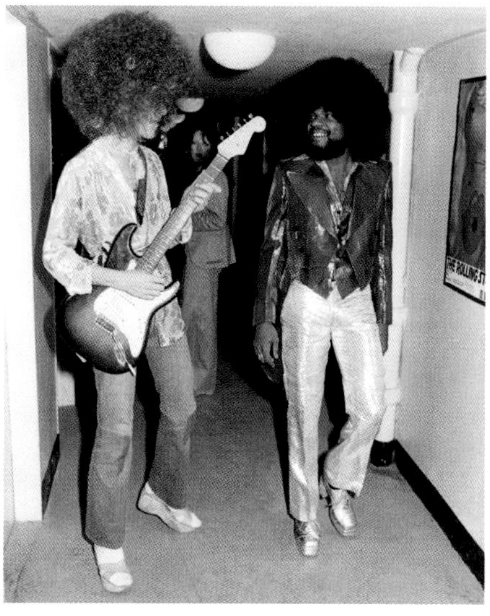

ich daran zurückdenke, war das Wahnsinn, aber damals arbeitete man so, das war normal.

Oben: Bianca Jagger mit zwei Musikern der Vorband der Stones auf dem Weg zu einer Feier. Berlin 1973.

Unten: Zwei Aufnahmen vom Fest im Blenheim Palace. 1973.

Ein typischer Tourneetag lief immer gleich ab. Abgesehen von den Roadies – was waren sie für ein Segen – standen wir alle relativ spät auf. Die Bühnenarbeiter begannen früher, alle anderen gegen 15 oder 16 Uhr mit dem Soundcheck, der ungefähr bis 17 Uhr dauerte. Dann fuhren wir ins Hotel zurück und später alle zusammen zum Konzert. Wenn am Ende des Abends jemand von uns zum Arbeiten nach London zurückmusste wie ich, wurde ihm ein Transportmittel zur Verfügung gestellt. Wenn nicht, dann war natürlich Party!

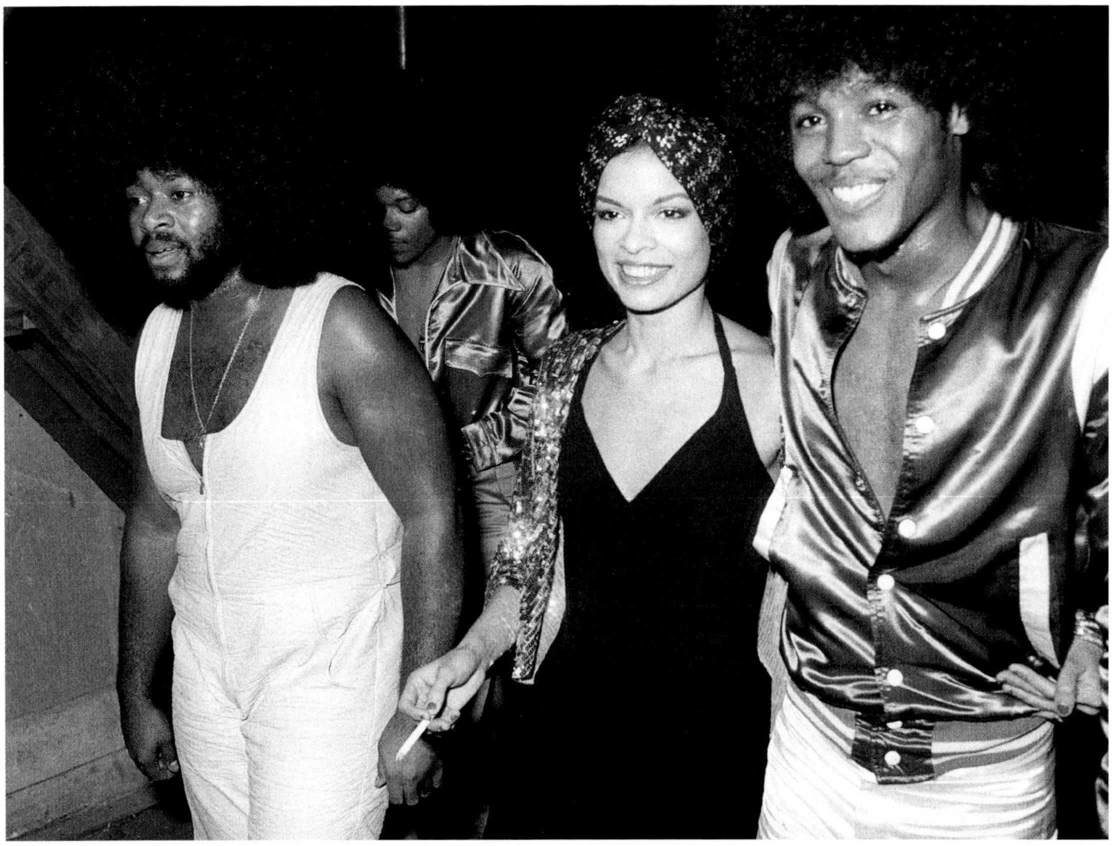

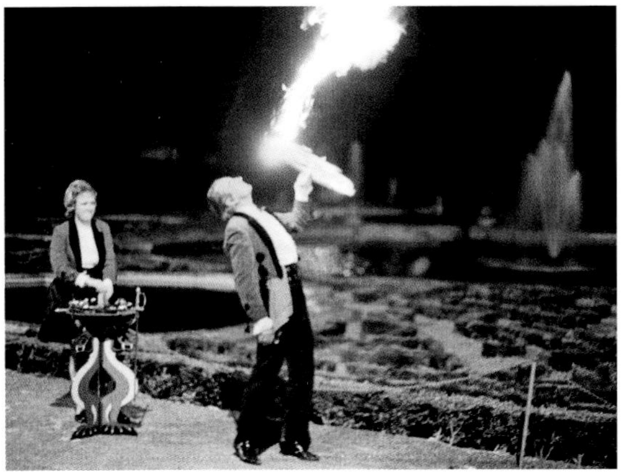

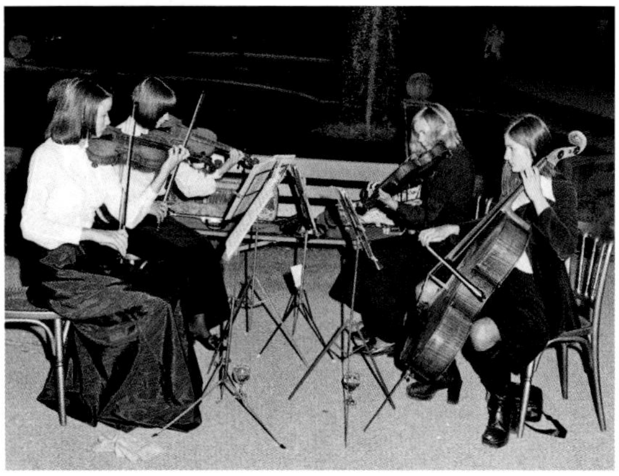

Einmal waren wir auch bei einem außergewöhnlichen Fest im Blenheim Palace. Ich glaube, dass Mick immer eine gewisse Prise Aristokratie gefallen hat. Bei dieser Gelegenheit habe ich einige Fotos von Mick gemacht, zusammen mit Billy Preston und Bianca, die er 1971 geheiratet hatte. Gleich danach begann ich mit einem Journalisten zu diskutieren. Ich musste mein Studio anrufen, damit man mir dort die Chemikalien zur Fotoentwicklung bereitstellte. Aber damals gab es noch keine Handys, nur ein Telefon an der Wand, vor dem sich eine Schlange von ungeduldigen Journalisten gebildet hatte, die alle mit ihren Redaktionen telefonieren und Neuigkeiten durchgeben wollten. Das war echt eine andere Welt – man kann es kaum noch glauben.

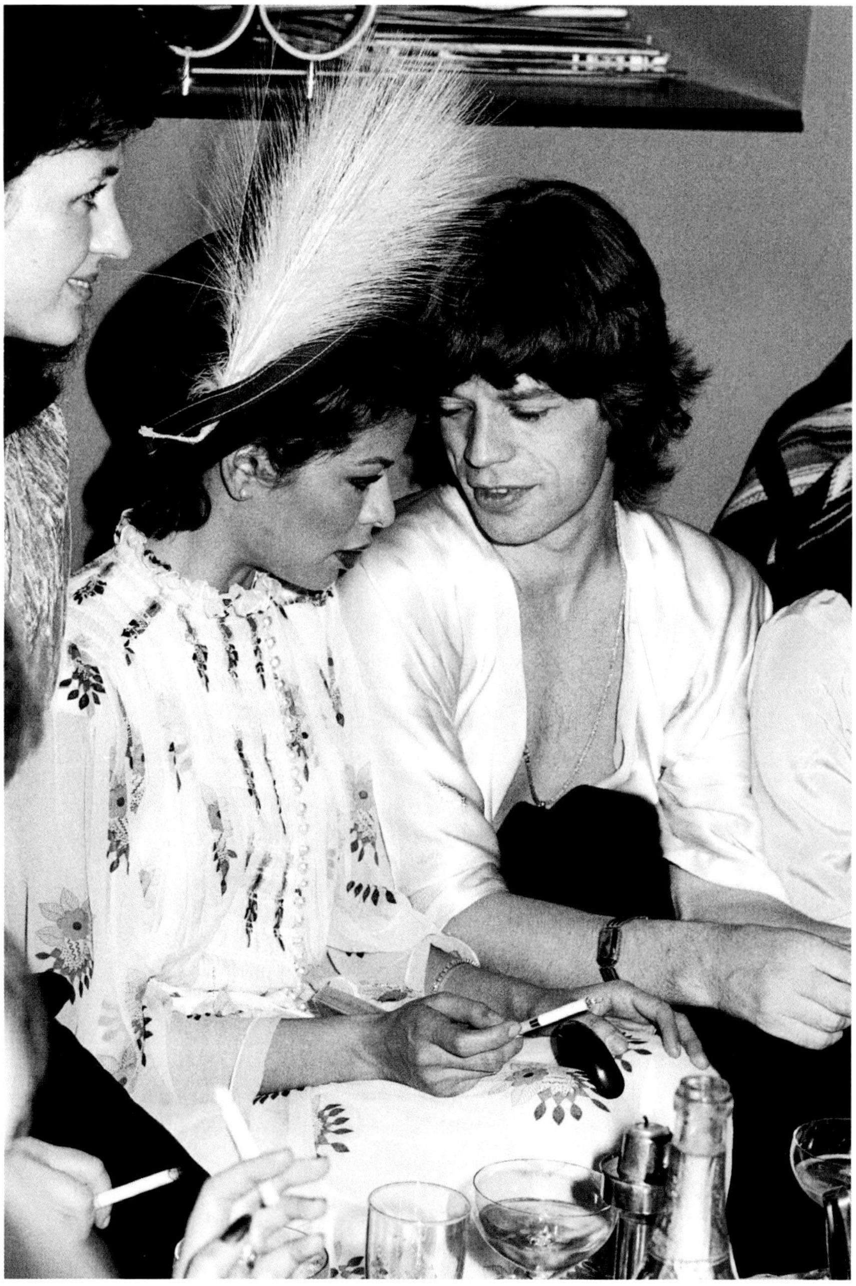

Rechts: Mick und Bianca Jagger auf einer Party. Hamburg 1973.

Rechte Seite: Mick und Bianca Jagger im Blenheim Palace. 1973.

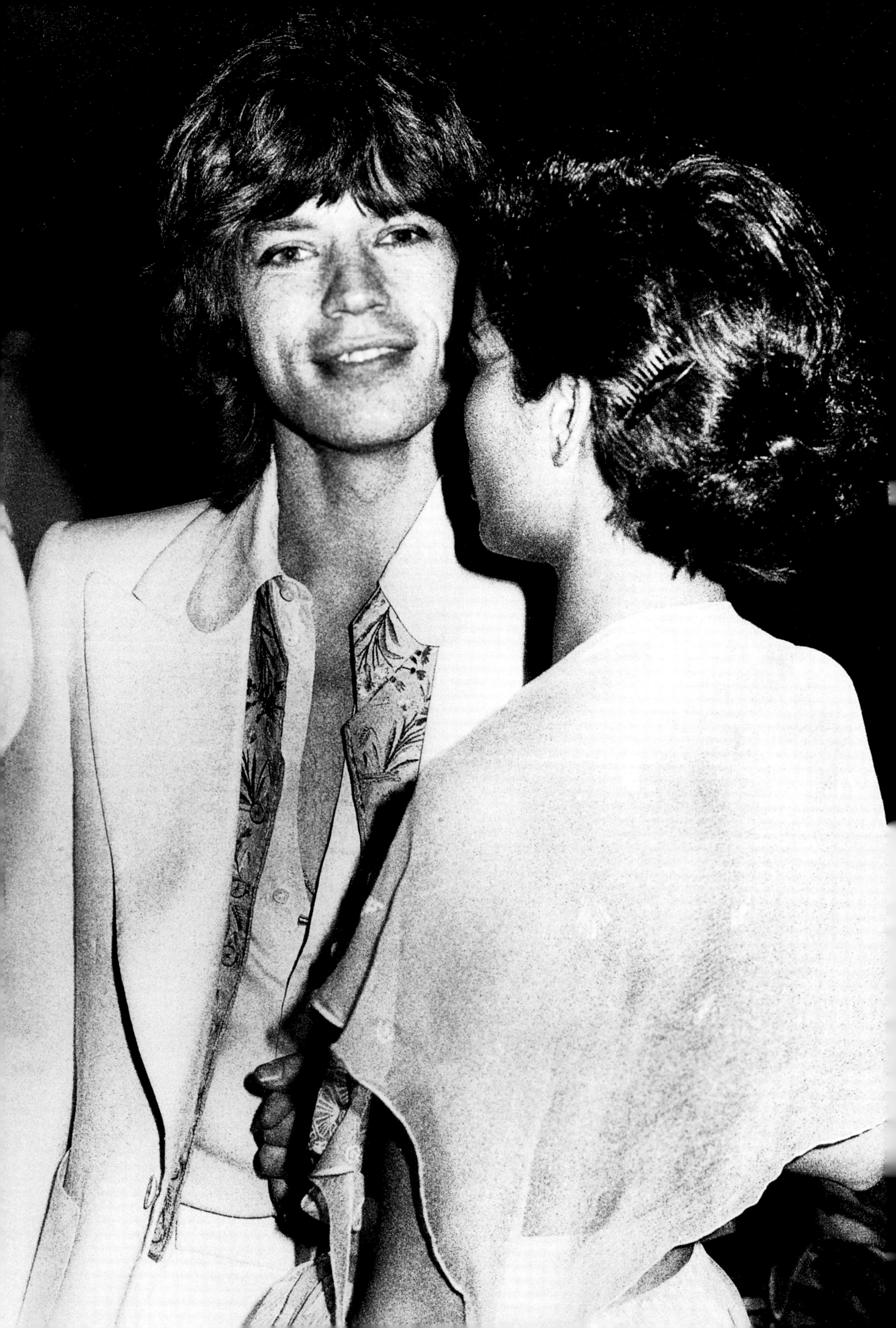

Das letzte Konzert der Tournee fand in Berlin statt. Bekanntlich war die deutsche Polizei ziemlich streng – sie zäunte die Location mit Stacheldraht ein. Während der Tournee war ich oft mit der Road Crew zusammen, und an diesem Abend wollte einer der Männer vor dem Soundcheck Zigaretten kaufen. Mit einem der riesigen Tour-LKWs fuhr er auf der Suche nach einem Kiosk los und verfuhr sich in der Stadt. Er kam erst viele Stunden später zurück und sagte: »Das Problem in Berlin ist, dass alle Straßen gleich heißen: Einbahnstraße.«

In der Zwischenzeit hatte ich die Idee, aus dem Konzertgebäude herauszugehen, um die Polizei zu fotografieren, die immer nervöser wurde, denn man vermutete, dass es zu Streitigkeiten zwischen den Hells Angels und den Polizeieinheiten kommen könnte. Als ich fertig war, ließ mich niemand wieder hinein, und ich blieb ein paar Stunden im Freien und klopfte an jede Tür, bis mir endlich jemand aufmachte.
Die Polizei war sogar im Backstage-Bereich, während die Hells Angels, die sich im Publikum verteilt hatten, Rangeleien mit dem Sicherheitsdienst begannen. Es war also eine ziemlich angespannte Situation, aber das Konzert war ein Spektakel, mit Bobby Keys am Saxofon und Billy Preston an den Keyboards. Das war echter Rock, und die spannungsgeladene Atmosphäre hatte dazu beigetragen, etwas Unglaubliches zu schaffen.

Einer der deutschen Polizisten, die vor dem Konzert der Rolling Stones Stacheldraht verlegen. Berlin 1973.

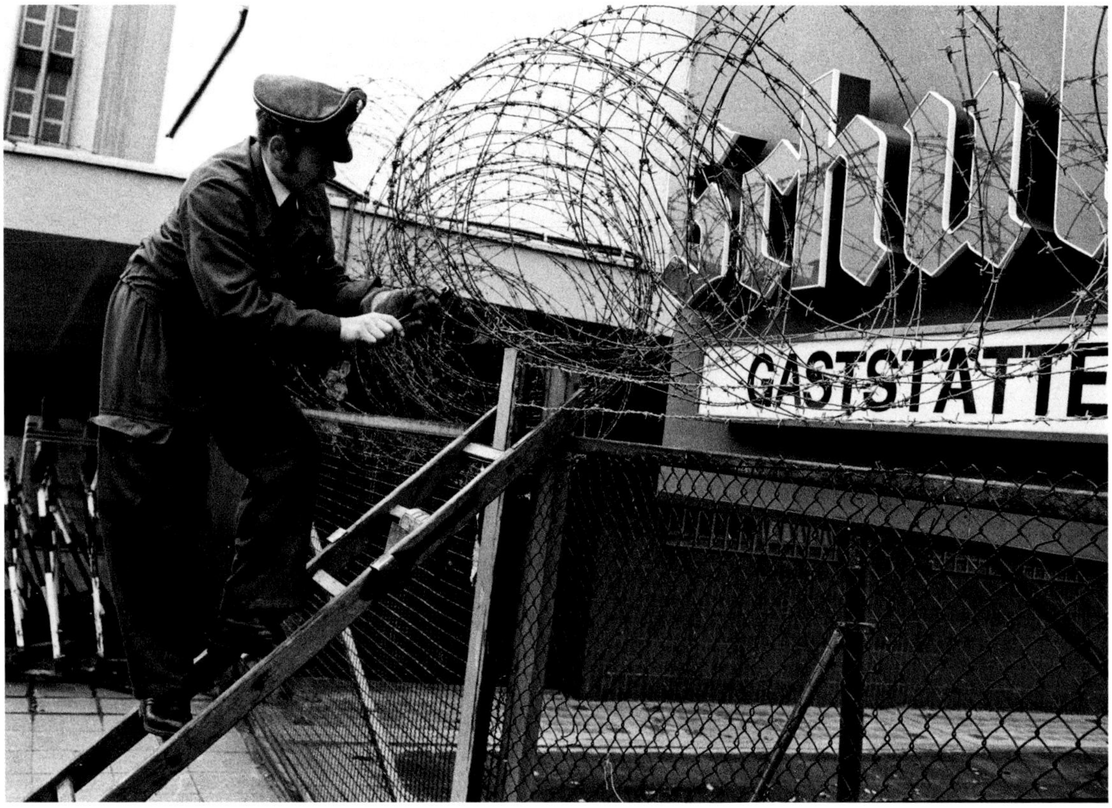

Oben: Charlie Watts, Mick Taylor, Keith Richards und Mick Jagger während einer Presse-Party. Hamburg 1973.

Unten: Mick Jagger und seine Leibwächter kommen auf eine Feier. Hamburg 1973.

Wenn ich mit den Stones zusammen war, benahmen sie sich wirklich immer absolut professionell. Die sprichwörtlichen Gemeinplätze – Sex, Drogen und Rock 'n' Roll – waren genau das, Gemeinplätze. Der Backstage-Bereich war etwas sehr Privates, und es gab nicht viele Groupies. Alles geschah ganz öffentlich. Es war bekannt, dass alle Drogen nahmen, und Keith hatte sicher die allen bekannten Probleme. Aber das war nichts, weshalb man sich unbehaglich fühlte.

Und die Gerüchte über die Groupies trafen auch nicht ganz zu. Schon damals waren die Stones so wichtig, dass man versuchte, sie von

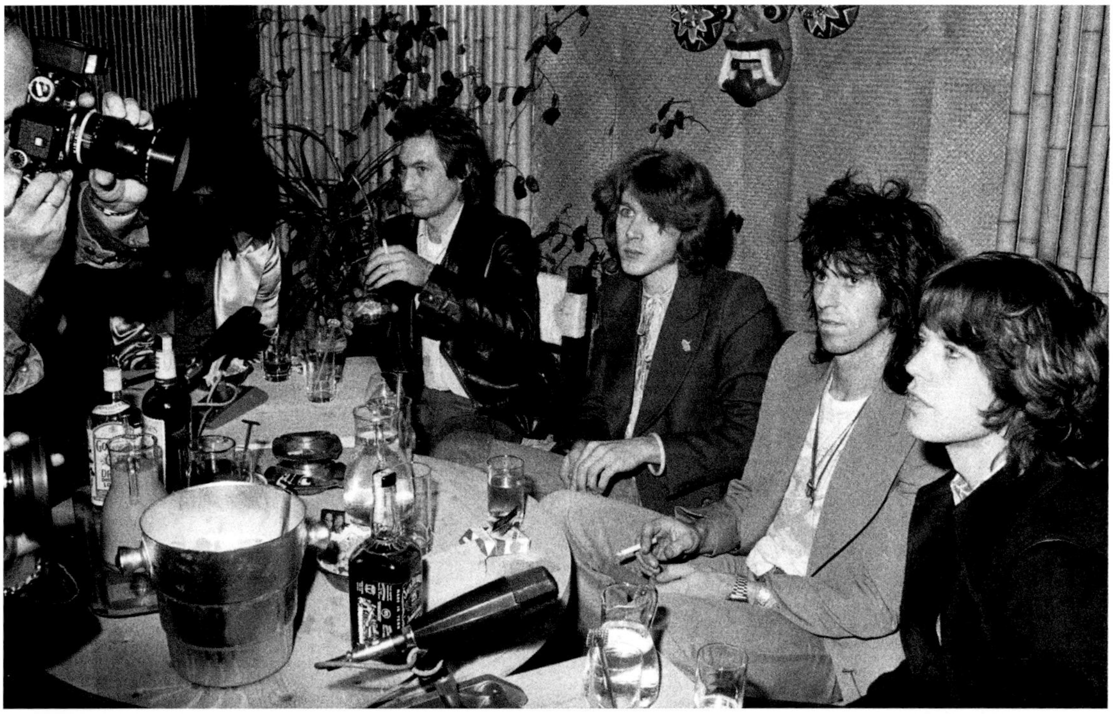

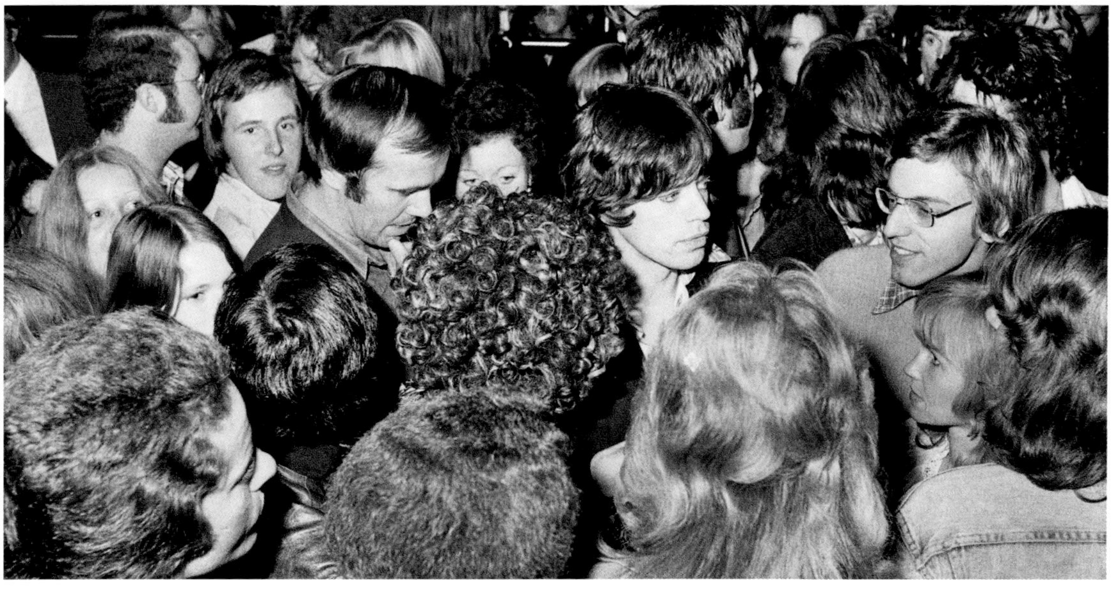

außen so gut wie möglich zu schützen. Es gab einen Backstage-Bereich für alle und einen für wenige Auserwählte, in den auch ich ziemlich selten kam, denn das war der Ort, an den sich die Stones vor den Auftritten zurückzogen. Ich erinnere mich, dass während der Tournee des Jahres 1973 Keith einmal dort drin war, um seine Gitarre zu stimmen. Zu der Zeit war er sehr leicht in Rage zu bringen, und er hatte nicht mit mir gerechnet, deshalb sagte er: »Hey, mein Freund, pass auf meine Scheiß-Gitarre auf!«

Ich habe mich oft über die Beziehung zwischen den Stones und den Hells Angels gewundert und mich gefragt, warum die Stones die Anwesenheit der Angels bei ihren Konzerten duldeten, vor allem nach den Vorfällen während des Festivals von Altamont im Jahr 1969, bei denen eins ihrer Mitglieder einen Zuschauer erstochen hatte. Die Antwort, die ich mir selbst gegeben habe: praktische Gründe. Das einzige Mal, dass sich der Sicherheitsdienst der Stones mit Problemen im Publikum beschäftigen musste, war bei diesem Konzert in Berlin, wo die Ordnung nicht in den Händen der Angels lag.
Allerdings begleiteten 1973 auch viel weniger Hells Angels die Tournee als in Altamont oder im Hyde Park, wo sie mir wie eine ganze Armee erschienen. Ich glaube, der Band wurde im Lauf der Zeit bewusst, dass sie mit zunehmender Berühmtheit ihre Angelegenheiten professioneller regeln musste, auch wenn dies auf eine stärkere Einbindung der Polizei hinauslief.

Bianca Jagger hilft den Bühnenarbeitern bei der Dekoration der Bühne mit Ballons. Hamburg 1973.

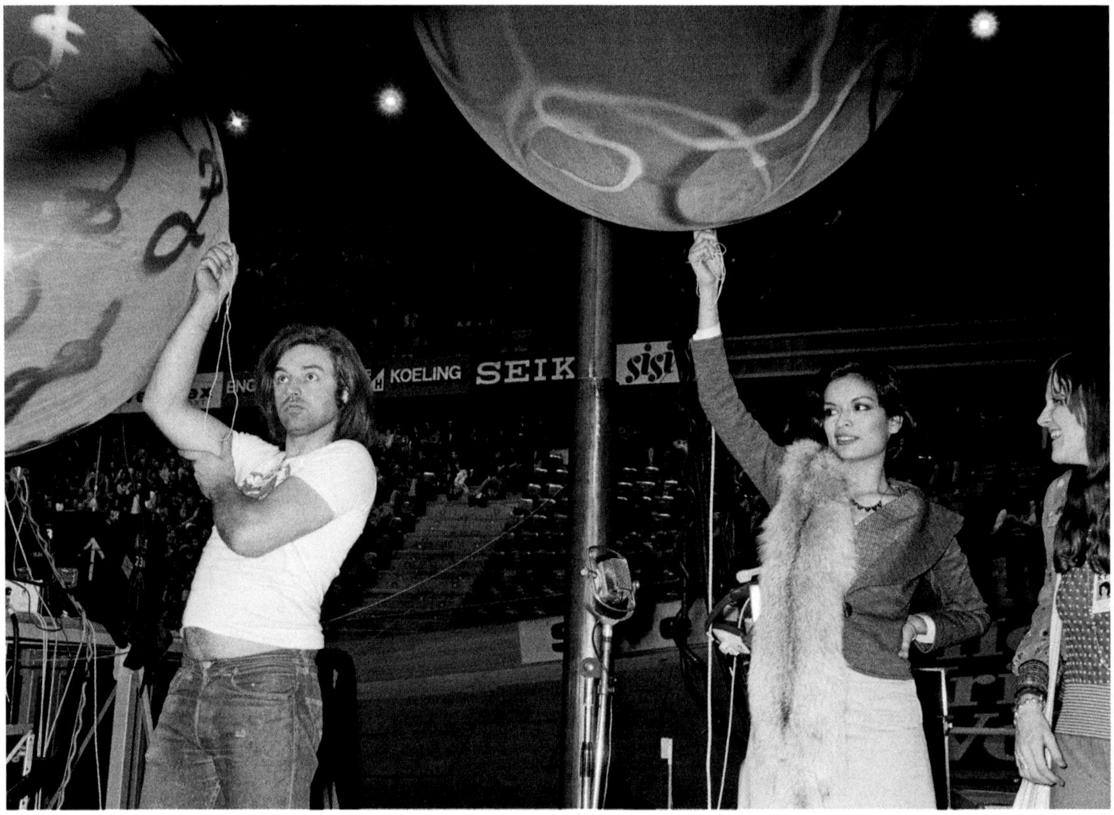

Auf jeden Fall habe ich nach Berlin nie mehr Hells Angels auf Konzerten gesehen. Vermutlich hatten sie selbst kein Interesse mehr daran, Sicherheitsdienste für eine Band zu leisten, die bereits einen Sicherheitsdienst hatte. Außerdem mussten sie sich sicher auch um andere Angelegenheiten kümmern.
Zur Feier des Tournee-Endes trafen sich nach Abschluss des Konzerts die Leute vom Sicherheitsdienst, die Bühnenarbeiter, die Techniker und die ganze Crew – alles sehr virile Männer – und verkleideten sich als Frauen, mit Perücken und Schminke. Ich wollte nicht mitmachen. Also habe ich mir eine Ausrede ausgedacht und gesagt, dass ich mit falschen Wimpern nicht fotografieren kann. Das waren echt tolle Jungs, und wenn ich auch normalerweise im Management-Bus mitgefahren bin und nicht in dem der Bühnentechniker (und die paar Mal, die ich mit ihnen gefahren bin, waren alle völlig erschöpft und schliefen), hatte man mit ihnen immer viel Spaß. Ich weiß wirklich nicht, wie es ihnen an jenem Abend noch gelungen ist, die Bühne abzubauen!
Zu der Party ging ich mit Nick Kent, einem berühmten Journalisten. Dann kam Michael Appleton, der Produzent der berühmten musikalischen Unterhaltungssendung *The Old Grey Whistle Test*. Ich bin ein leidenschaftlicher Vogelbeoachter, und er hat einen Bruder, der Vögel züchtet. So haben wir über dieses Thema gesprochen, und zwar insbesondere über den Reproduktionszyklus der Chilenischen Flamingos, ohne dabei zu merken, dass es inzwischen voll geworden und das Fest in vollem Gange war.

Links: Brian Eno und Pierre Laroche, Make-Up-Artist von Mick Jagger. Hamburg 1973.

Rechts: Keith Richards und Billy Preston verlassen nach dem letzten Konzert der Tournee schaumbedeckt die Bühne. Berlin 1973.

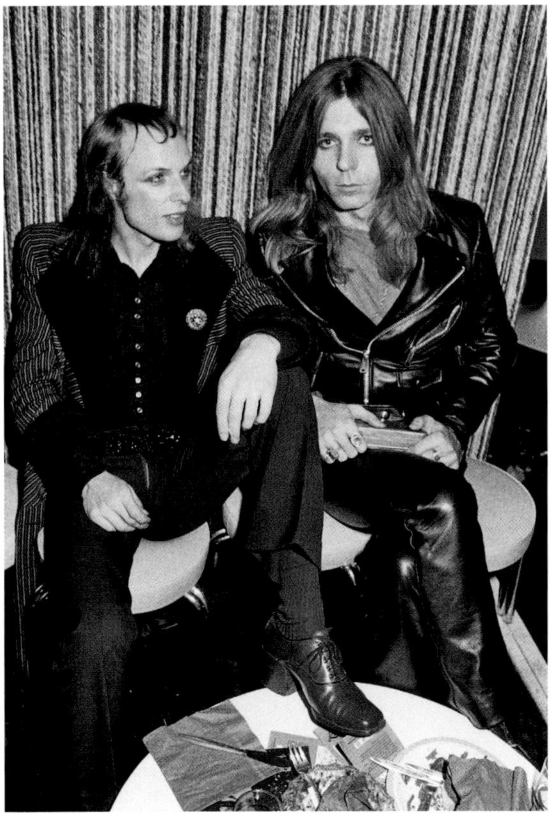

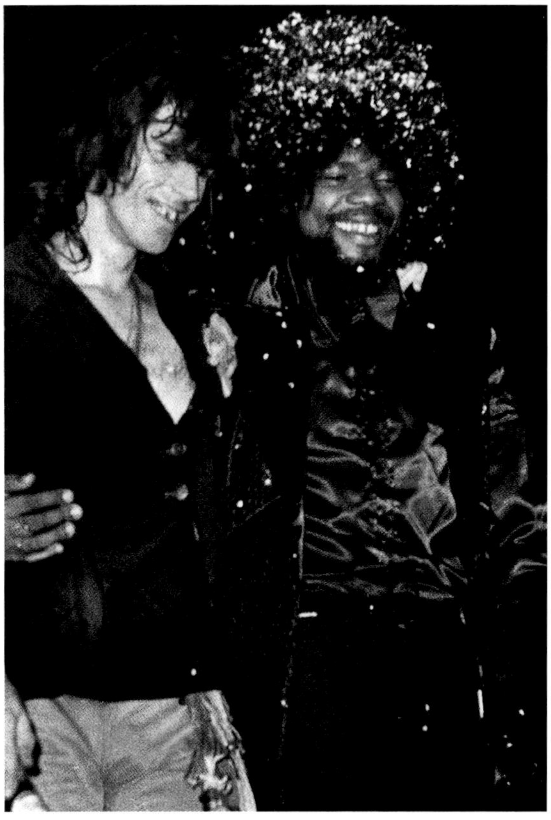

Plötzlich habe ich etwas weiter nach unten geschaut und neben mir zwei komplett nackte Frauen bemerkt, die merkwürdige Dinge machten. Ich sah mich um und entdeckte den Schallplattenproduzenten, der mit einer anderen, ebenfalls nackten Frau tanzte. Michael und ich haben dann aufgehört, über die Reproduktion der Flamingos zu sprechen!

Erst viel später habe ich realisiert, auf wie vielen Partys ich im Lauf meiner Karriere war. Bei Partys zu fotografieren, gehört nicht gerade zu meinen Lieblingsbeschäftigungen – es gibt kein natürliches Licht, und ich benutze nicht gern einen Blitz – aber das Ergebnis war immer ziemlich unverfälscht, was mich jedes Mal gewundert hat. Bei diesen Festen hat mich, neben den wenig bekleideten Mädchen, überrascht, wie unterschiedlich die Gäste waren: Aristokraten Schulter an Schulter mit den jungen Leuten aus den Plattenfirmen. Heterogener hätte die Situation nicht sein können.

Mick am Keyboard mit Billy Preston beim Soundcheck in Wien. Europatournee, 1973.

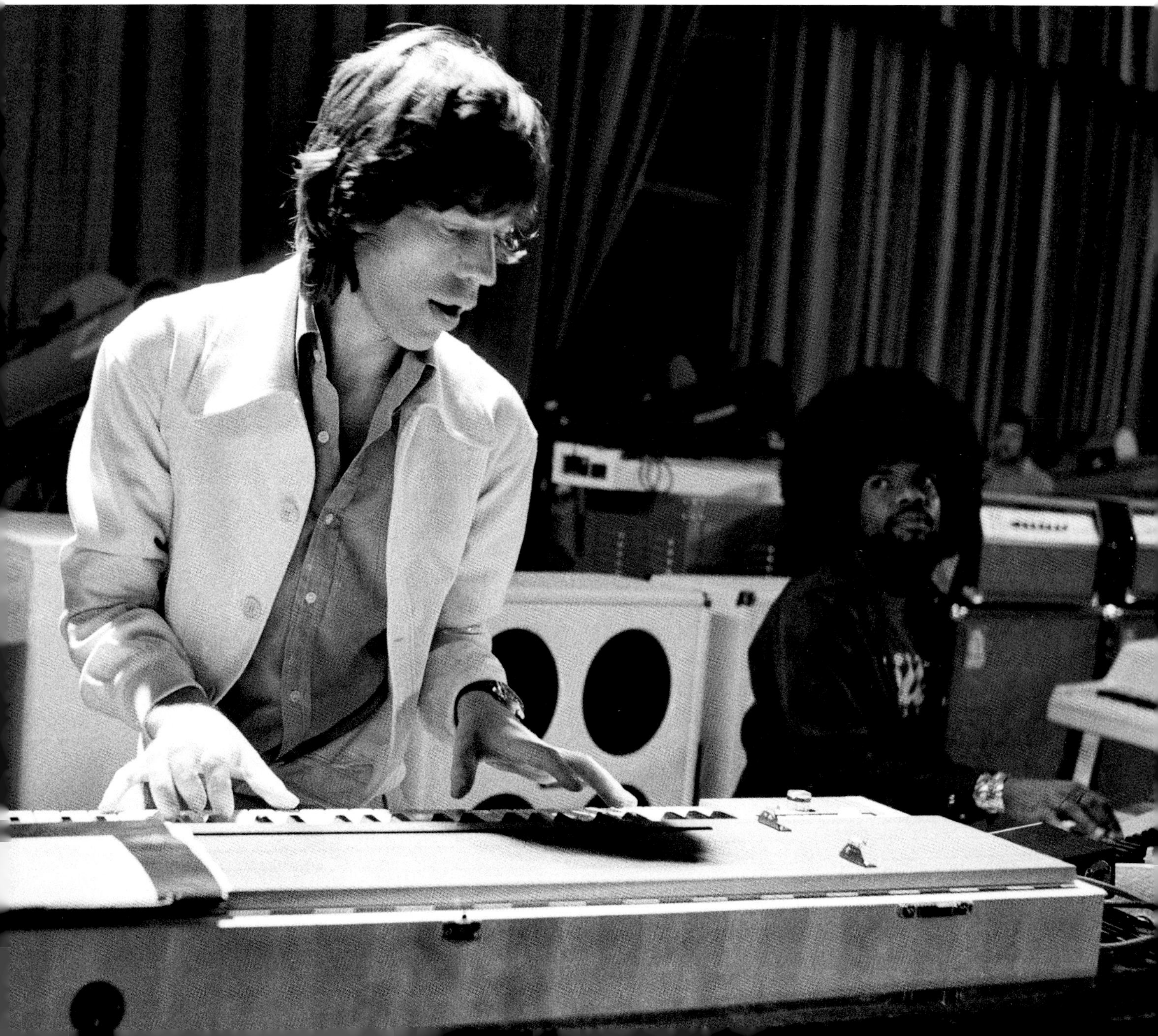

Unten: Andrew Loog Oldham, der erste Manager der Band. London 1973.

Folgende Doppelseite: Mick und Bianca schlafen im Flugzeug auf dem Rückflug von Berlin. 1973.

Am Morgen nach dem letzten Tourneetermin wachte ich mit dem schlimmsten Kater aller Zeiten auf. Wir fuhren zum Berliner Flughafen Tempelhof, und ich hatte schon Schwierigkeiten, die Piste zu überqueren, um in den Flieger zu steigen. Einmal an Bord setzte ich mich nach hinten zu Anny Ivil, die mir sagte: »Schatz, mach ein Foto von Mick und Bianca.« Ich erwiderte: »Ich kann noch nicht mal den Kopf gerade halten!«. Außerdem schliefen die beiden, und es schien mir sehr unhöflich, sie zu fotografieren. Anny überredete mich, und schlussendlich habe ich das Foto einhändig aufgenommen, denn die andere Hand brauchte ich, um mich aufrecht zu halten!

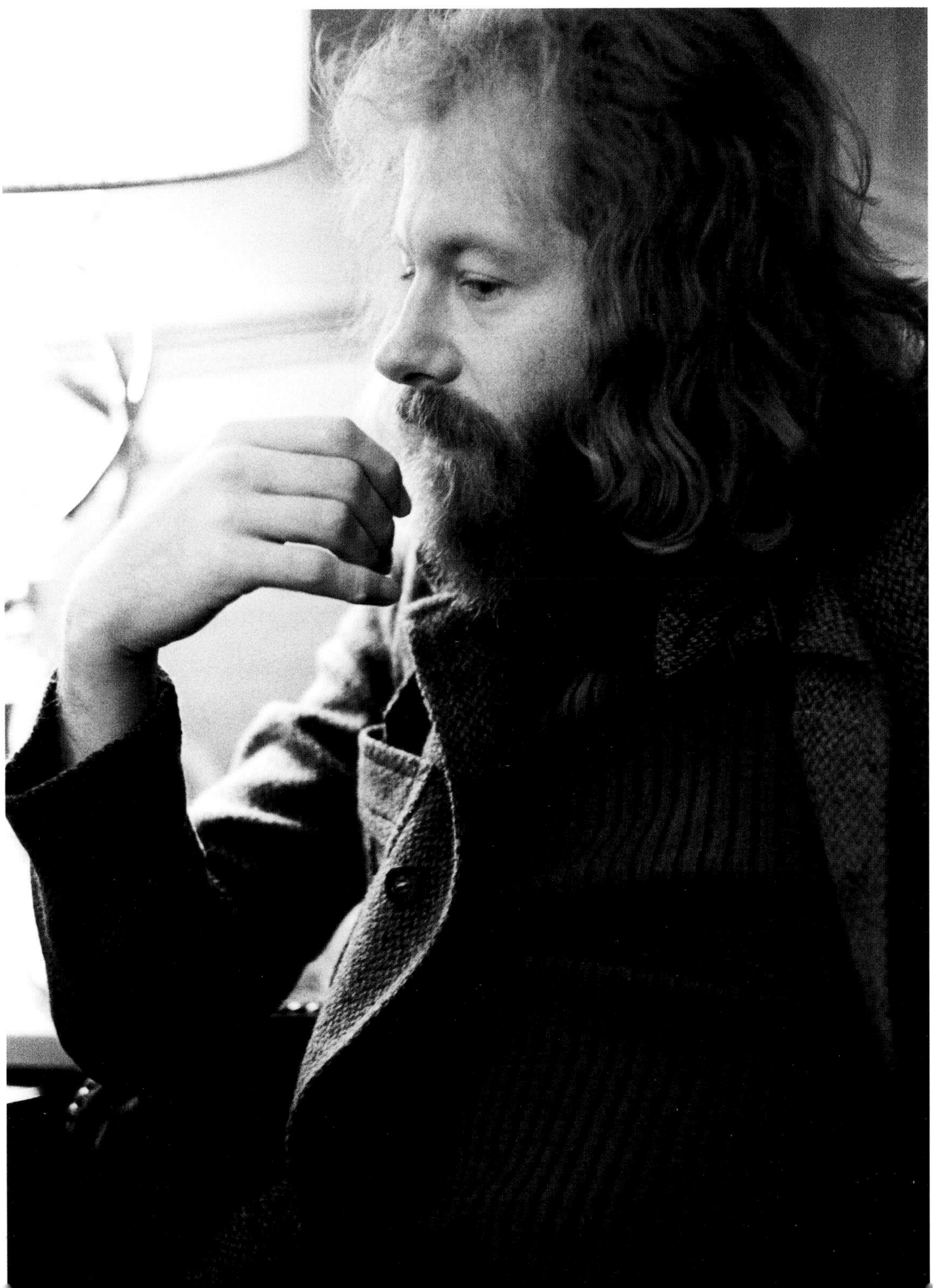

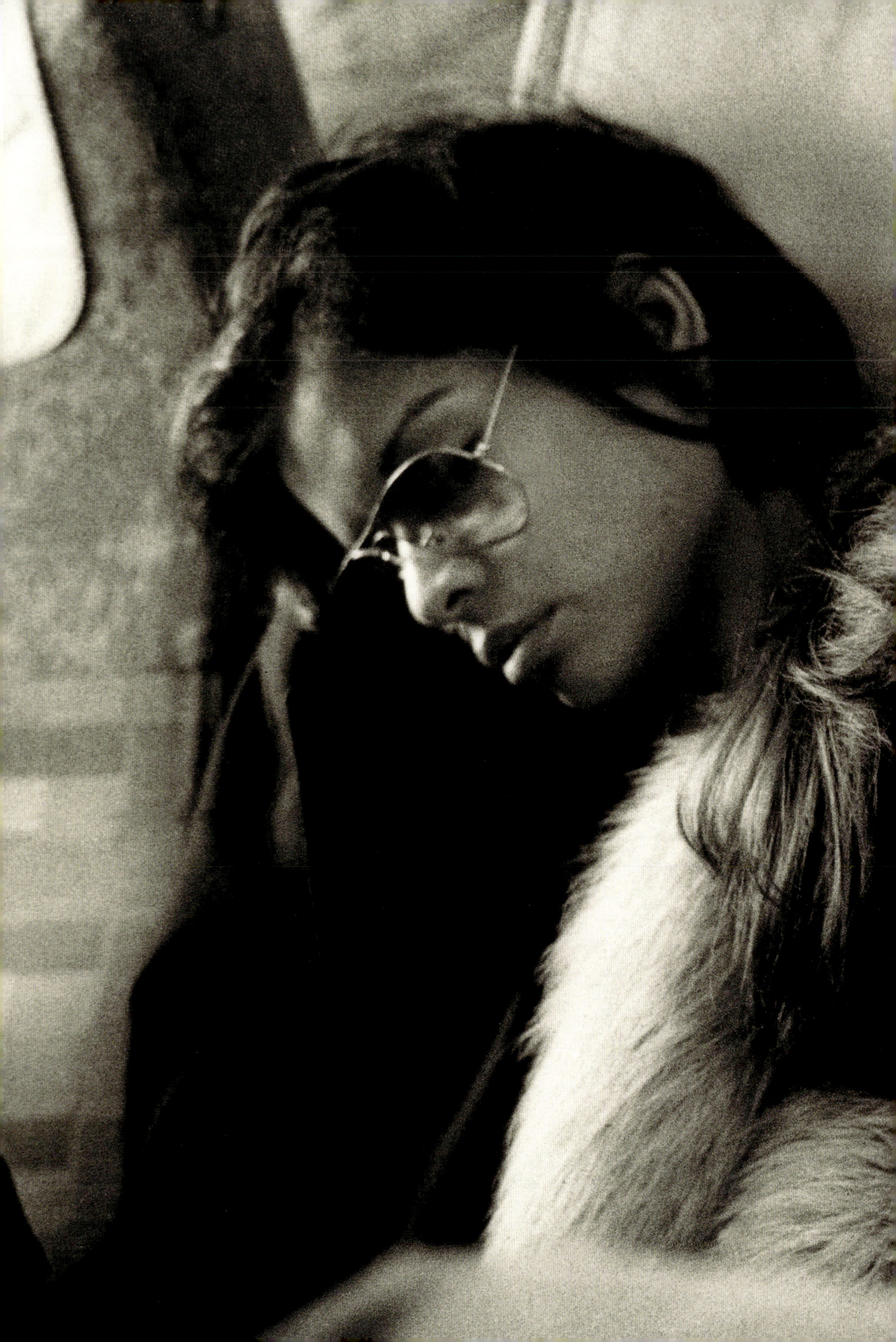

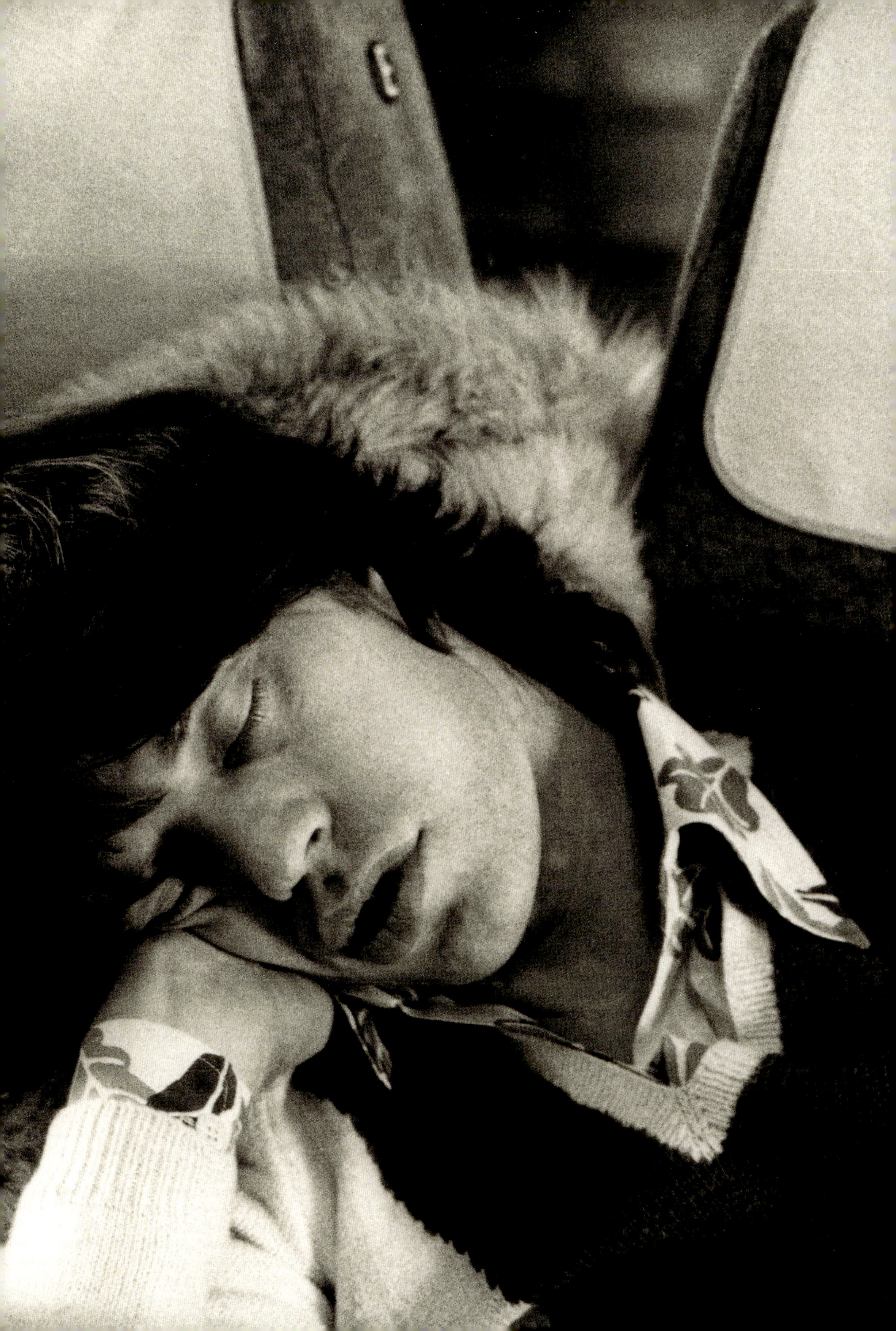

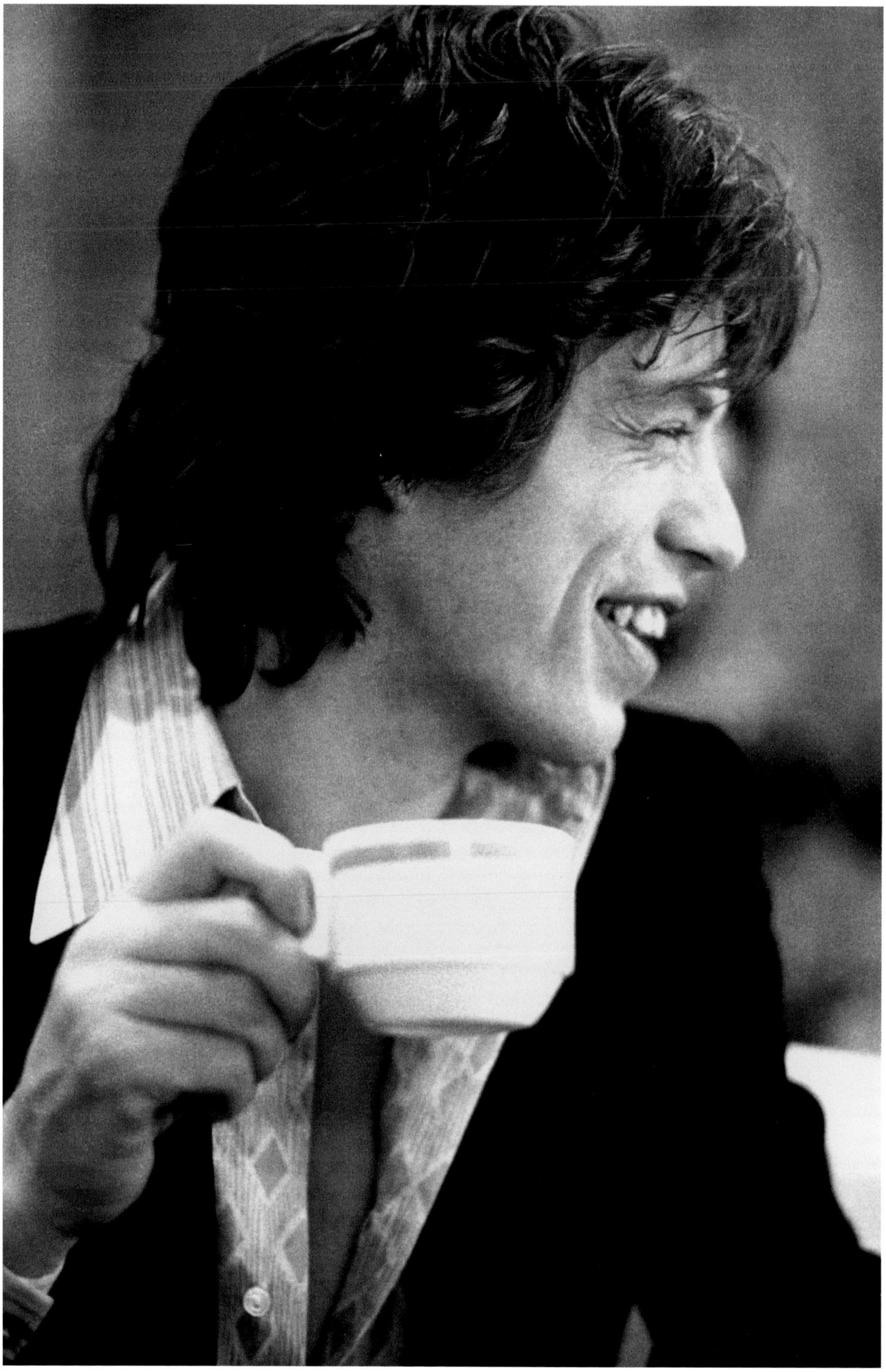

Wenn wir auf Tournee waren, reiste ich normalerweise mit der Band: im Zug, im Flugzeug oder wie auch immer. Aber während dieser Tournee fuhr Keith nicht mit dem Rest der Gruppe mit, sondern folgte uns überall hin mit seinem Ferrari. Wenn man es sich genauer überlegt, dann ist es ein Wunder, dass er heil von einem Konzert zum anderen gekommen ist. Mir gefiel es gut, einen freien Tag zwischen den Konzerten zu haben, sonst wären die Fahrten mit dem Ferrari nicht möglich gewesen. Ich weiß nicht, warum er nicht fliegen wollte. Vielleicht war das alles nur vorgeschoben, um zu verbergen, was er in Wirklichkeit machte.

Bei dieser Tournee im Jahr 1973 promoteten die Stones ihr elftes in Großbritannien erschienenes Studioalbum *Goats Head Soup.* Sie hatten es in Jamaika aufgenommen und in jenem Sommer veröffentlicht. Meiner Ansicht nach ist dieses Album unterbewertet. Es repräsentiert eine absolut interessante musikalische Zeit für die Band. Das Problem ist, dass es gleich nach dem Klassiker *Exile On Main St* erschienen ist, der im Vorjahr herausgekommen und sogar auf dem siebten Platz unter den 500 besten Alben aller Zeiten der von der Zeitschrift *Rolling Stone* erstellten Bewertungsliste gelandet ist. Deshalb wurde dieses neue Album weniger beachtet.

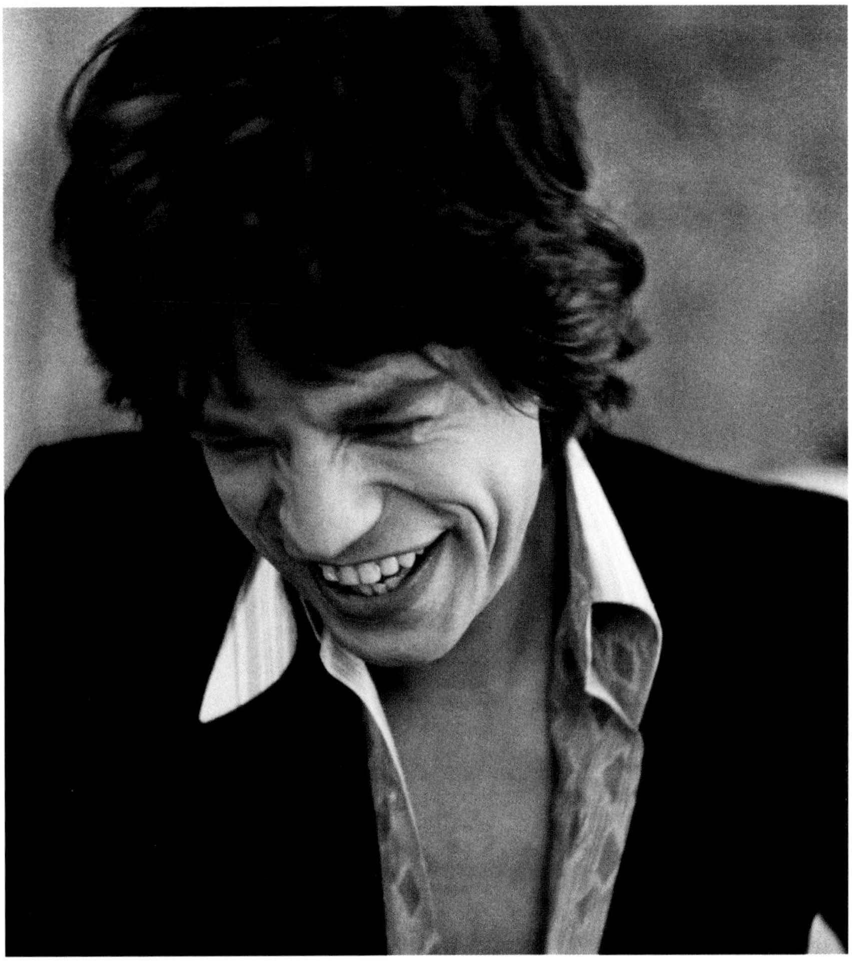

Auf diesen Seiten: Mick Jagger beim 5-Uhr-Tee. Cardiff 1973.

Folgende Doppelseite: Links: Mick Jagger in Cardiff. Rechts: Jagger langweilt sich tödlich bei der Pressekonferenz. Amsterdam 1973.

Folgeseiten: Einige Aufnahmen hinter den Kulissen und auf der Bühne während der Europatournee 1973.

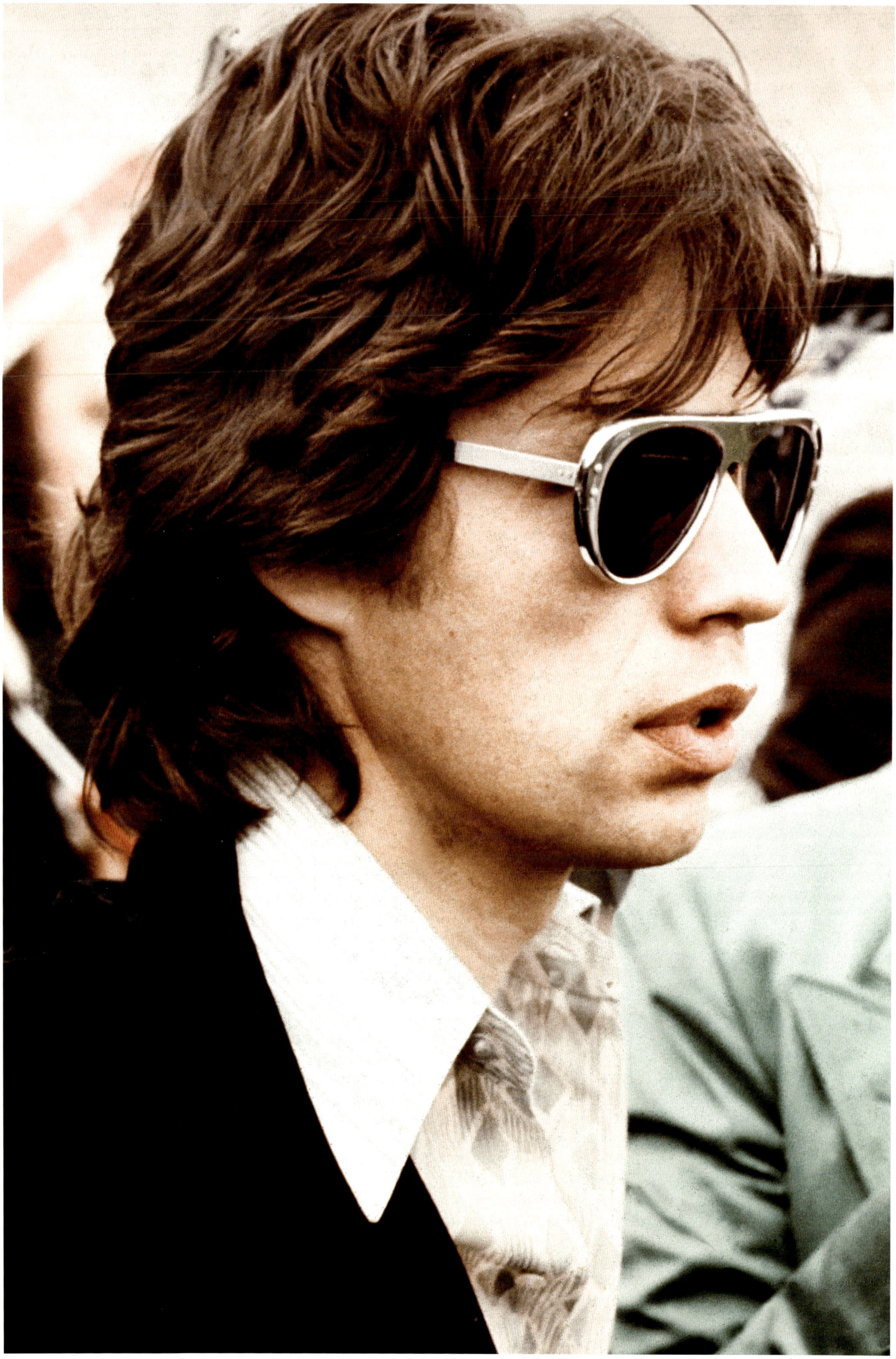

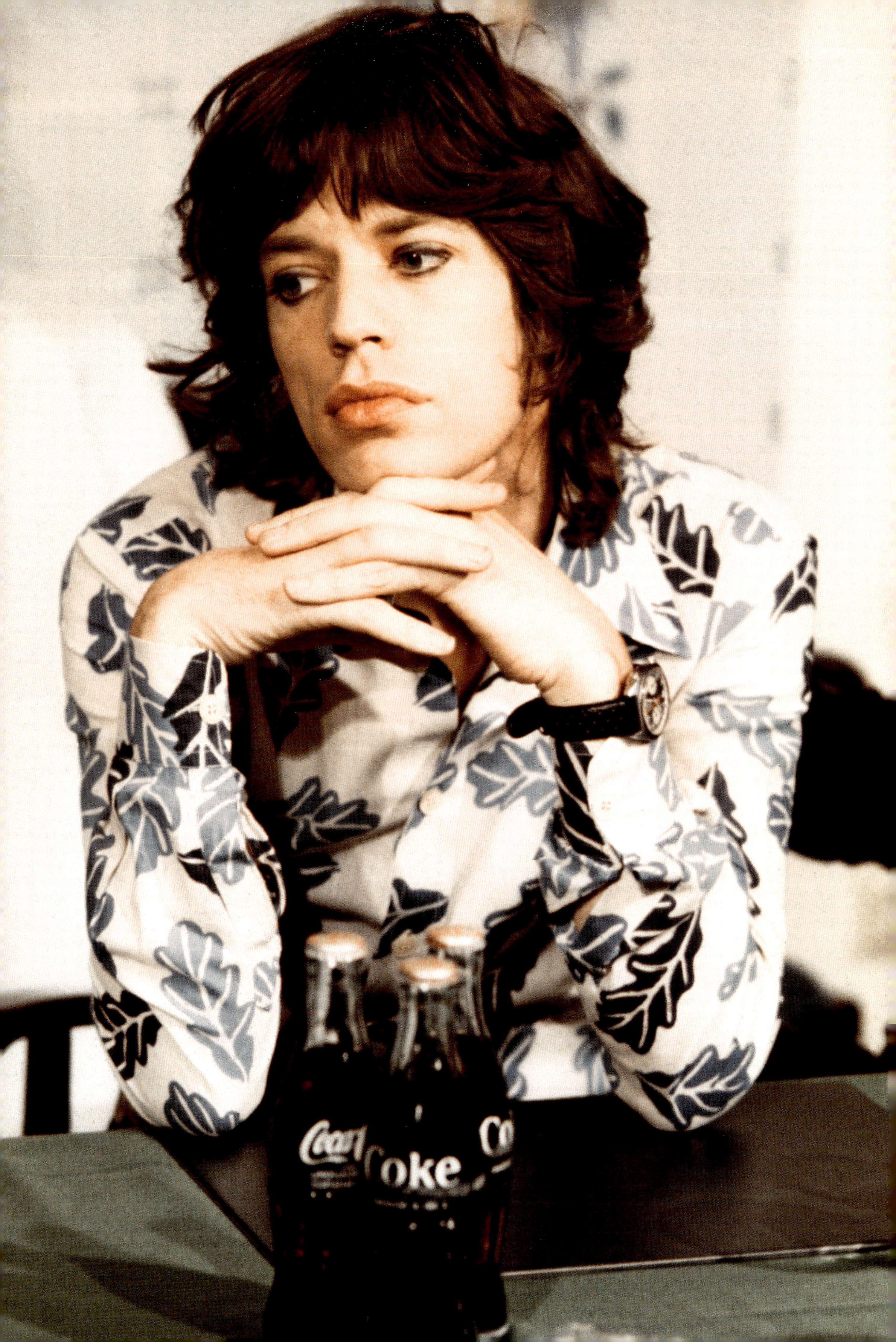
Coke

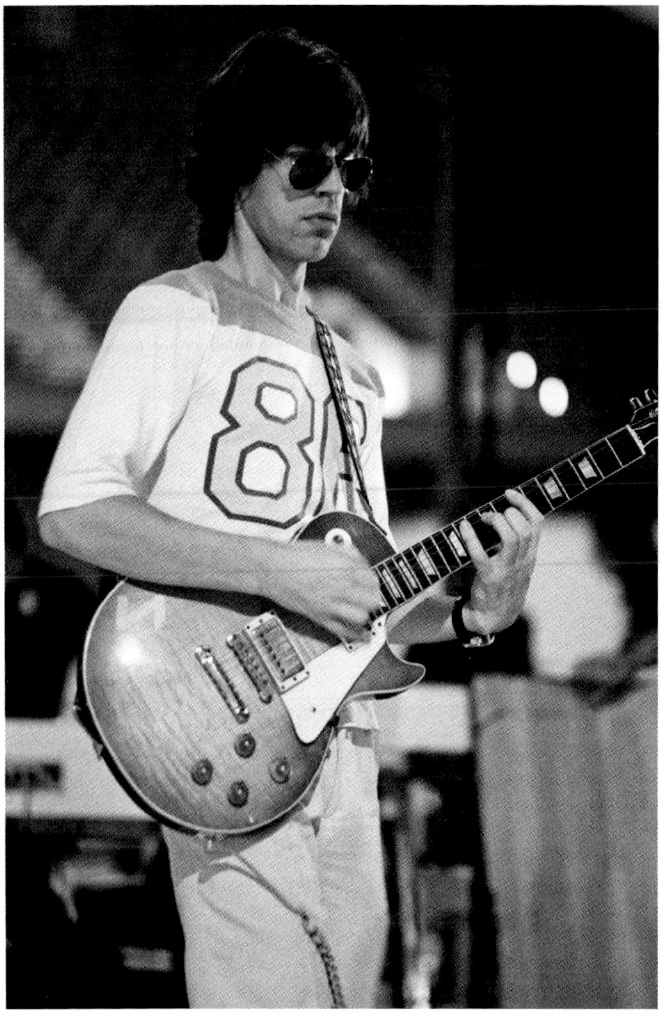
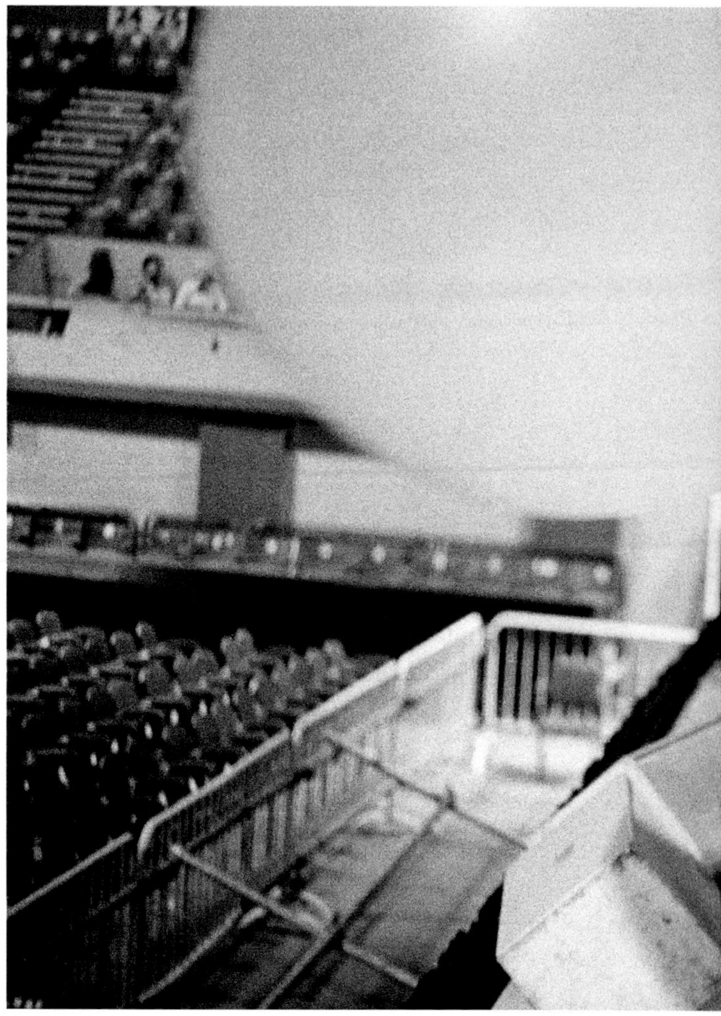
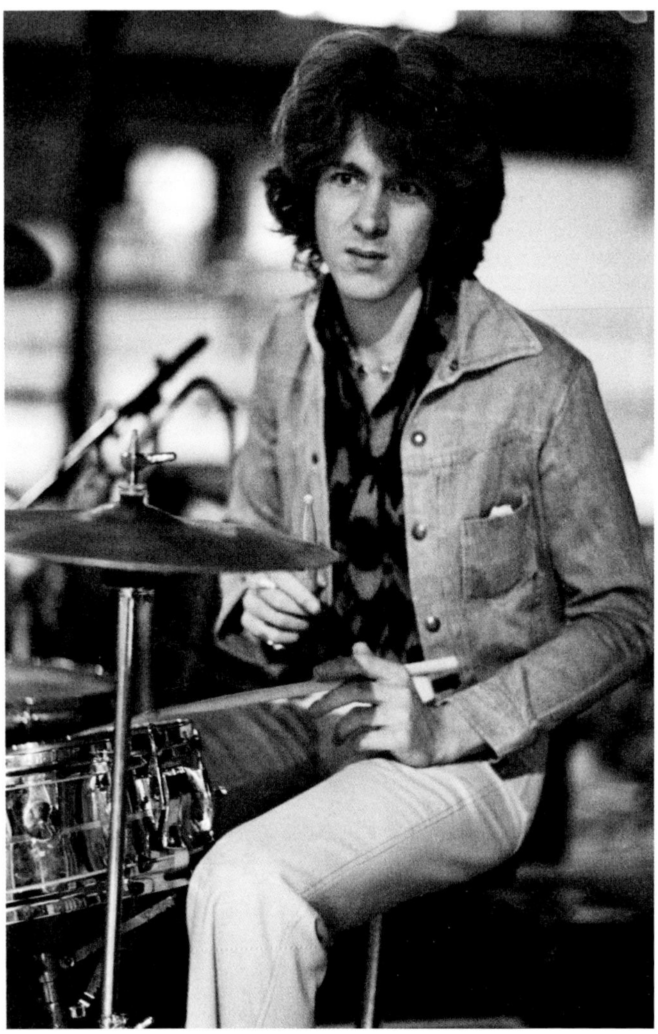
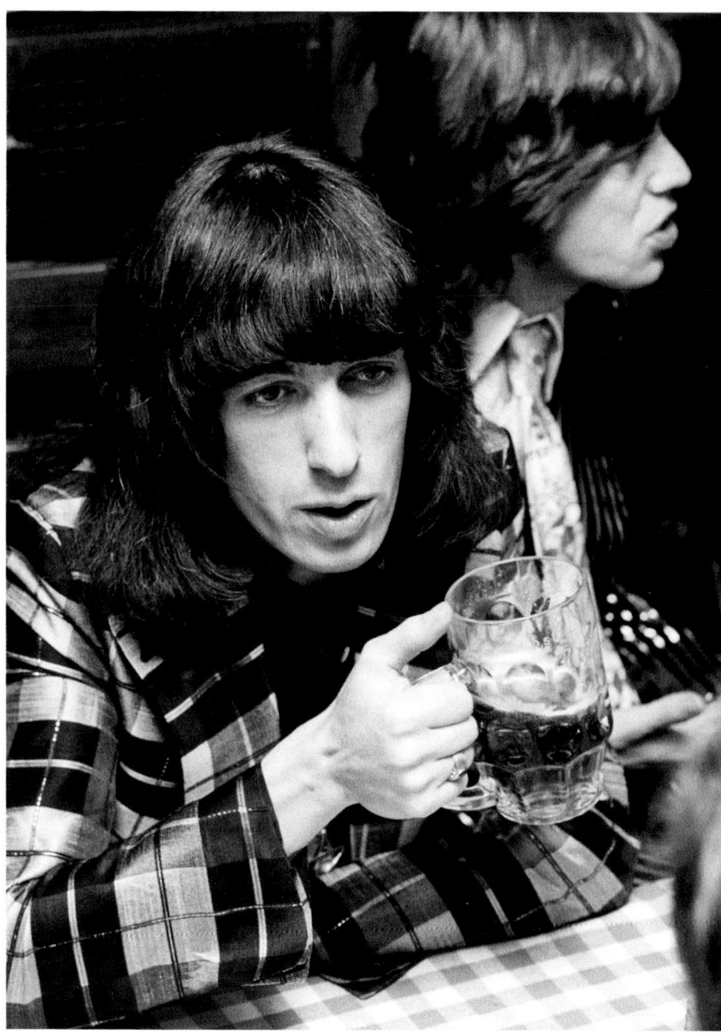

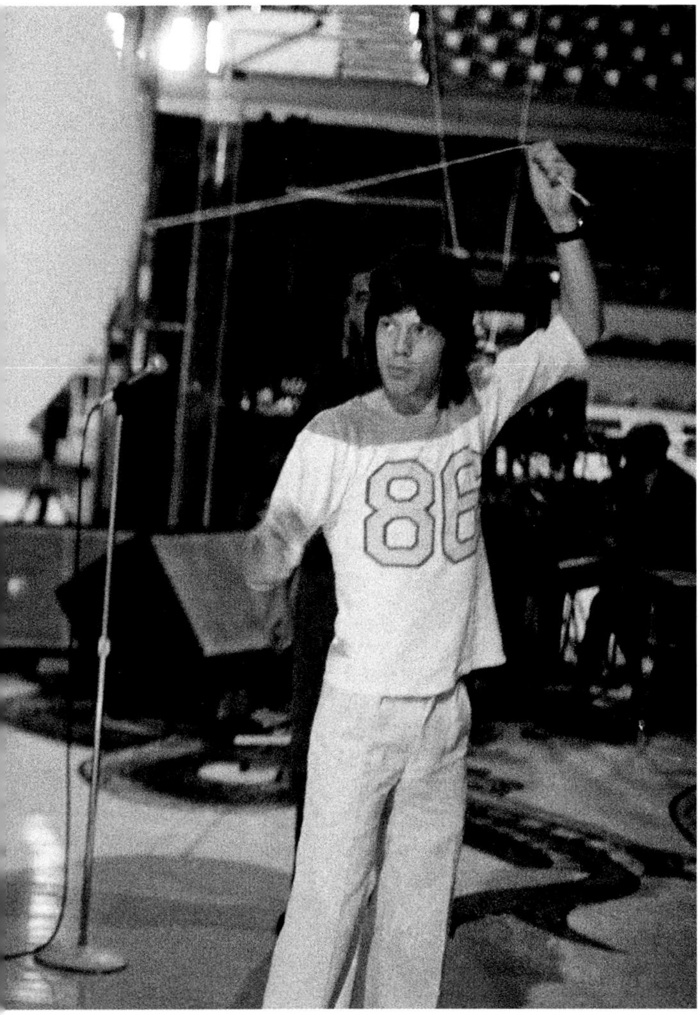
86

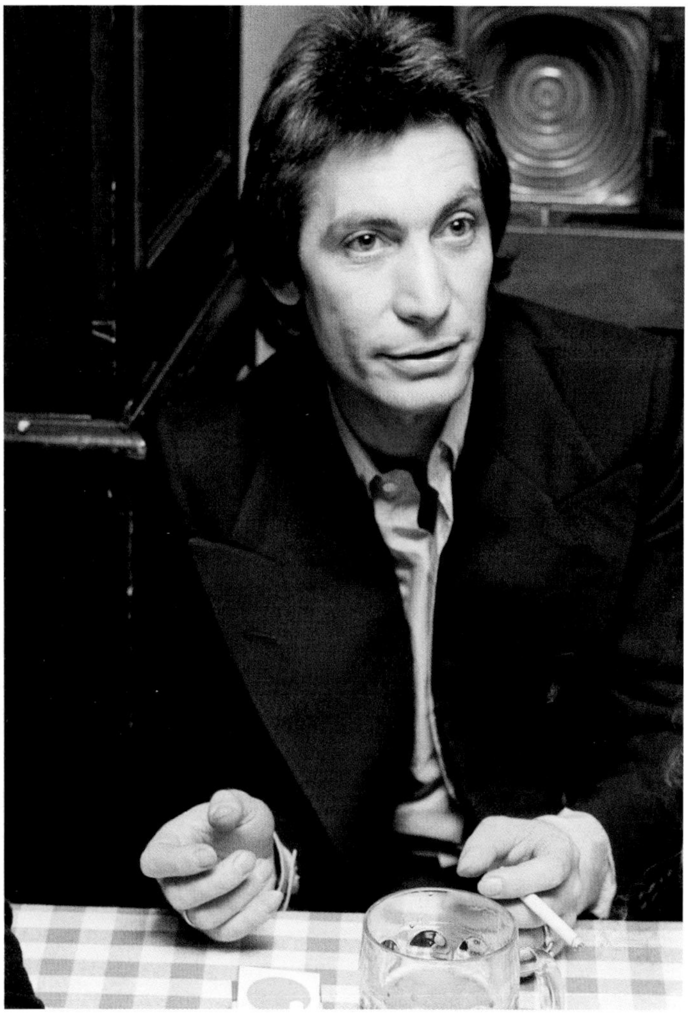

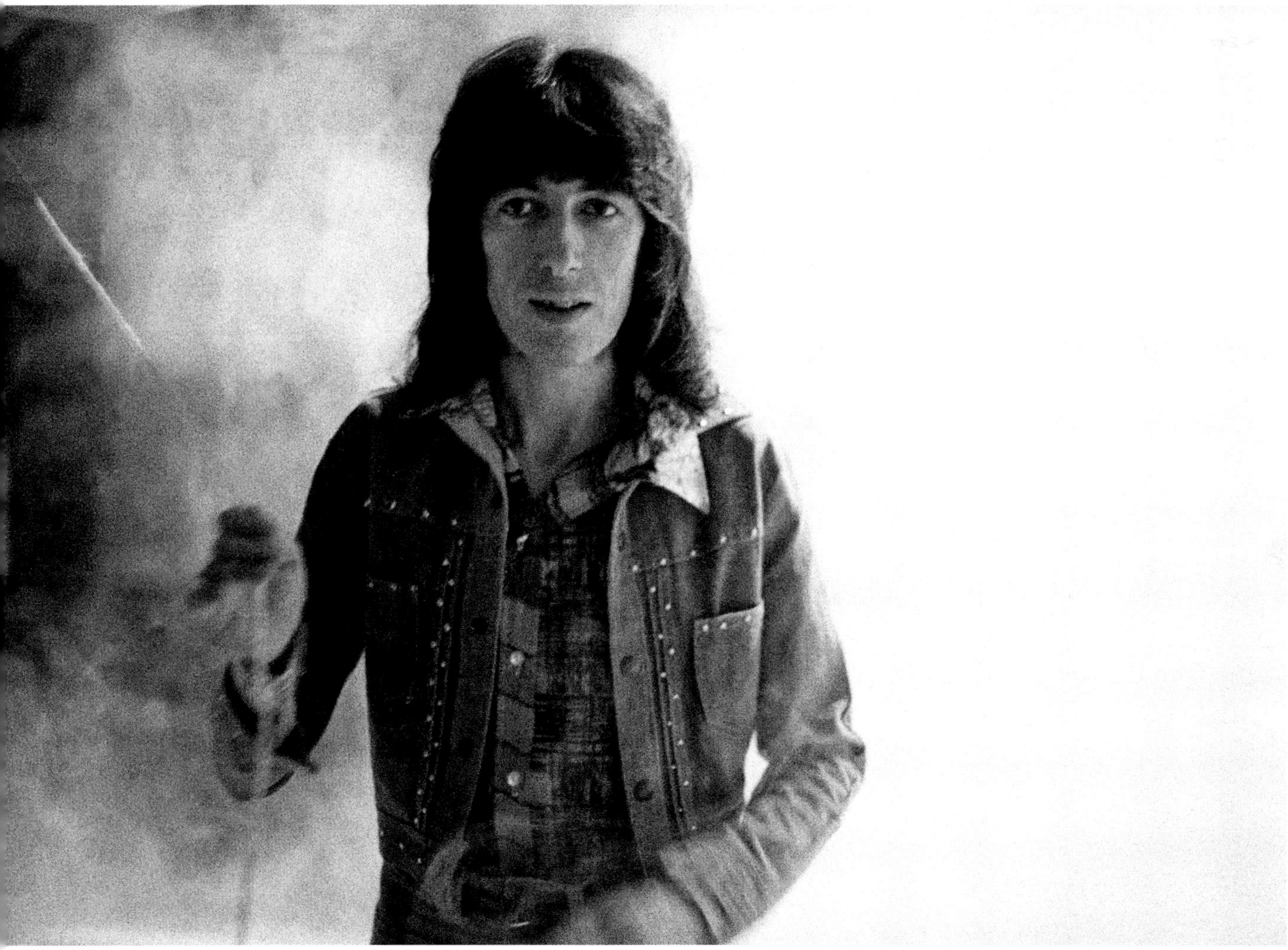

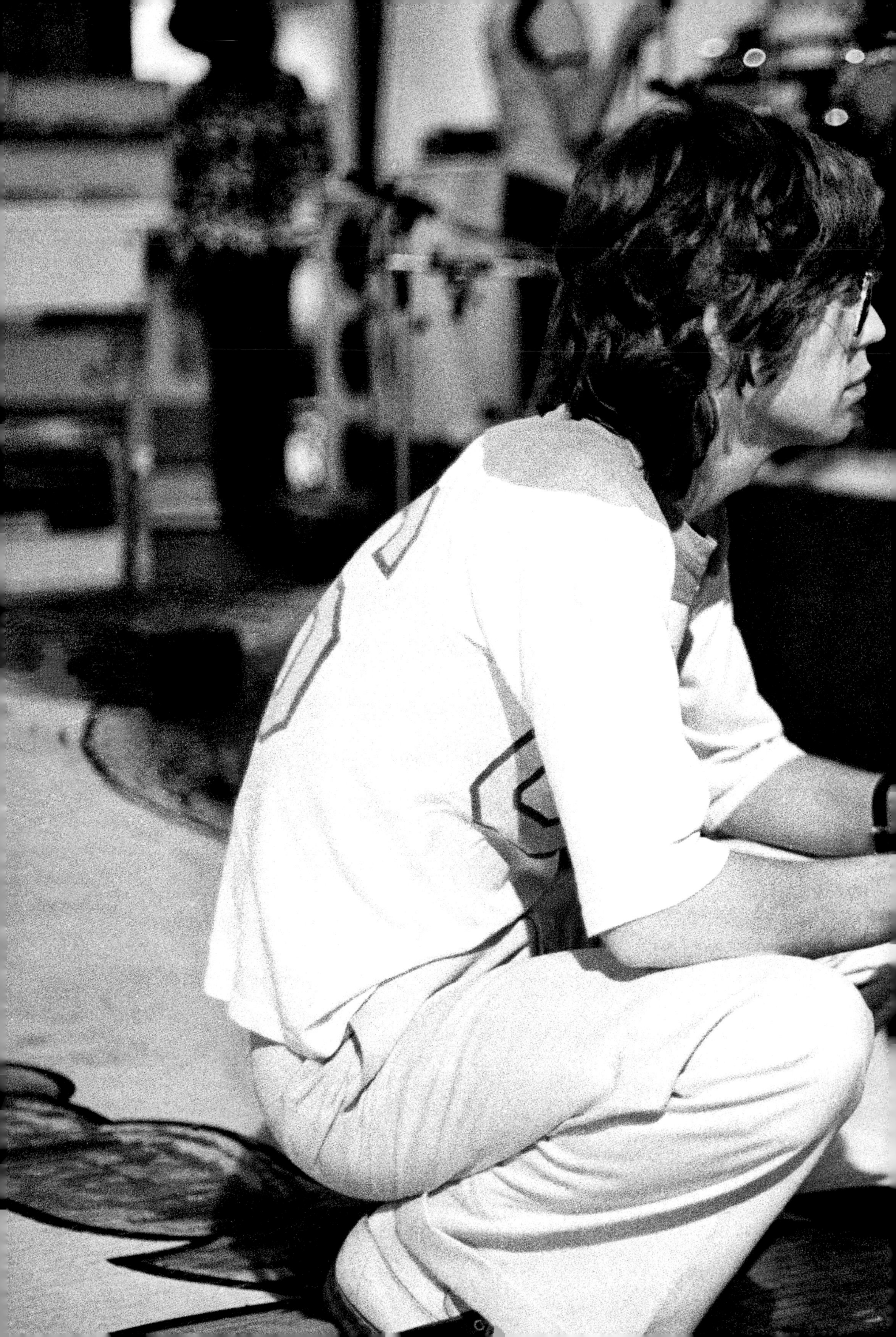

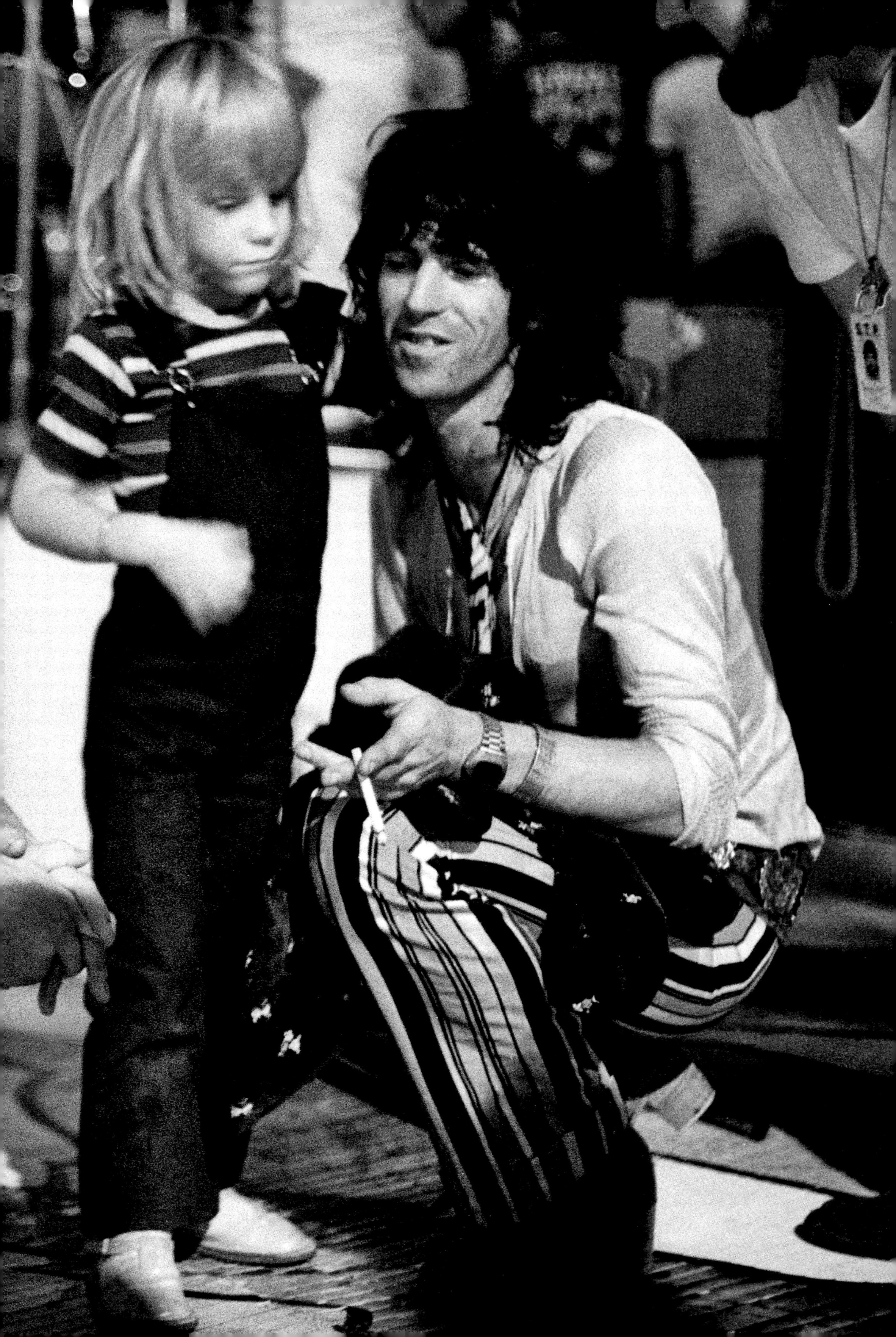

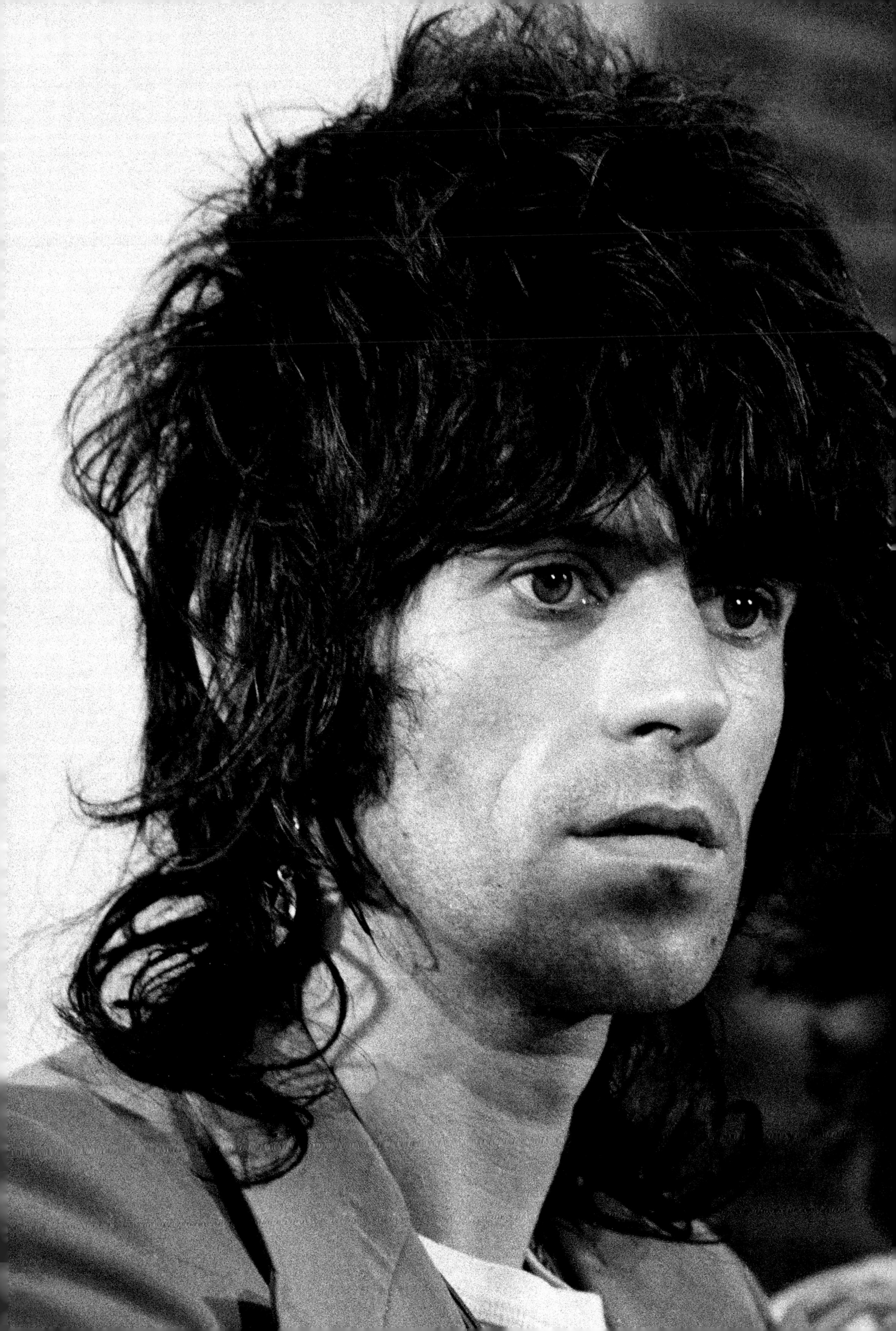

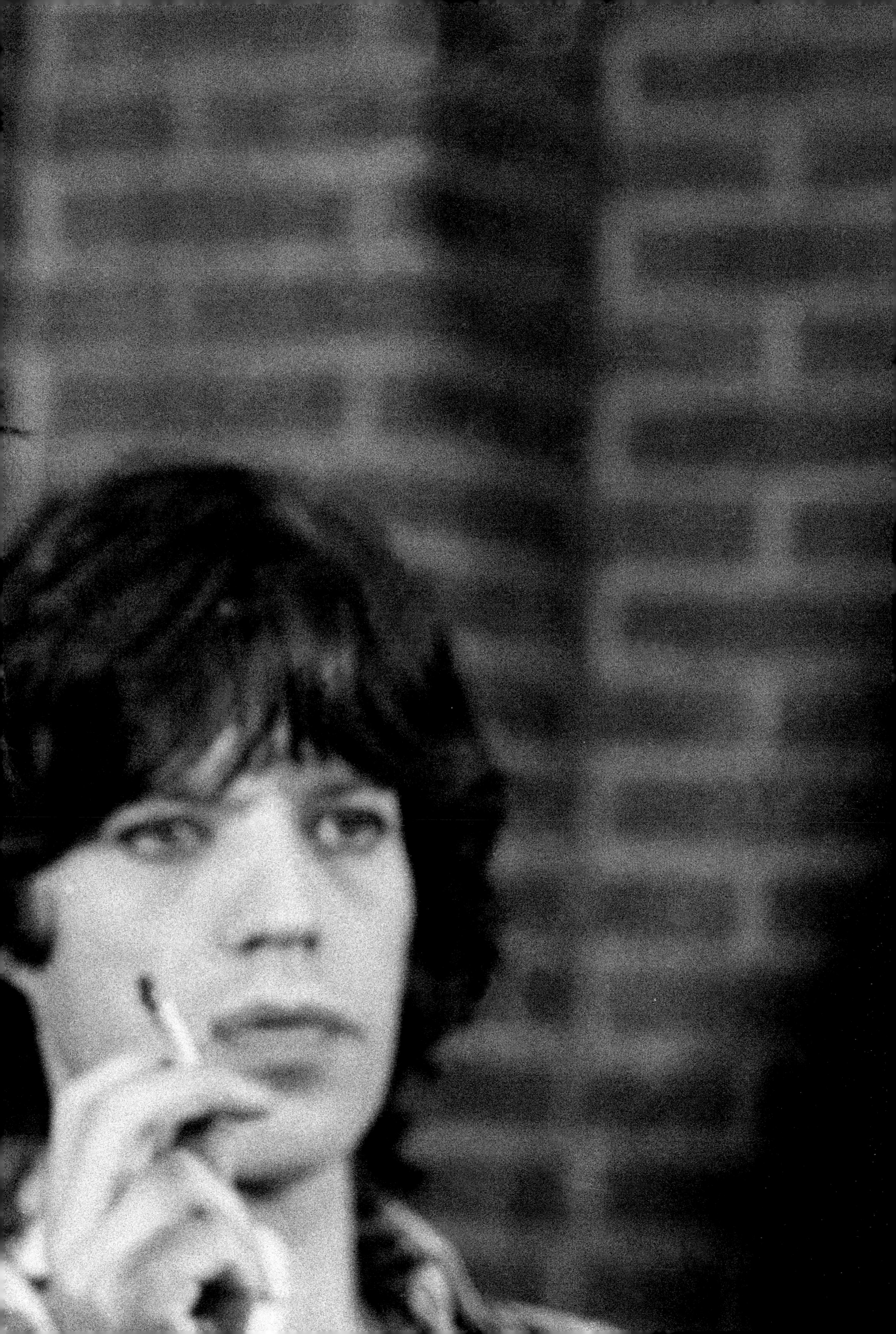

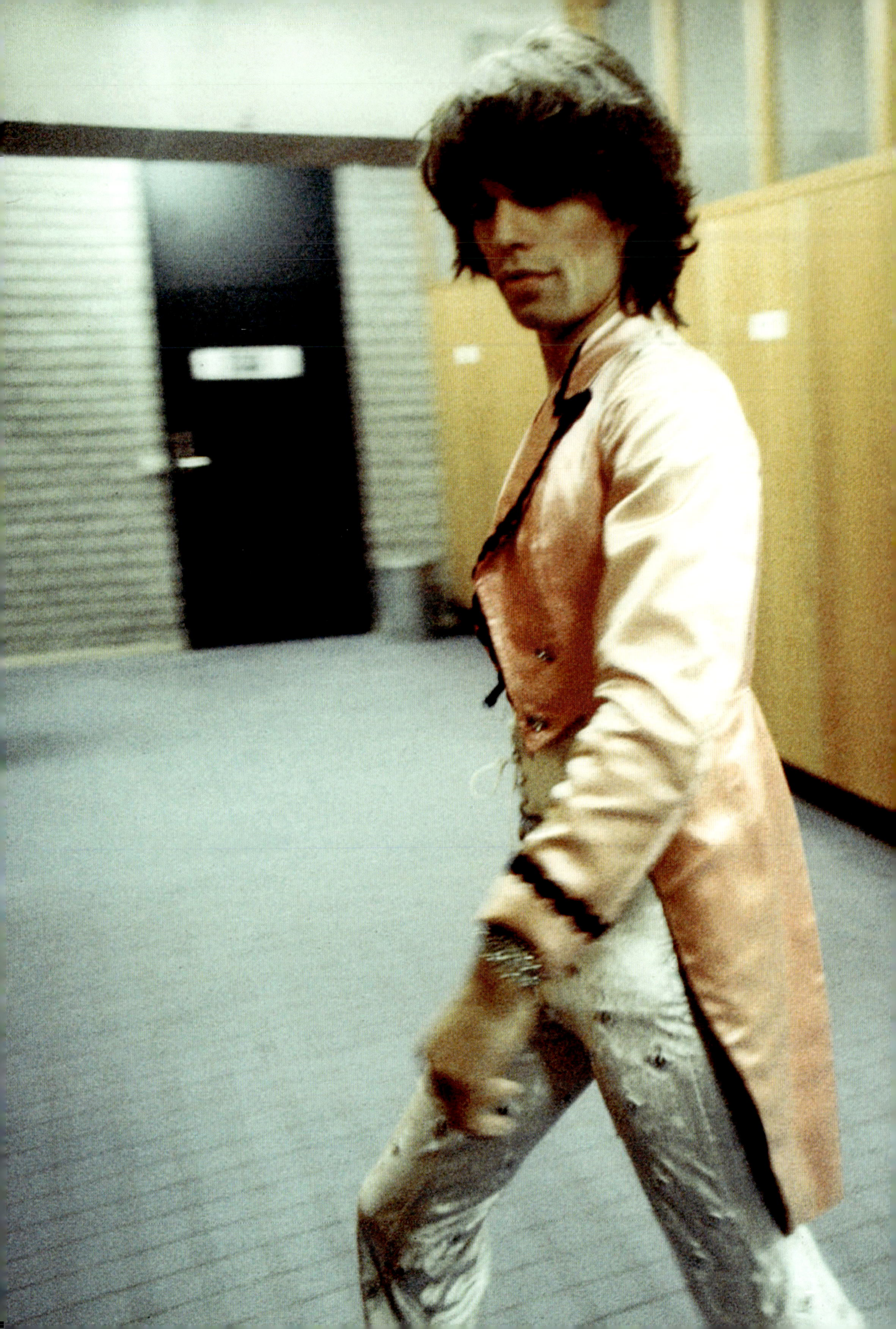

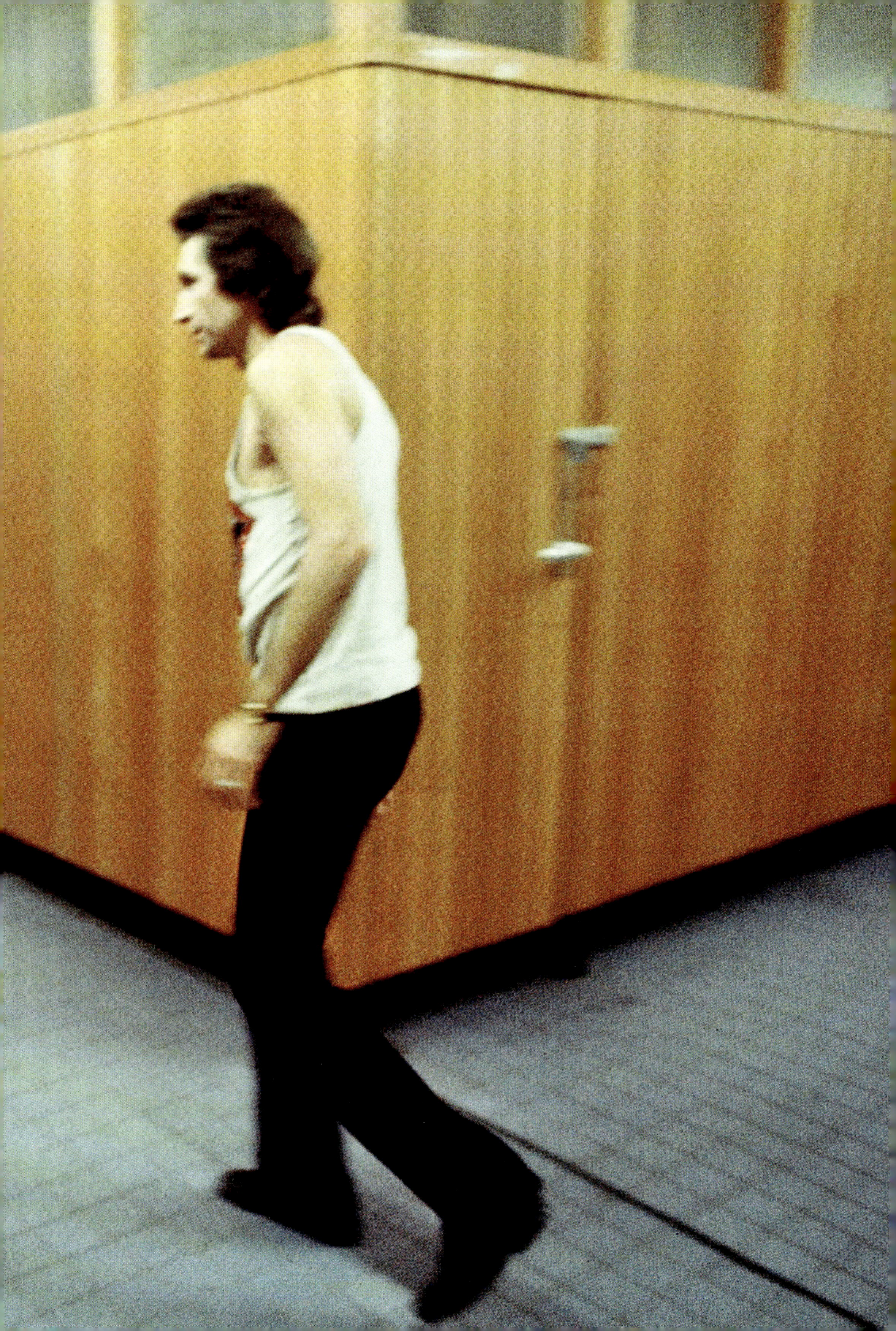

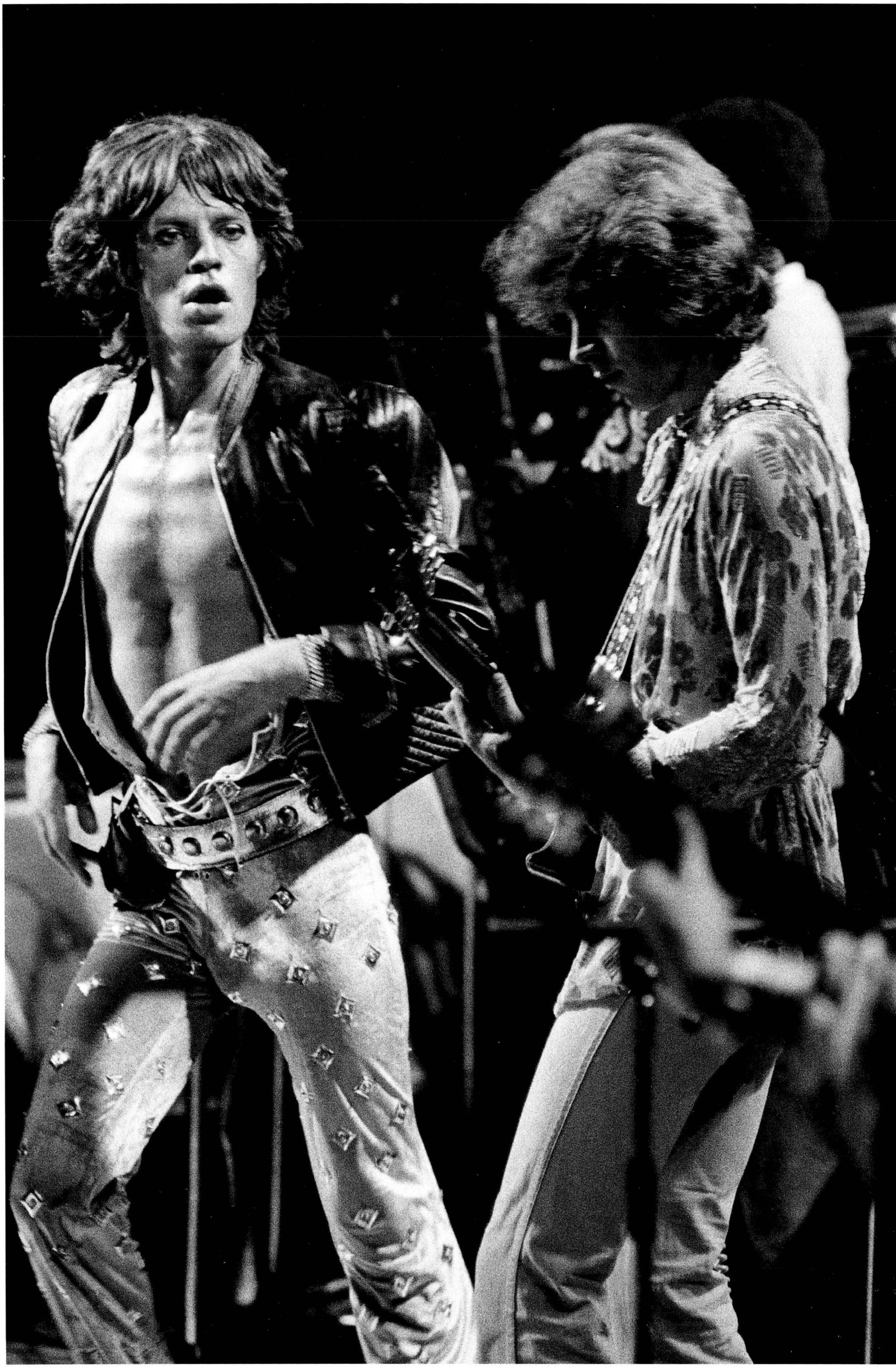

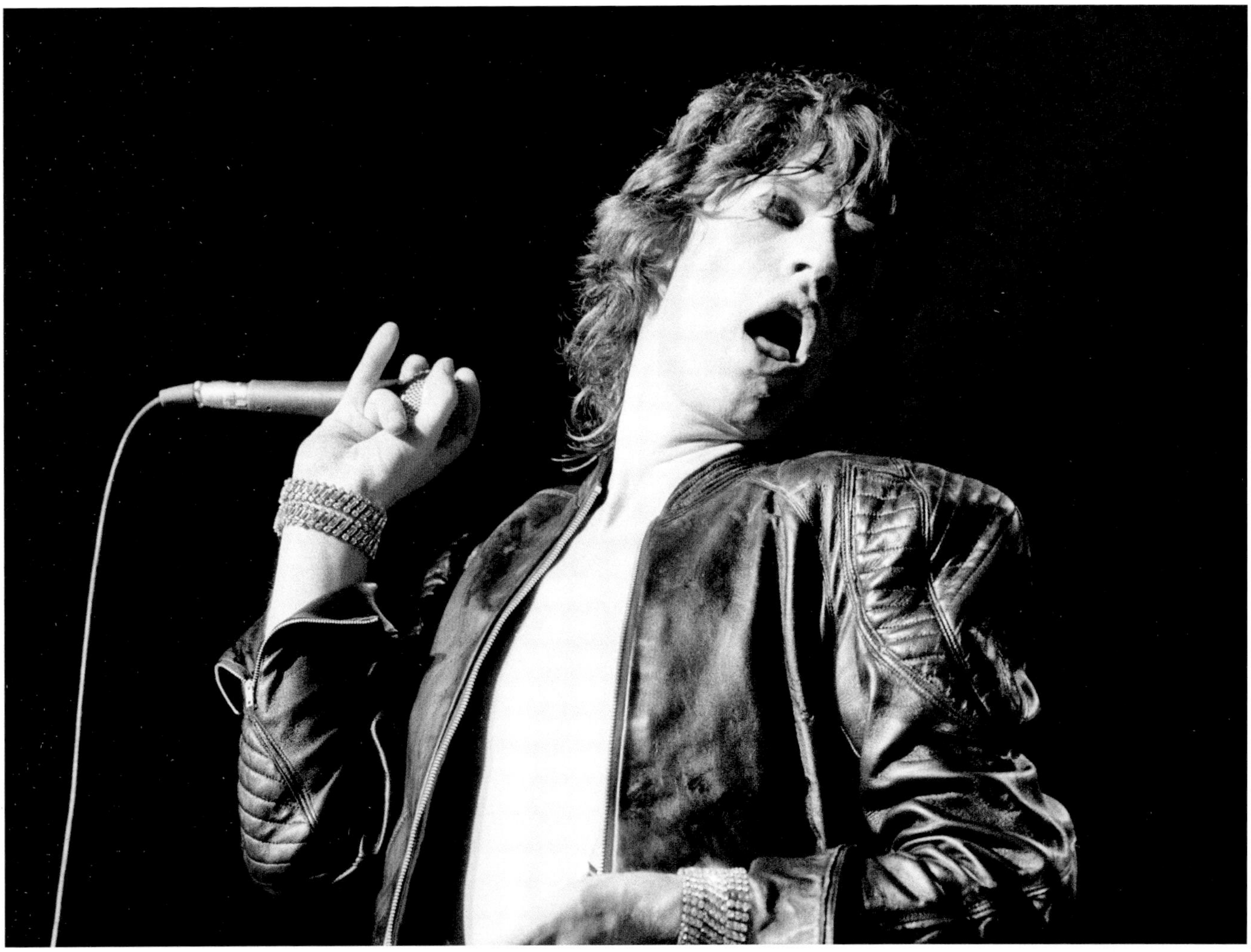
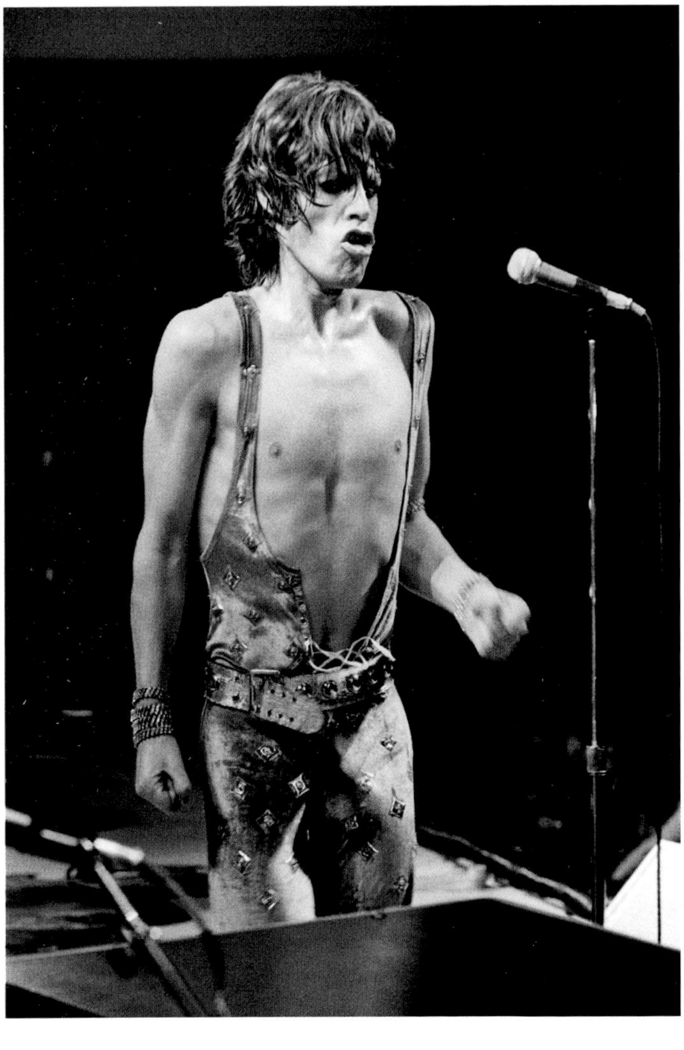
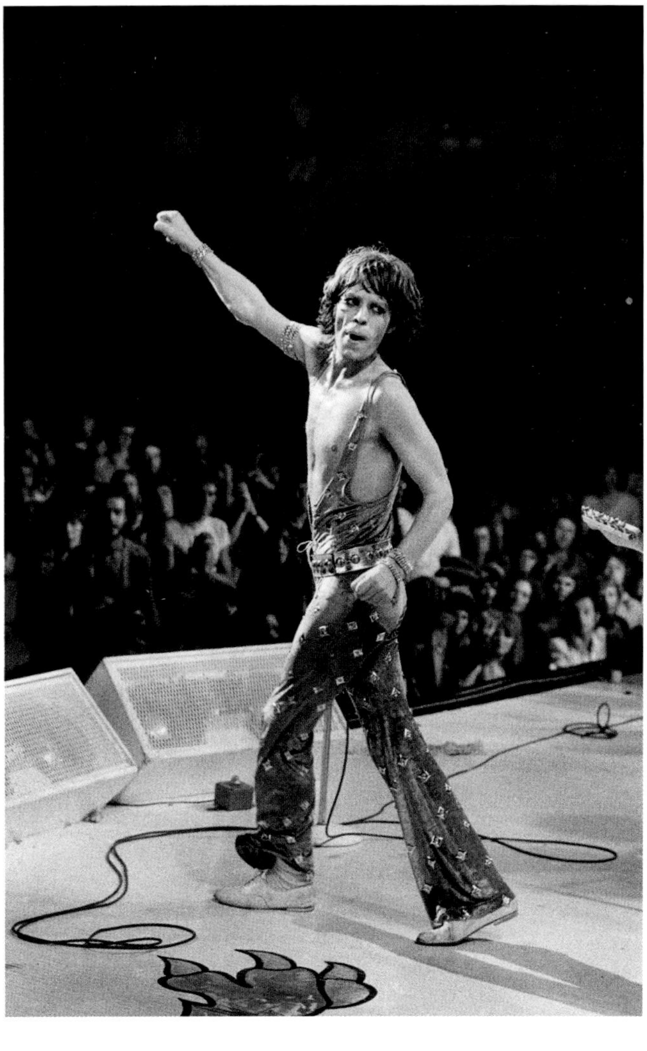

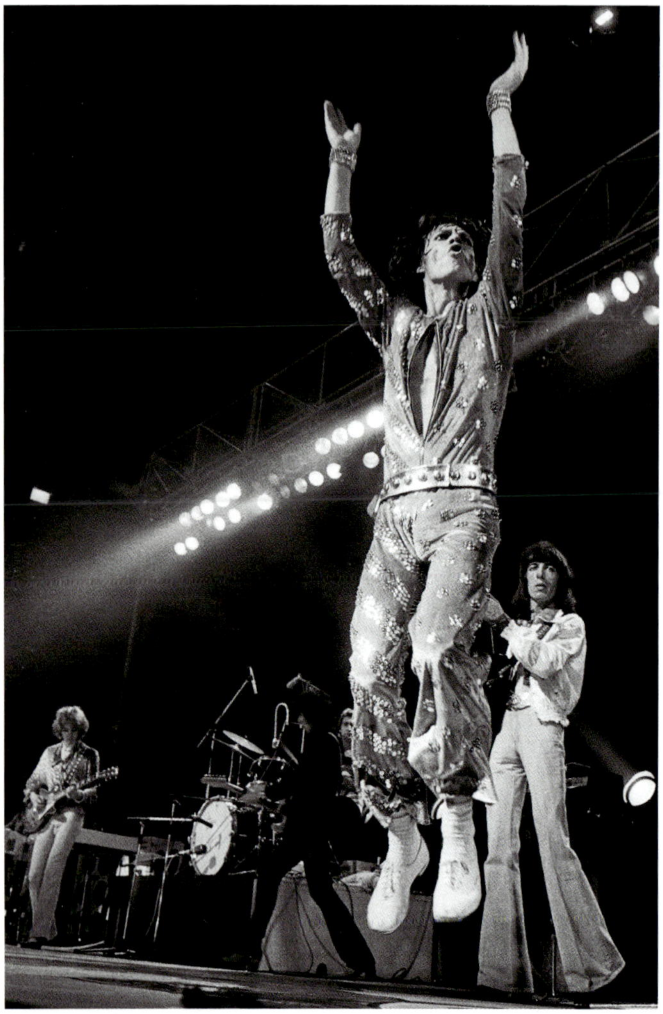
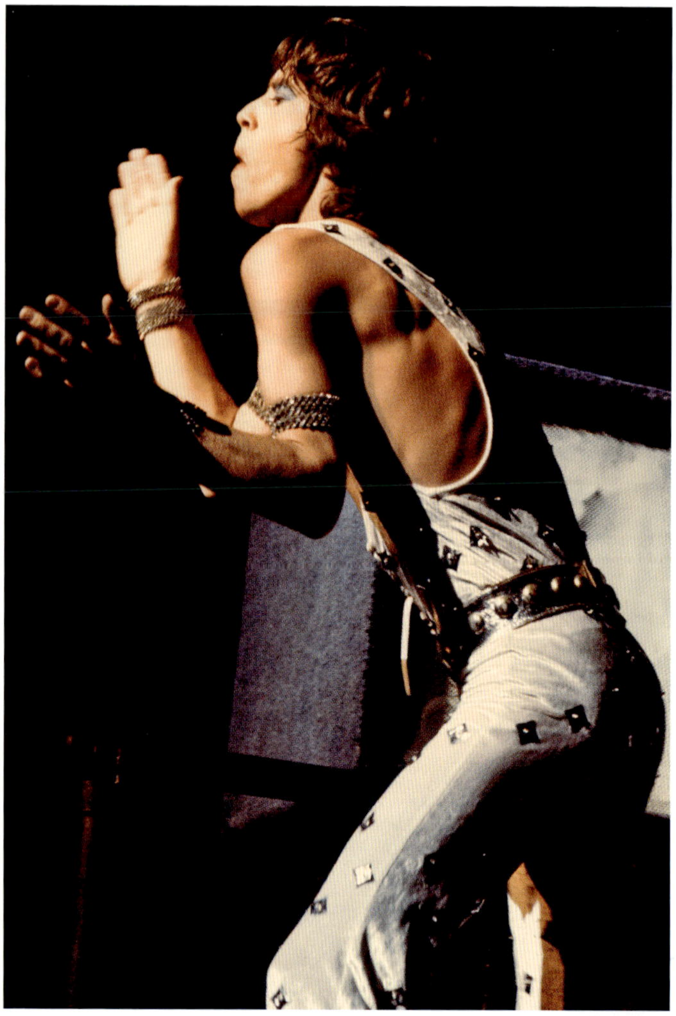
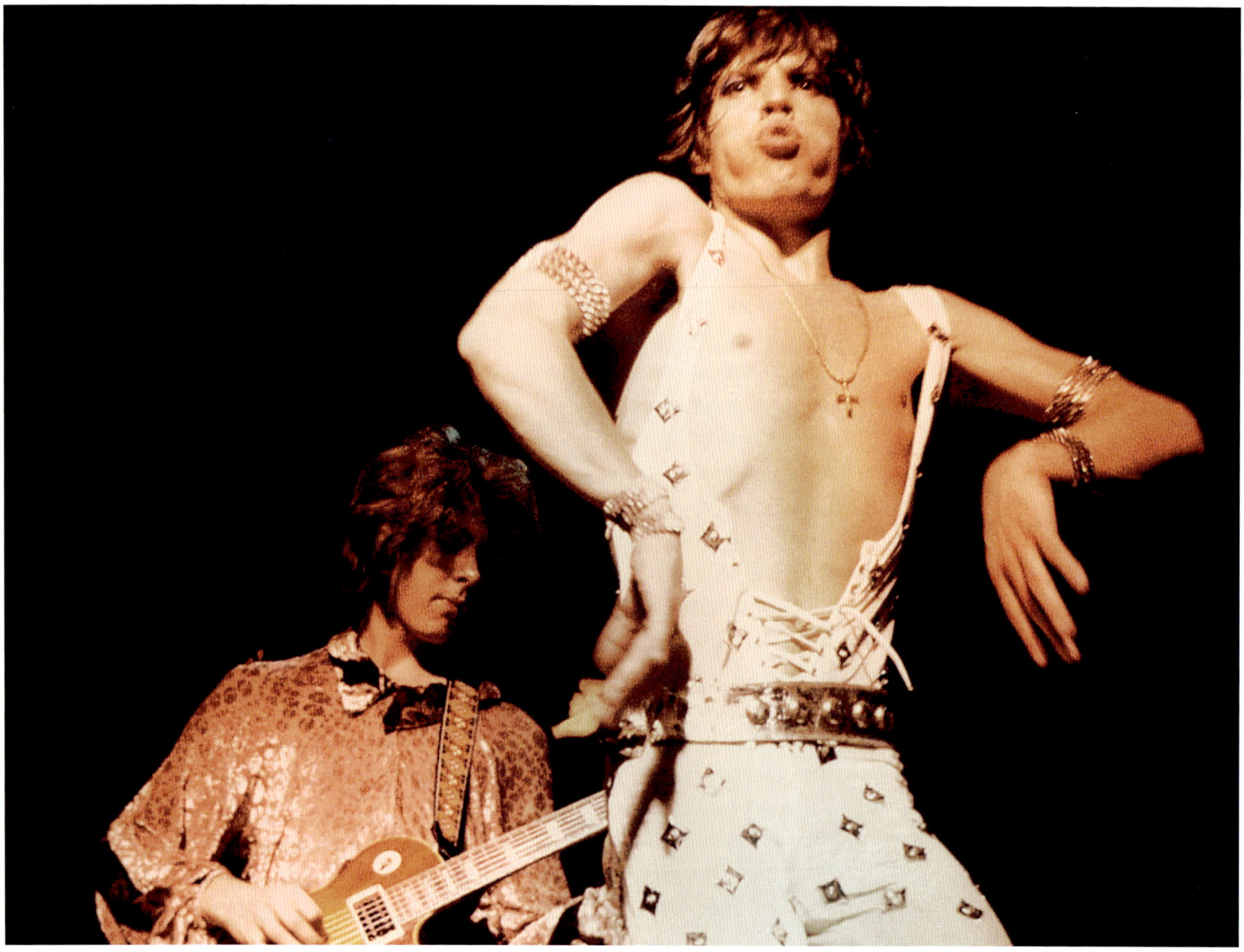

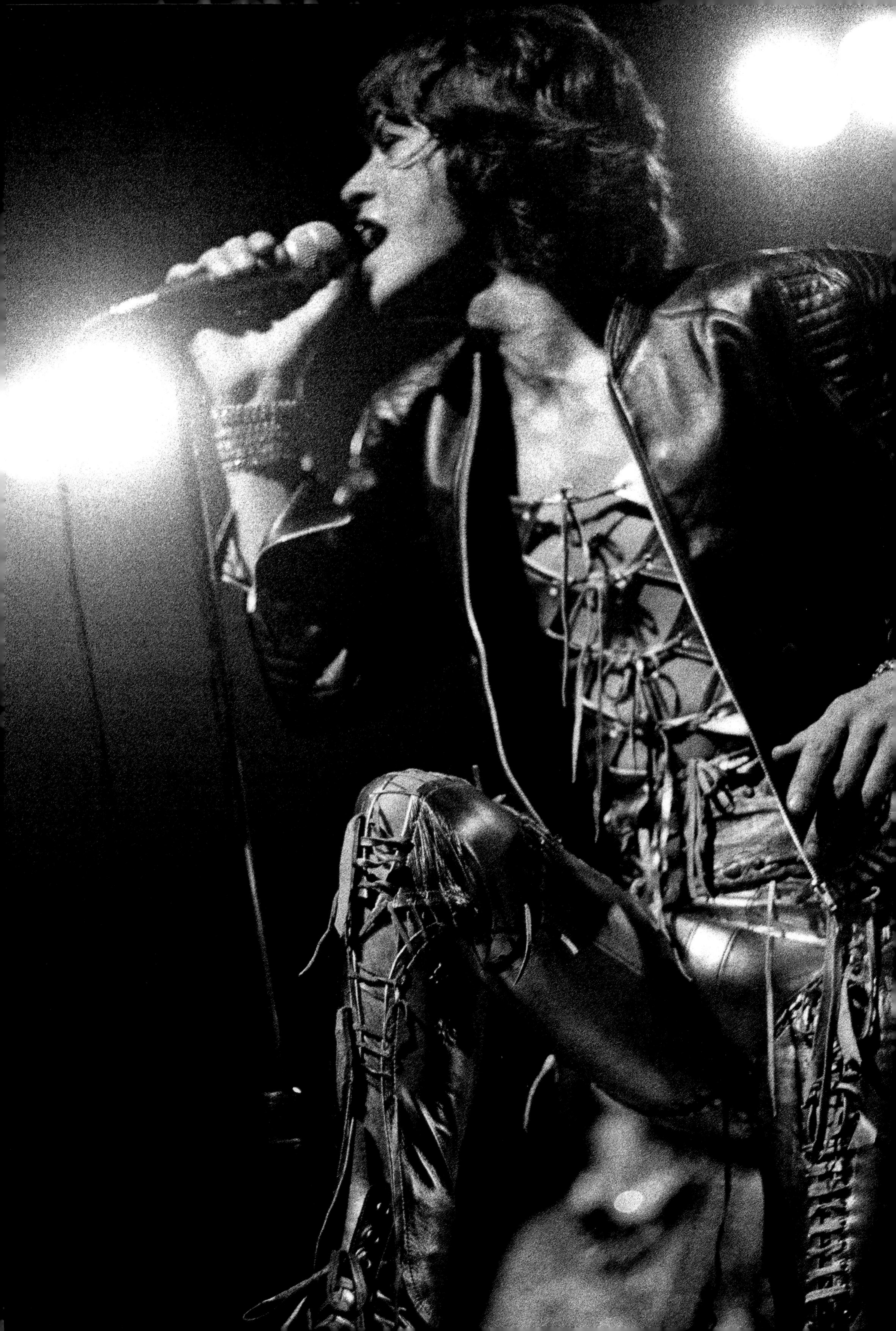

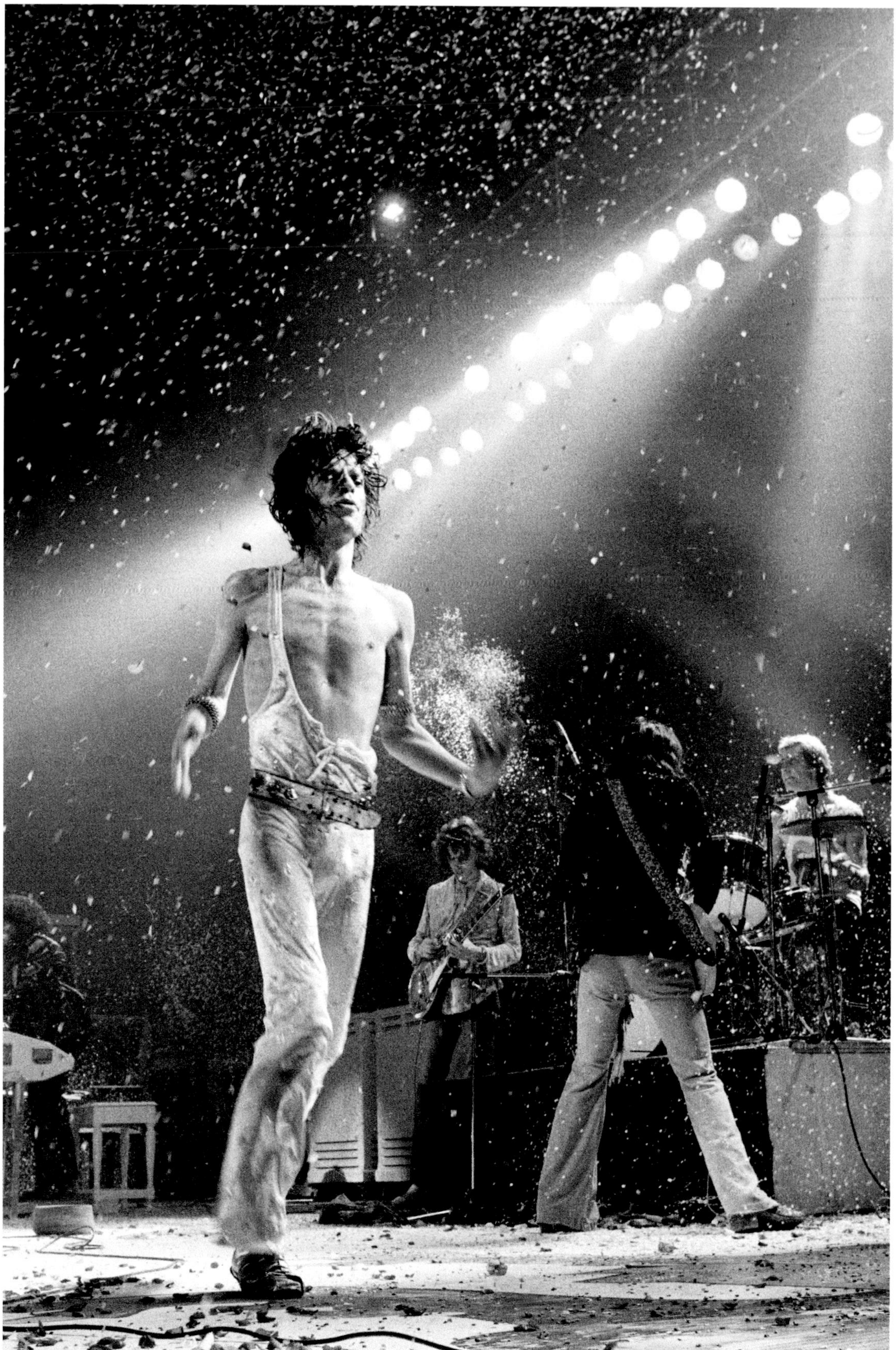

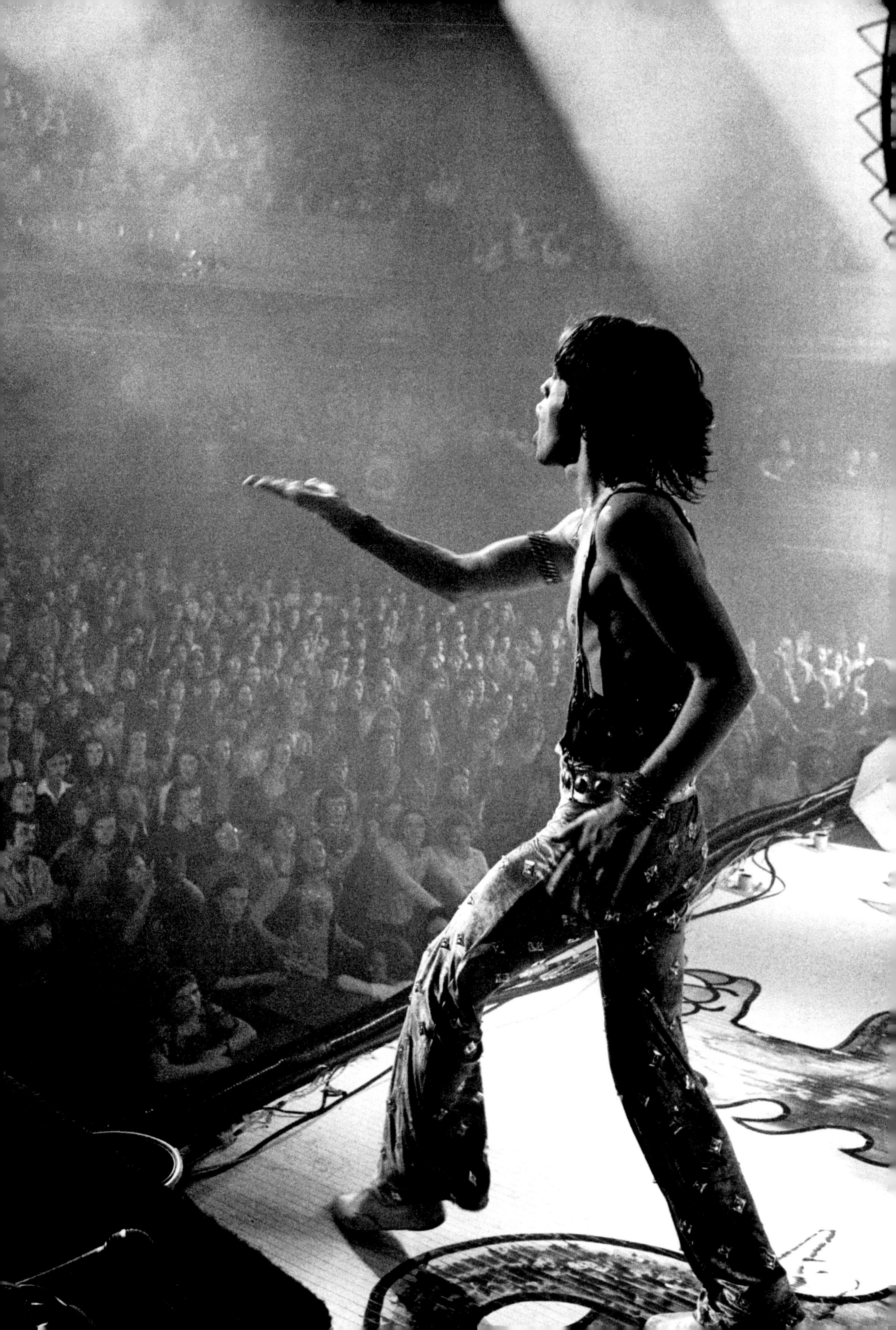

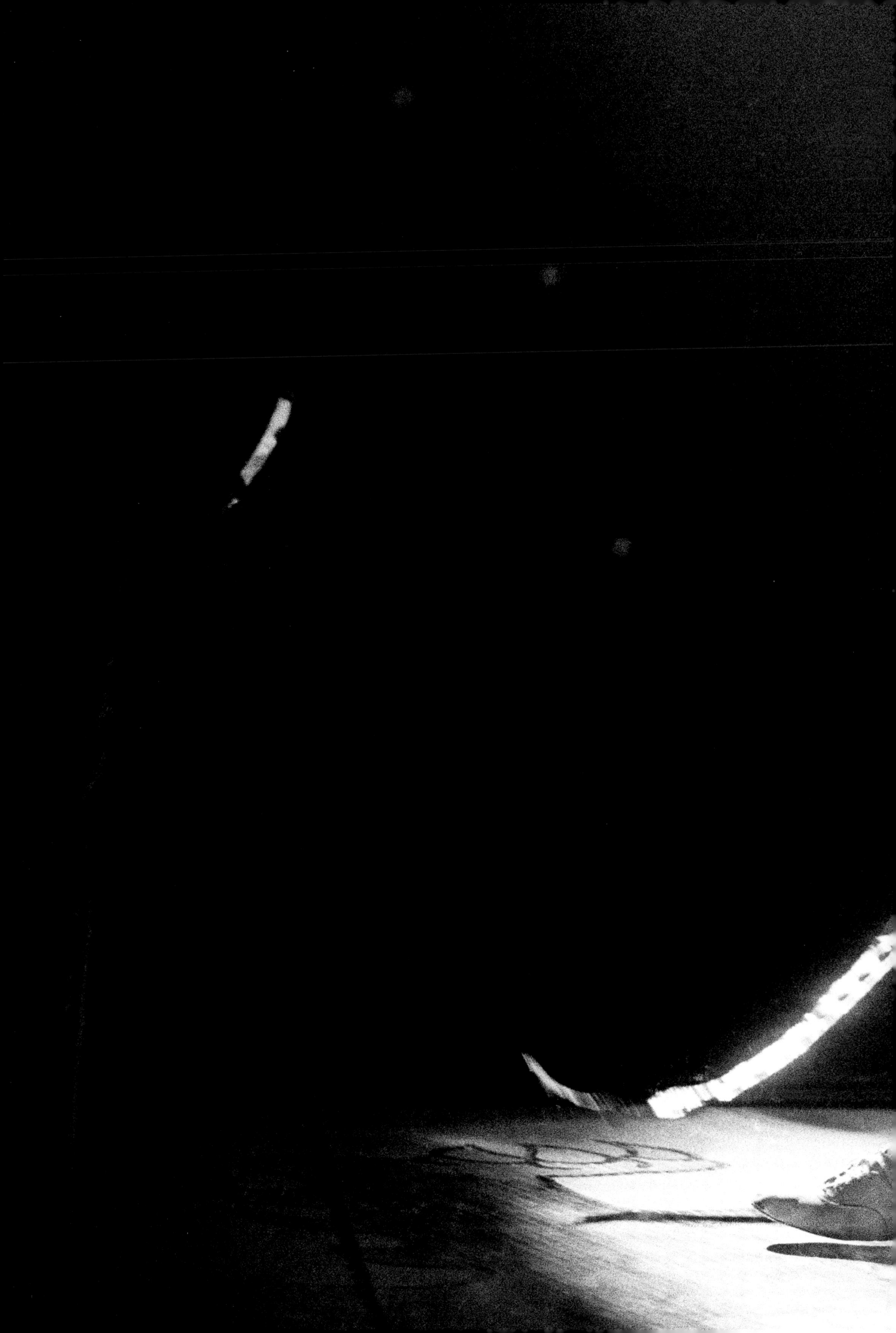

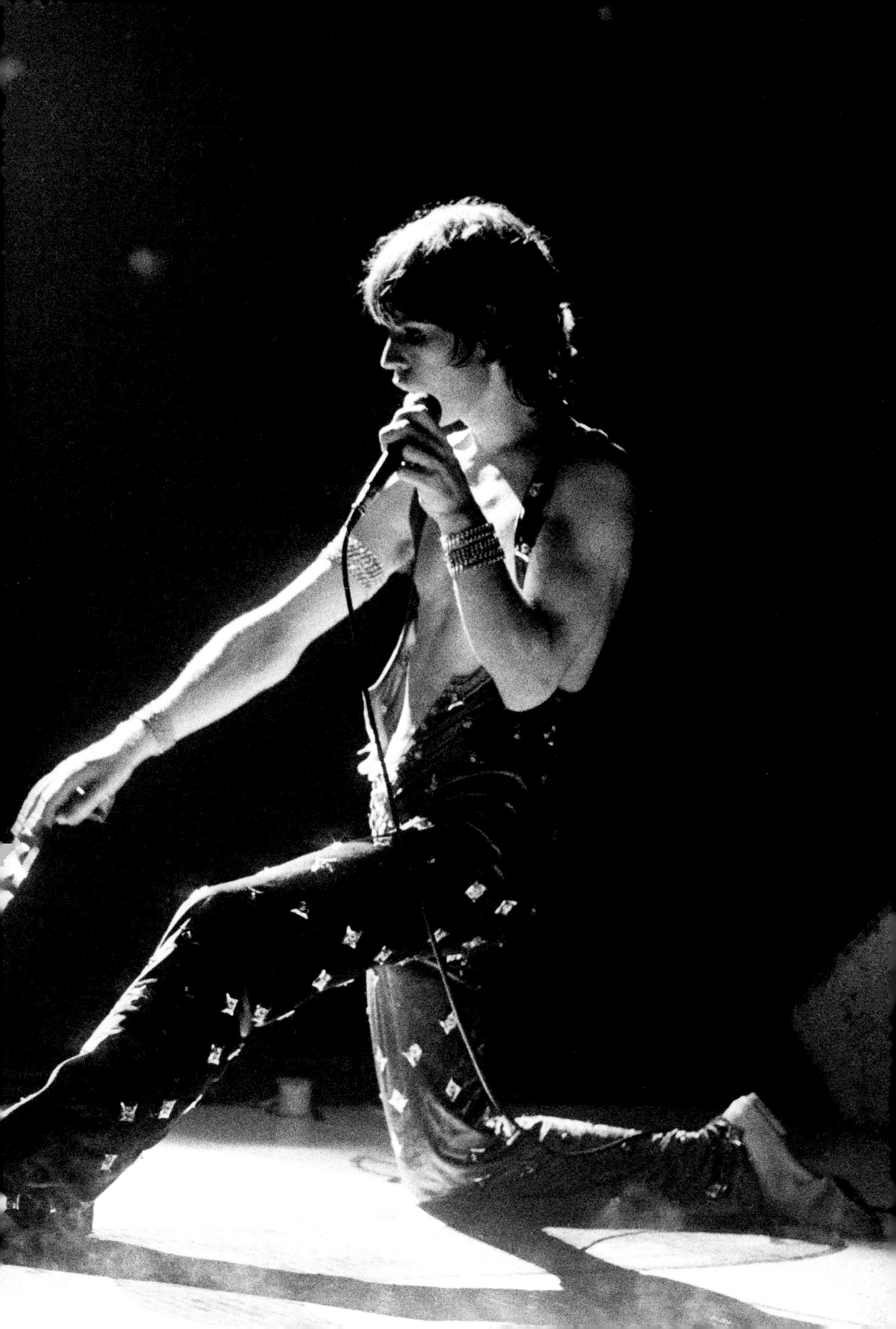

Seiten 48–51: Verschiedene Aufnahmen vom Soundcheck in Wembley. Der Junge auf der Doppelseite ist Marlon Richards.

Seiten 52–55: Blicke hinter die Kulissen.

Seite 56 ff.: Bilder von den Konzerten in Wembley, Manchester und Frankfurt.

Rechts: Mick Jagger auf dem Weg zur Bühne. München 1973.

Rechte Seite: Mick Jagger kommt von der Bühne. München 1973.

Unten: Mick und der Leibwächter Jim Callaghan. München 1973.

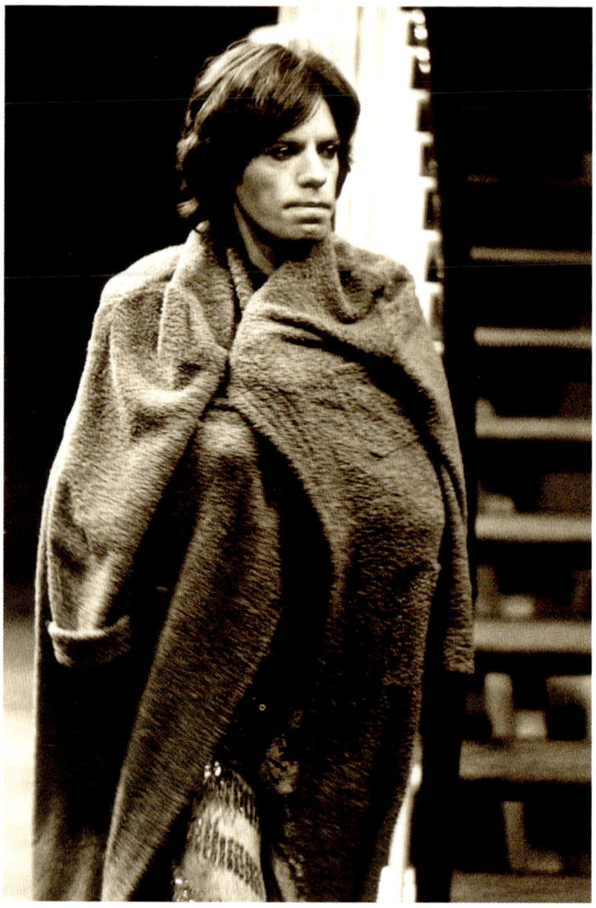

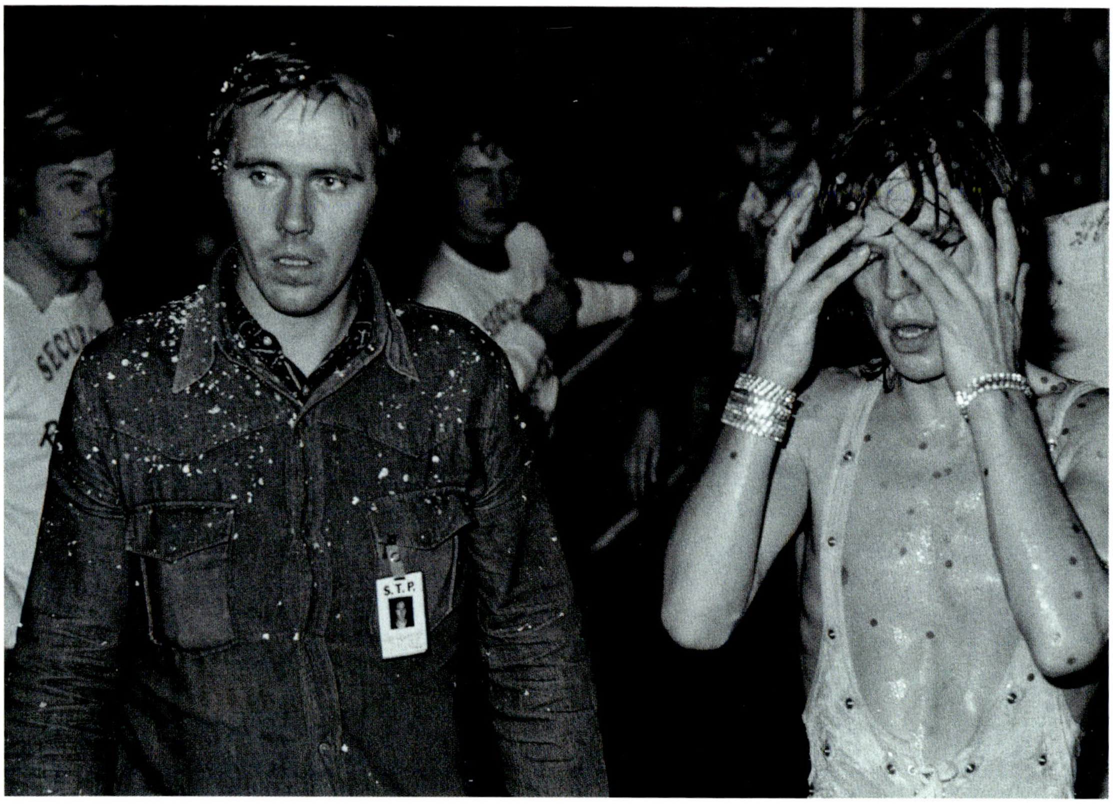

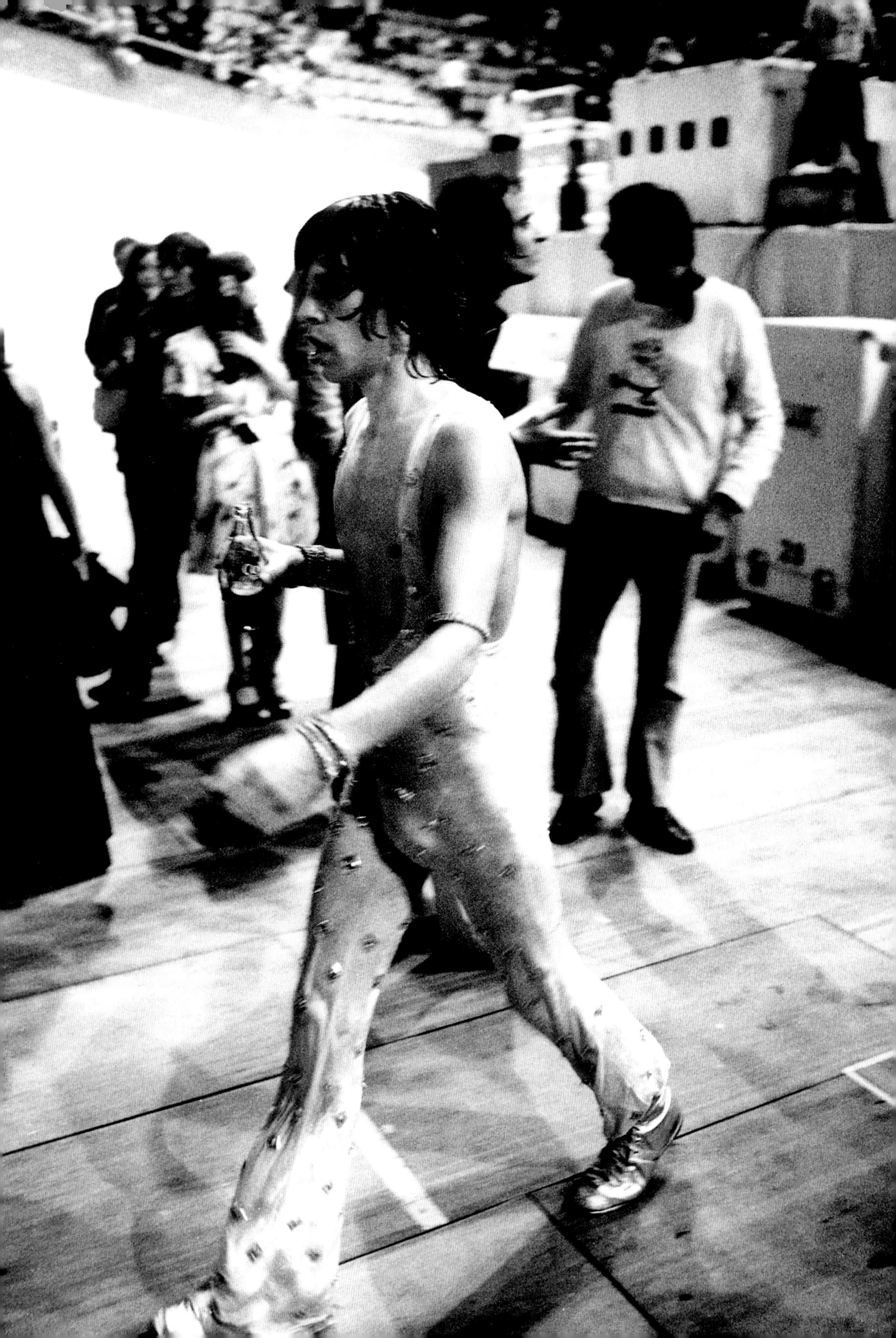

Die wundervolle Nahaufnahme von Bianca stammt aus dem Jahr 1974, aus der Trennungsphase von Mick und ihr. Die beiden waren auf einer Party mit vielen berühmten Menschen (hinter ihr auf dem Foto steht Jack Nicholson, der herausgeschnitten worden ist). Bianca war geradezu unwirklich schön.

Apropos, dabei erinnere ich mich an eine Episode auf der Tournee in jenem Jahr. Ich war in einem Zimmer mit mindestens 40 Personen, die alle aus dem Hotel hinaus und zum nächsten Konzertort wollten. Bianca war noch nicht angezogen. Alle waren sehr ungehalten, Männer wie Frauen regten sich auf und wurden immer wütender. Als sie zum Schluss hinunterkam, lächelte sie. Dieses Lächeln reichte, um alle muskelbepackten Roadies sagen zu lassen: »Ach nein, gar kein Problem, Bianca!« Ihre Schönheit war ungewöhnlich, verblüffend!

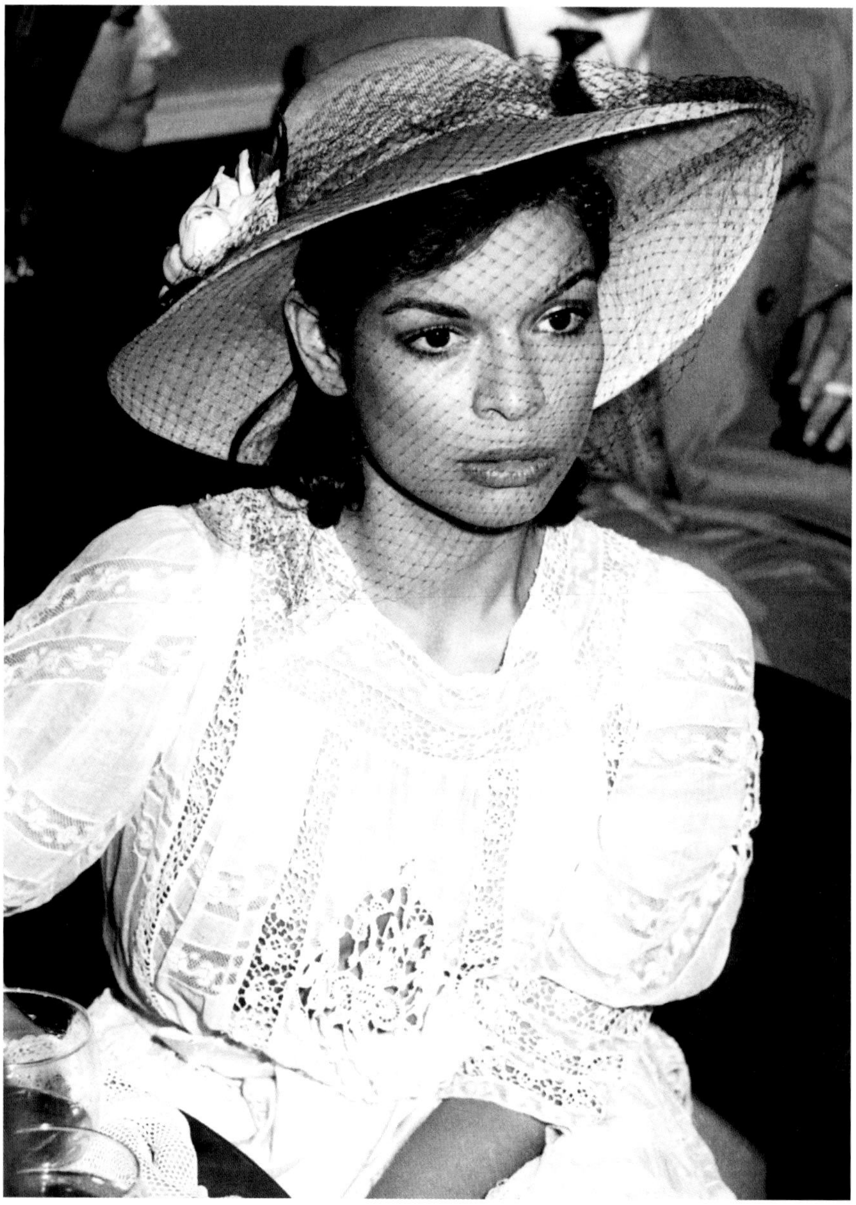

Rechts: Bianca Jagger. 1974.

Rechte Seite oben: Die Rolling Stones während der Dreharbeiten für das Video Ain't Too Proud to Beg. *London 1974.*

Rechte Seite unten und folgende Doppelseite: Aufnahmen am Set von Till The Next Goodbye. *London 1974.*

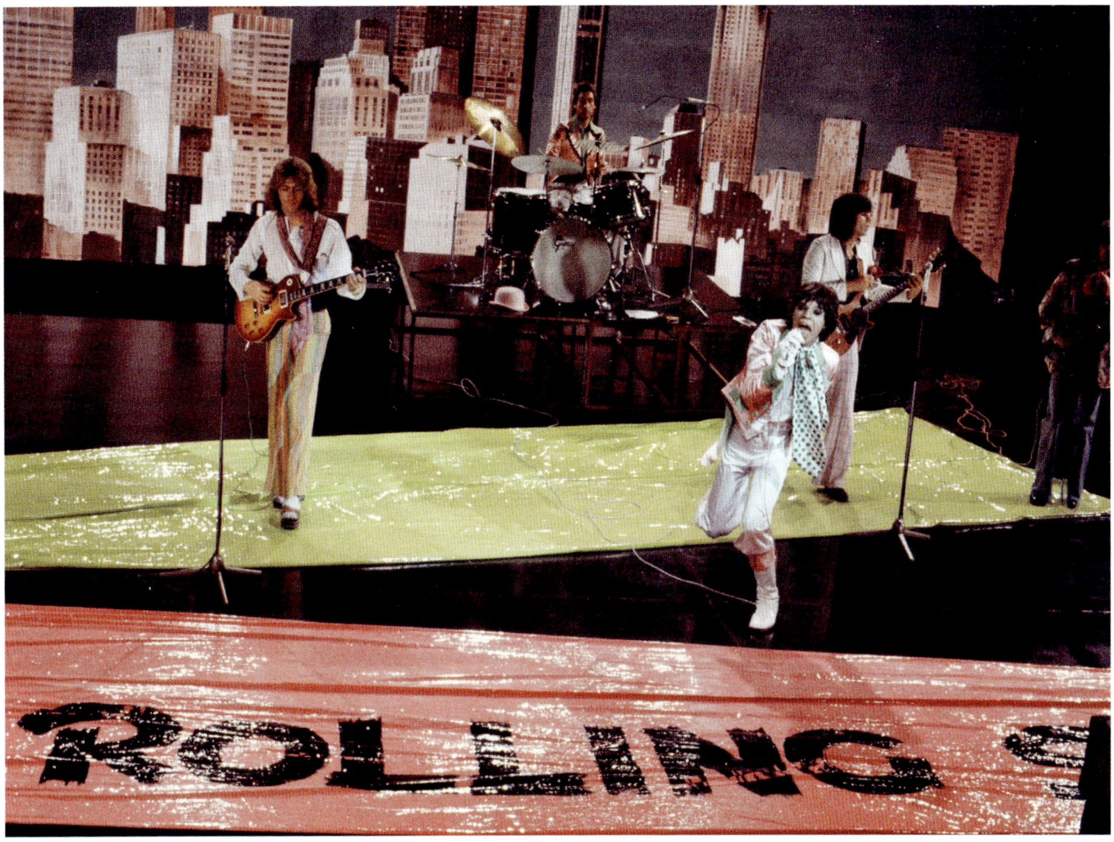
ROLLING

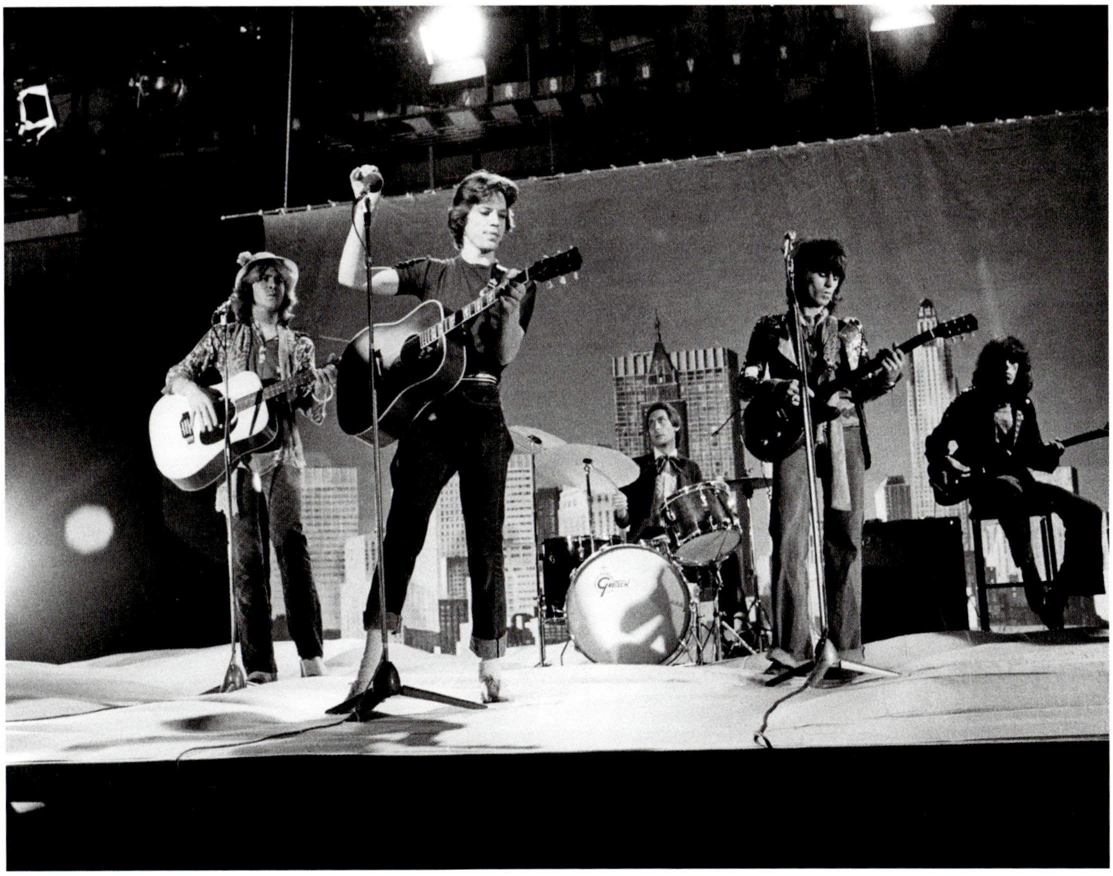

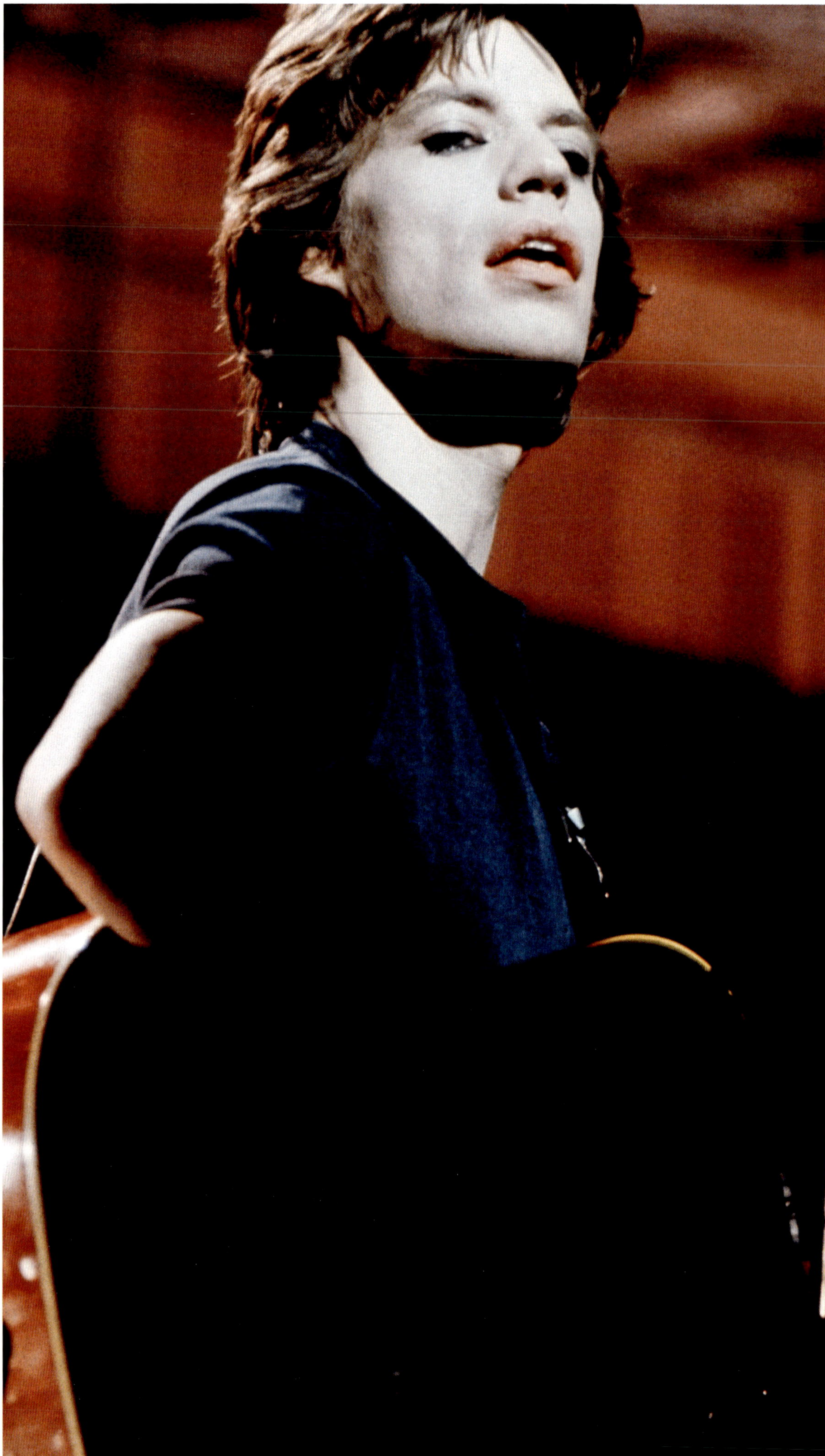

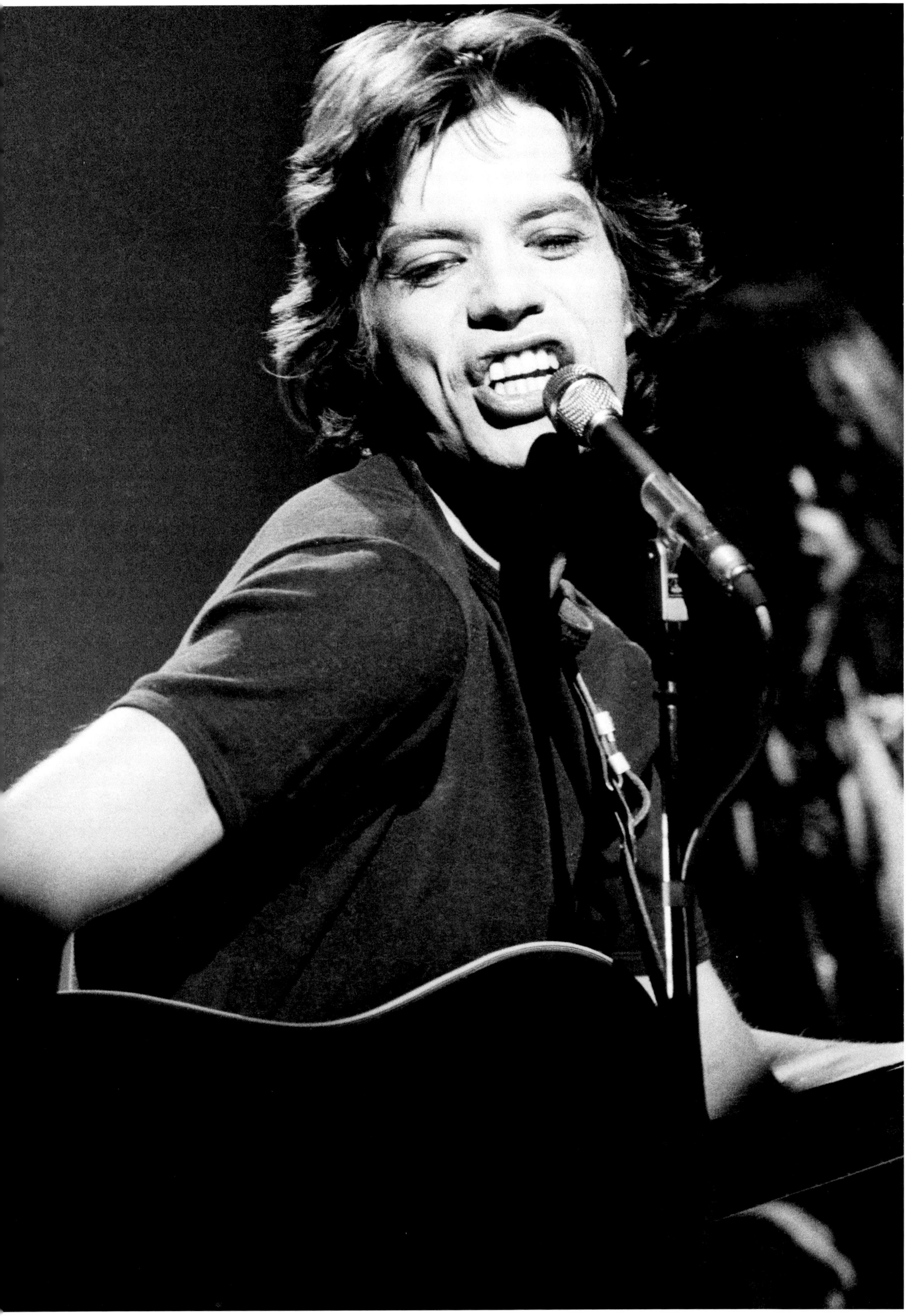

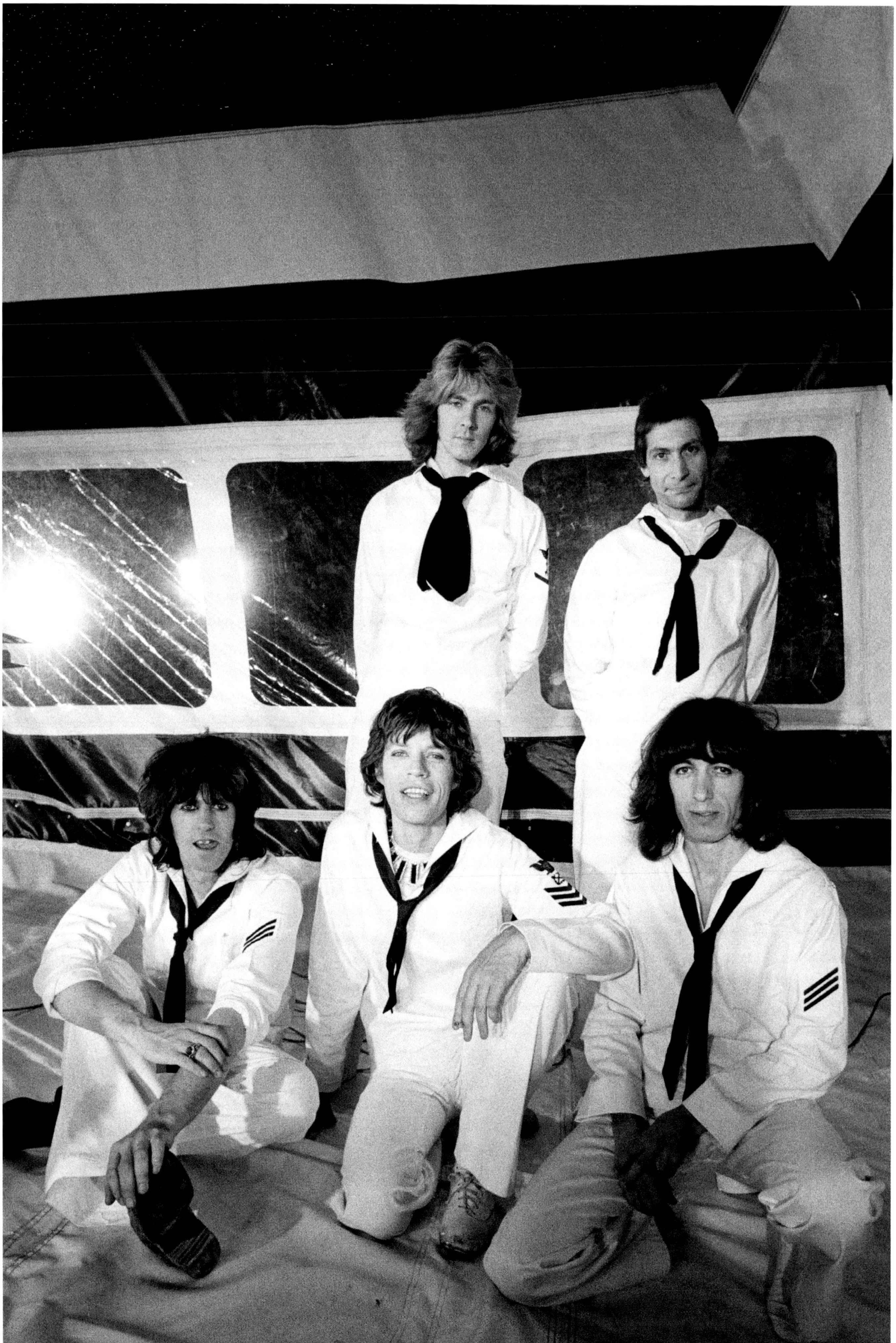

Das nächste Shooting fand für das berühmte Video von *It's Only Rock 'n' Roll* statt, in dem alle Bandmitglieder wie Seeleute angezogen sind und unter einem Zelt spielen, das sich mit Schaum füllt.
Wir sollten uns alle um 10 Uhr morgens in den Studios der London Weekend Television in South Bank am Set versammeln. Aber außer mir kam niemand vor 12 Uhr mittags. Gegen 16 oder 17 Uhr fehlte von Keith noch jede Spur. Anscheinend fand er seine Schuhe nicht.

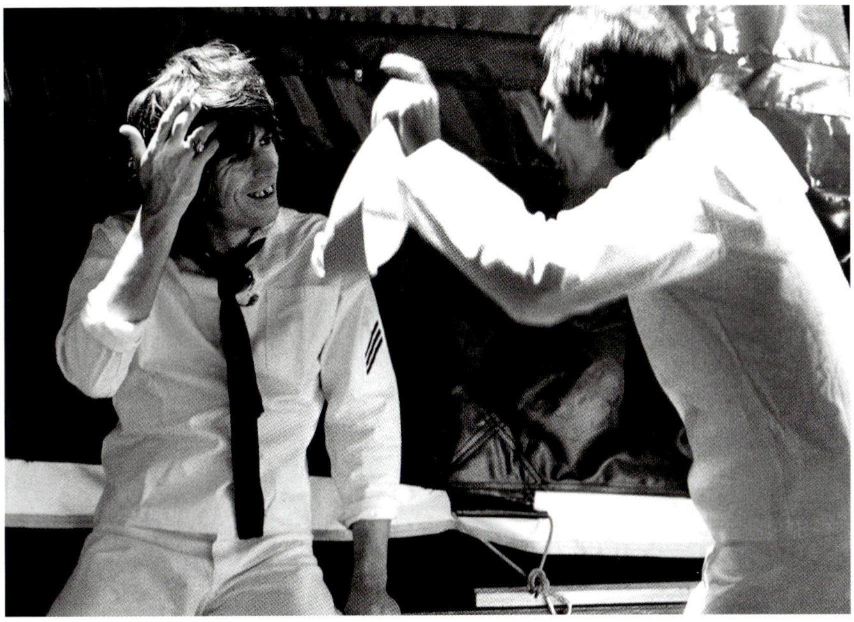

Auf diesen und den Folgeseiten: Fotoshooting für das Video von It's Only Rock 'n' Roll. *London 1974.*

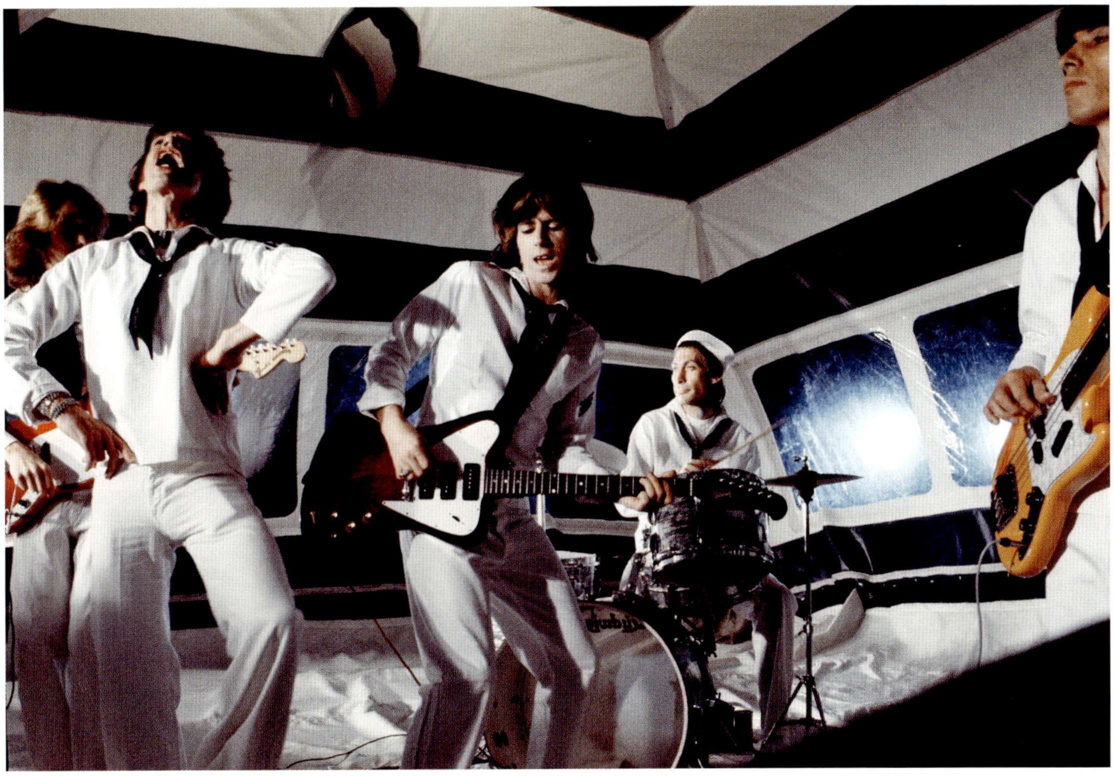

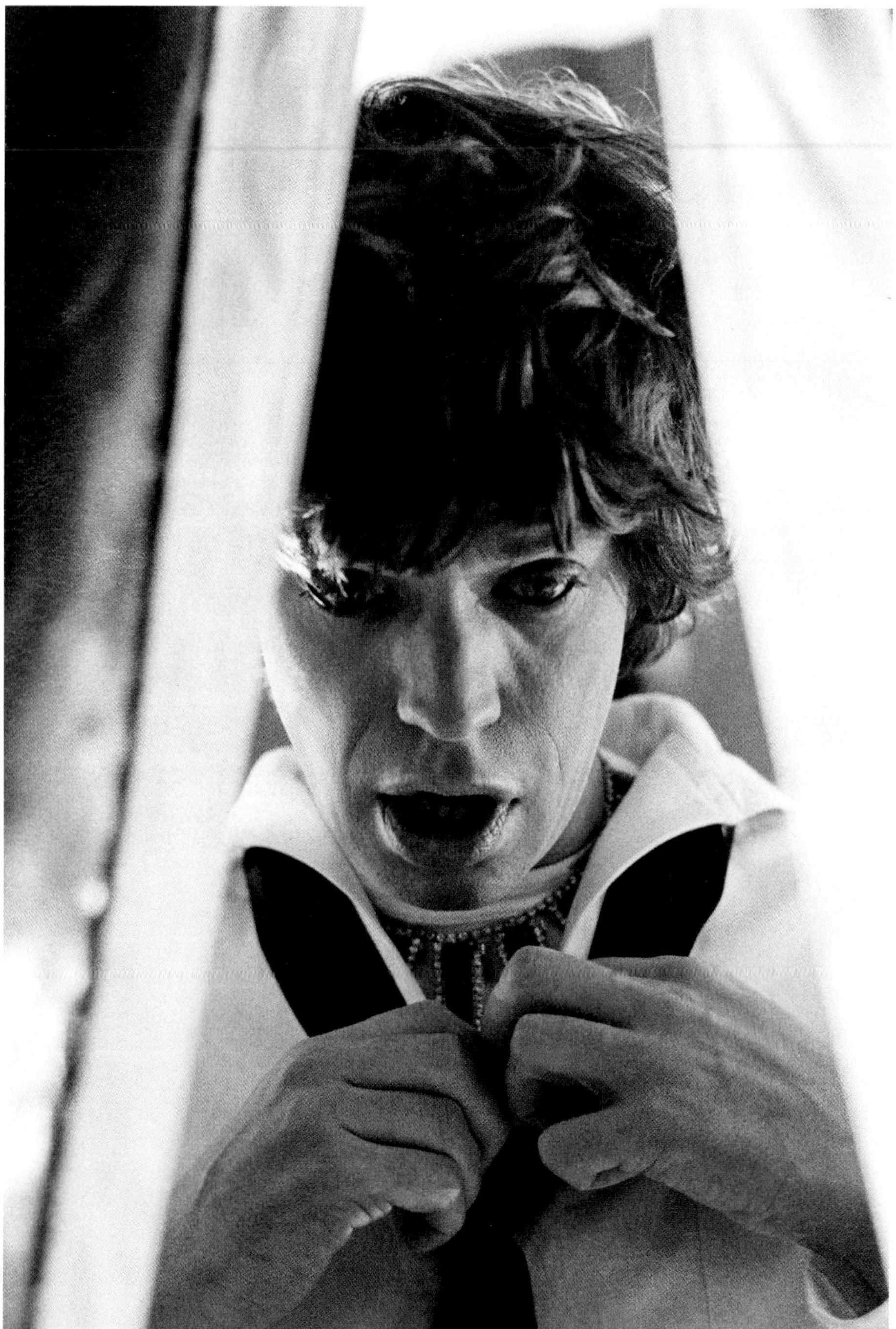

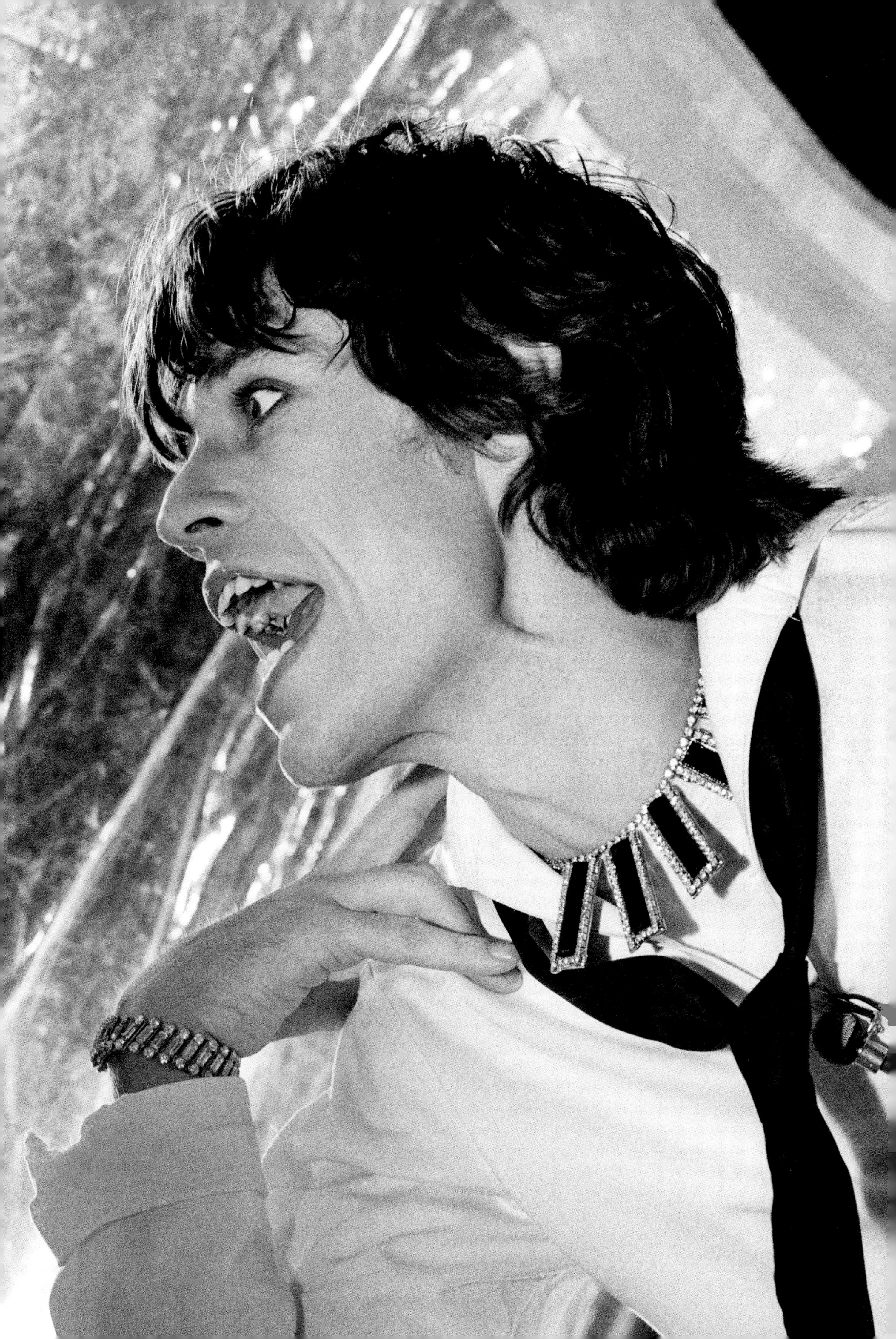

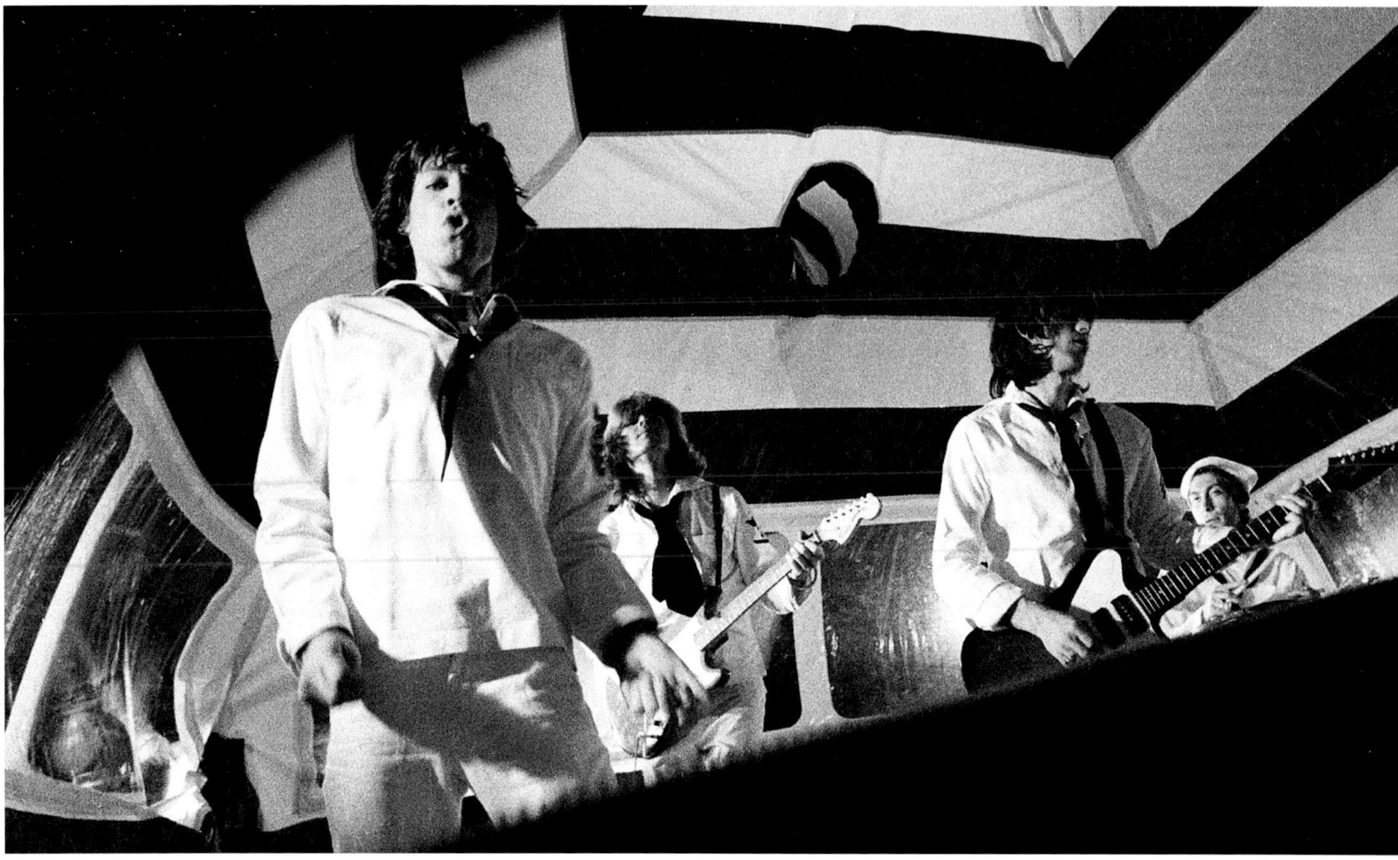

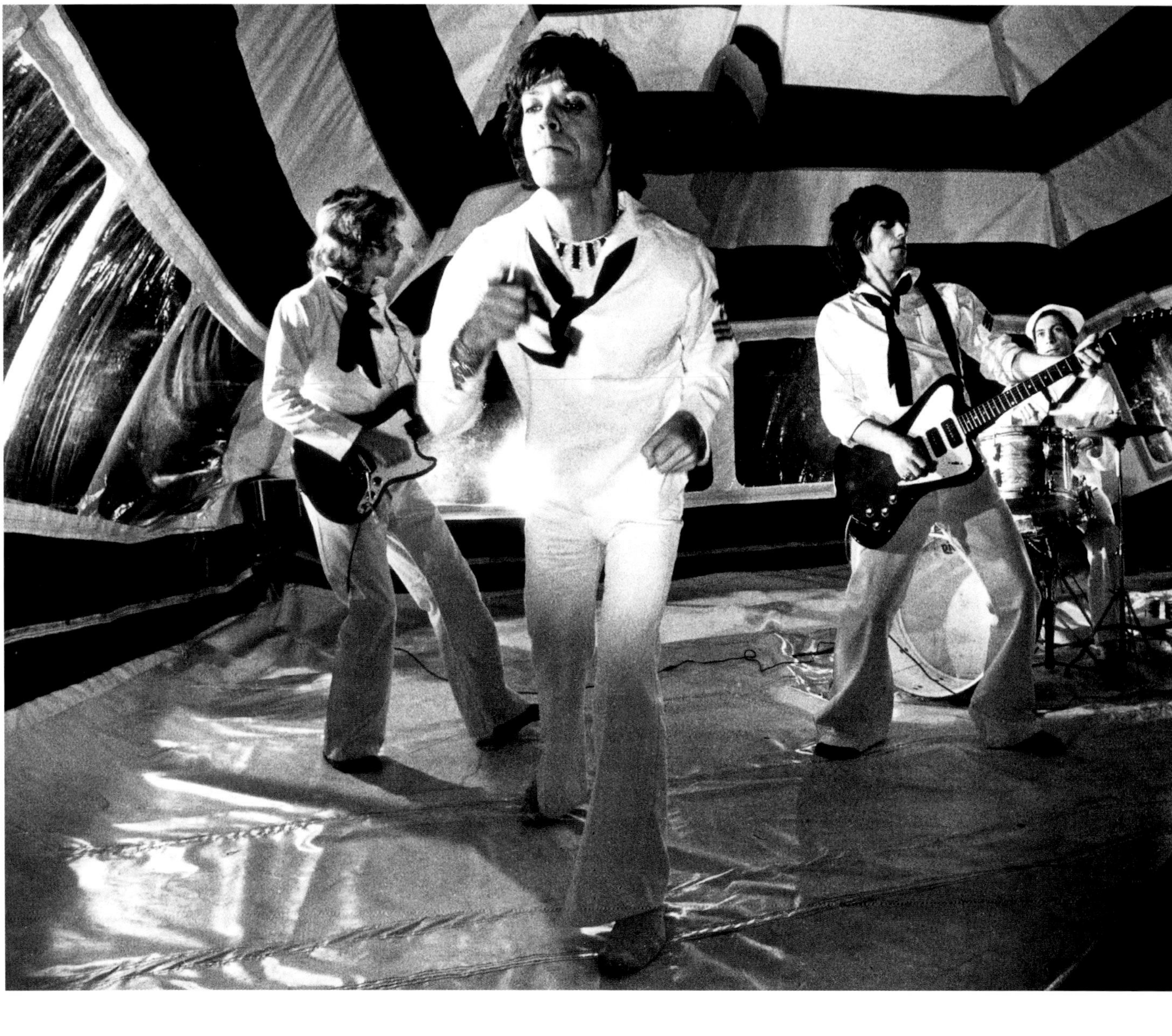

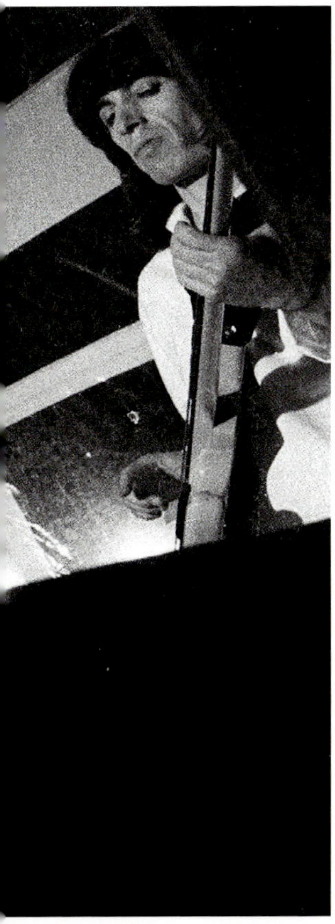
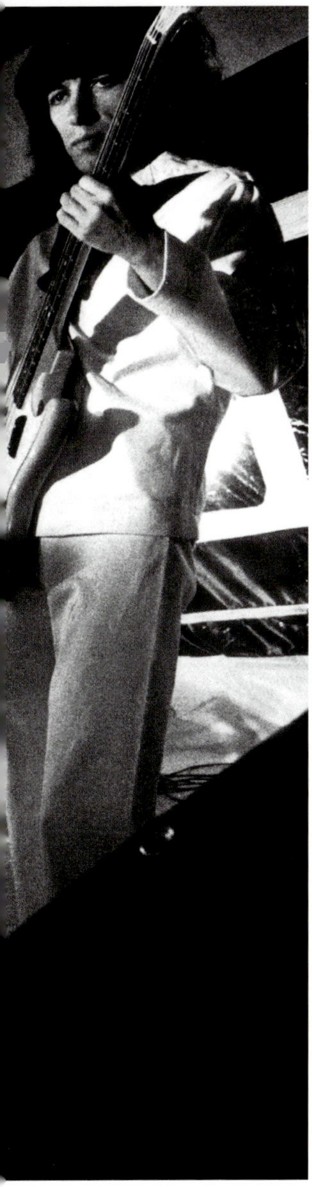
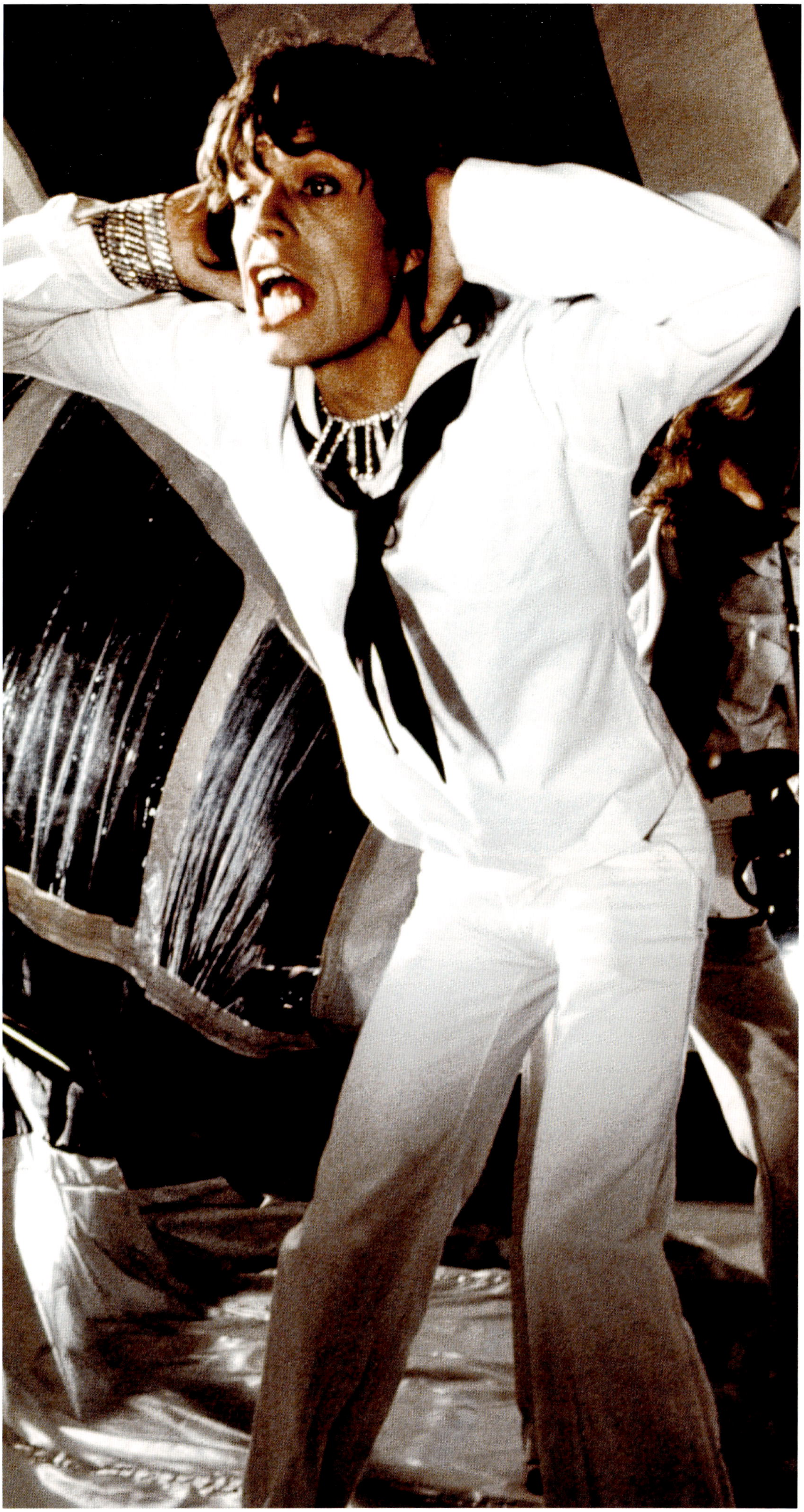

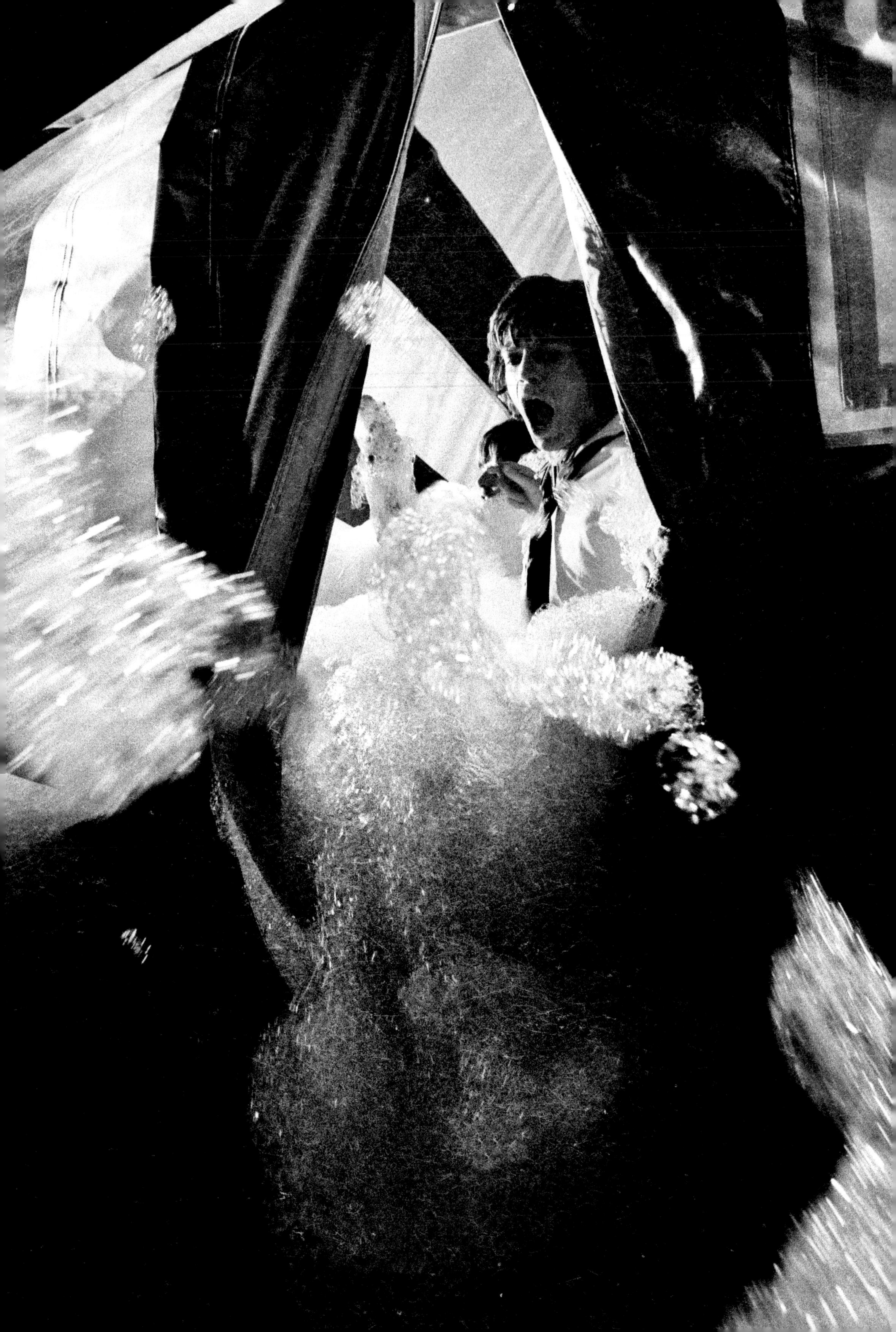

Gegen Abend wurde dann mit dem Dreh des Videos begonnen. Damals drehte man, um Geld zu sparen, immer drei Videos auf einmal, und bei dem berühmten Video mit dem großen Zelt handelte es sich um eine große Produktion. Die Grundidee war, dass sich das Zelt zum Schluss mit Schaum füllen sollte.
Die Szene wurde etliche Male wiederholt, aber es bildete sich kein Schaum. Gegen Ende des Songs wurde die Schaummaschine angestellt, aber nichts passierte, es kam kein Schaum. Ich erinnere mich, dass Mick zum Schluss meinte: »Stellt das Ding auf zehn, und dann sehen wir, was passiert!« Und so füllte sich das Zelt ganz plötzlich während der Aufnahme komplett und viel zu schnell. Als erster verschwand Charlie: Er saß, deshalb war er sofort mit Schaum bedeckt. Auf den Fotos kann man sehen, wie die Jungs einer nach dem anderen aus dem Zelt rennen – Mick als erster, er stieß mich fast um, so schnell wollte er raus. Aber schließlich haben wir uns alle sehr amüsiert. Wir lachten uns halb tot, ich ebenfalls, weil es nur eine Filmkamera gab und ich mit meinem Fotoapparat genau neben dem Kameramann stand.

Eigentlich hätte das Ganze auch gefährlich werden können. Während alle hinausrannten, schien Charlie Wochen zu brauchen, um aufzutauchen! Am gleichen Abend haben wir noch zwei weitere Videos gedreht, aber ich weiß nicht mehr, welche. Ich bin um 10 Uhr morgens am nächsten Tag wieder nach Hause gekommen, weil wir erst um 6 oder 7 Uhr morgens mit den Dreharbeiten fertig waren. Ich war todmüde, aber um eine Erfahrung reicher!

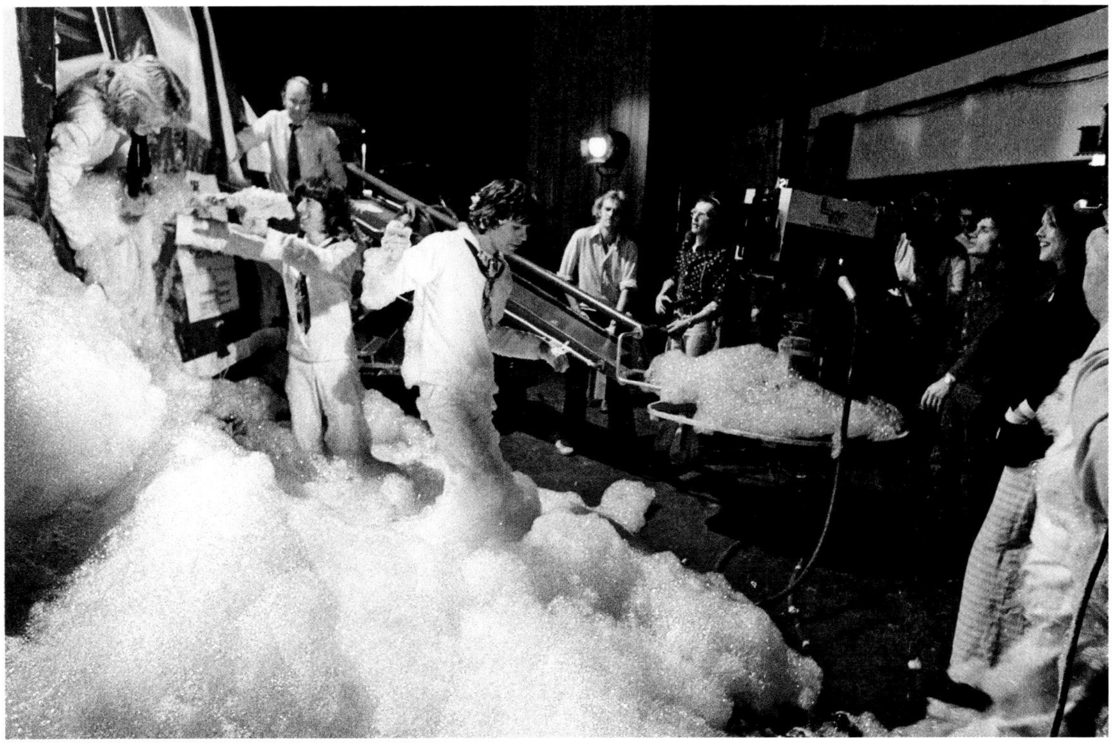

Einige Zeit später machte ich eine Fotoserie von Keith für die deutsche Wochenzeitschrift für Musik, Kino und Fernsehen *Bravo*, die eine Auflage von etwa zwei Millionen Exemplaren hatte. Auf einigen Aufnahmen sieht man auch seinen 1969 geborenen Sohn Marlon (aus der Beziehung mit der deutschen Schauspielerin und Stilistin Anita Pallenberg), der ihn oft am Set besuchte. Er war noch sehr klein, vier oder fünf Jahre alt, und am selben Tag habe ich wohl auch Fotos von ihm für den Ausweis gemacht. Er war während der Konzerte immer bei uns, und in seinem zarten Alter rannte er schon morgens um 4 Uhr im Backstage-Bereich herum. Er ist trotzdem gesund aufgewachsen!

Die Kinder der Bandmitglieder waren nicht immer mit auf Tournee. Oft war Jade Jagger dabei, die Tochter von Mick und Bianca. Sie ist ein paar Jahre jünger als Marlon. Außerdem war – wie gesagt – Marlon mit auf Tournee, aber ich erinnere mich nicht an die anderen – nur an Stephen, den Sohn von Bill Wyman, der immer in Begleitung von Bills Partnerin Astrid mitfuhr. Die Familie von Charlie habe ich nie gesehen. Auch Ronnies Kinder traf ich nie, dafür aber seine wunderbare Ehefrau Jo, die immer dabei war. Leider haben sie sich vor einigen Jahren nach langer Zeit getrennt. Die Ehefrauen und Partnerinnen waren normalerweise sehr präsent, Bianca Jagger und Jerry Hall noch mehr als die anderen.

Auf dieser und den Folgeseiten: Fotoshooting mit Keith Richards für die Zeitschrift Bravo*. London 1974.*

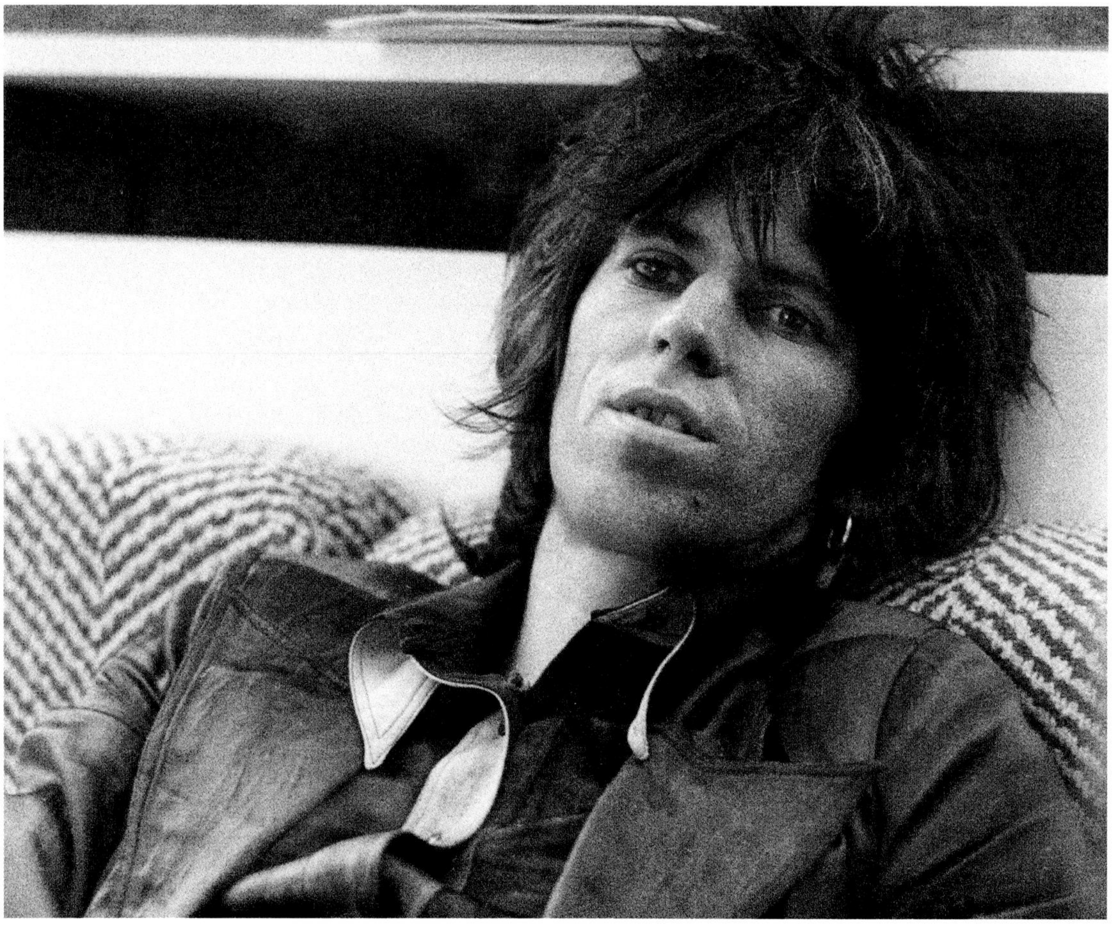

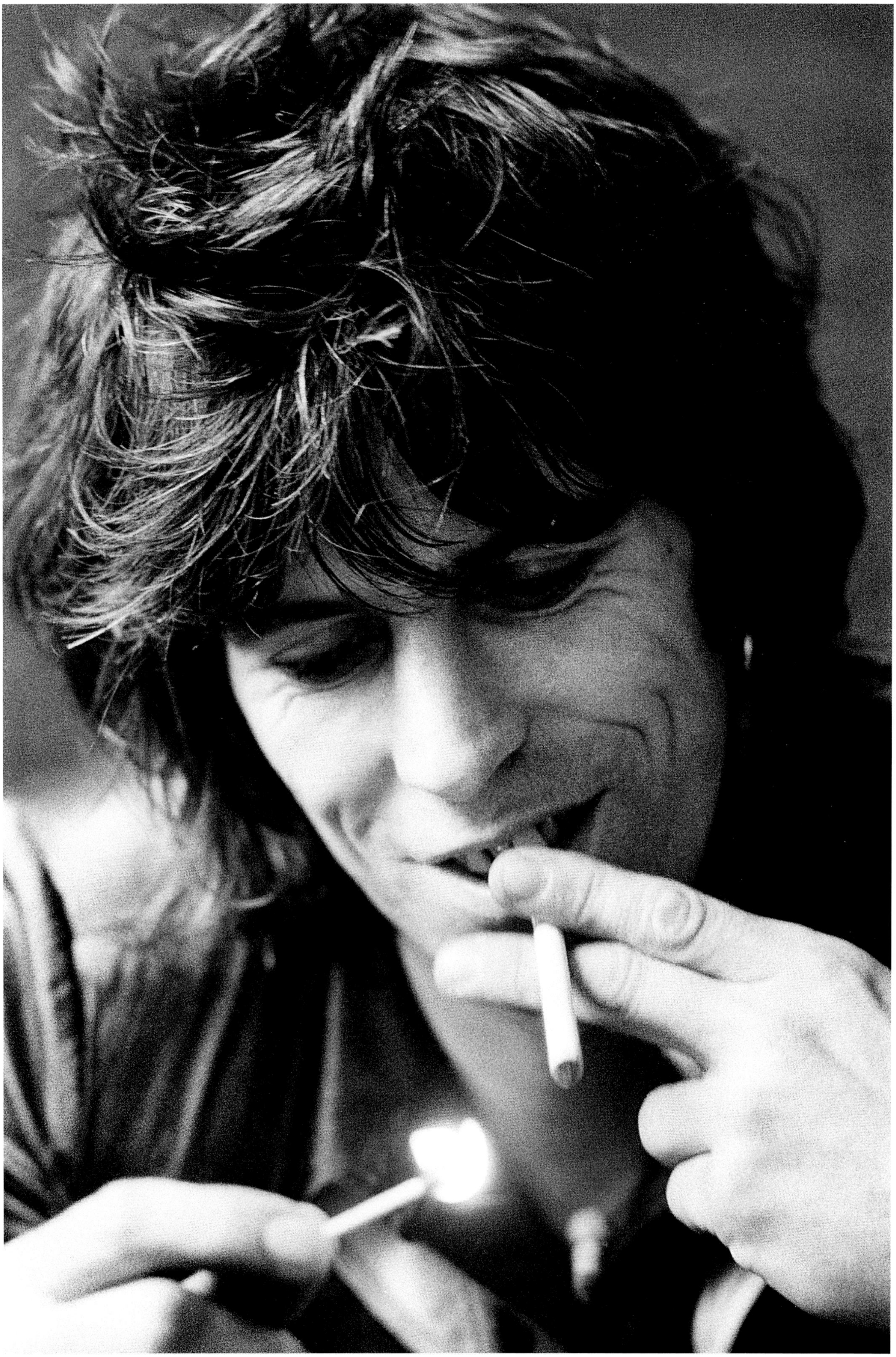

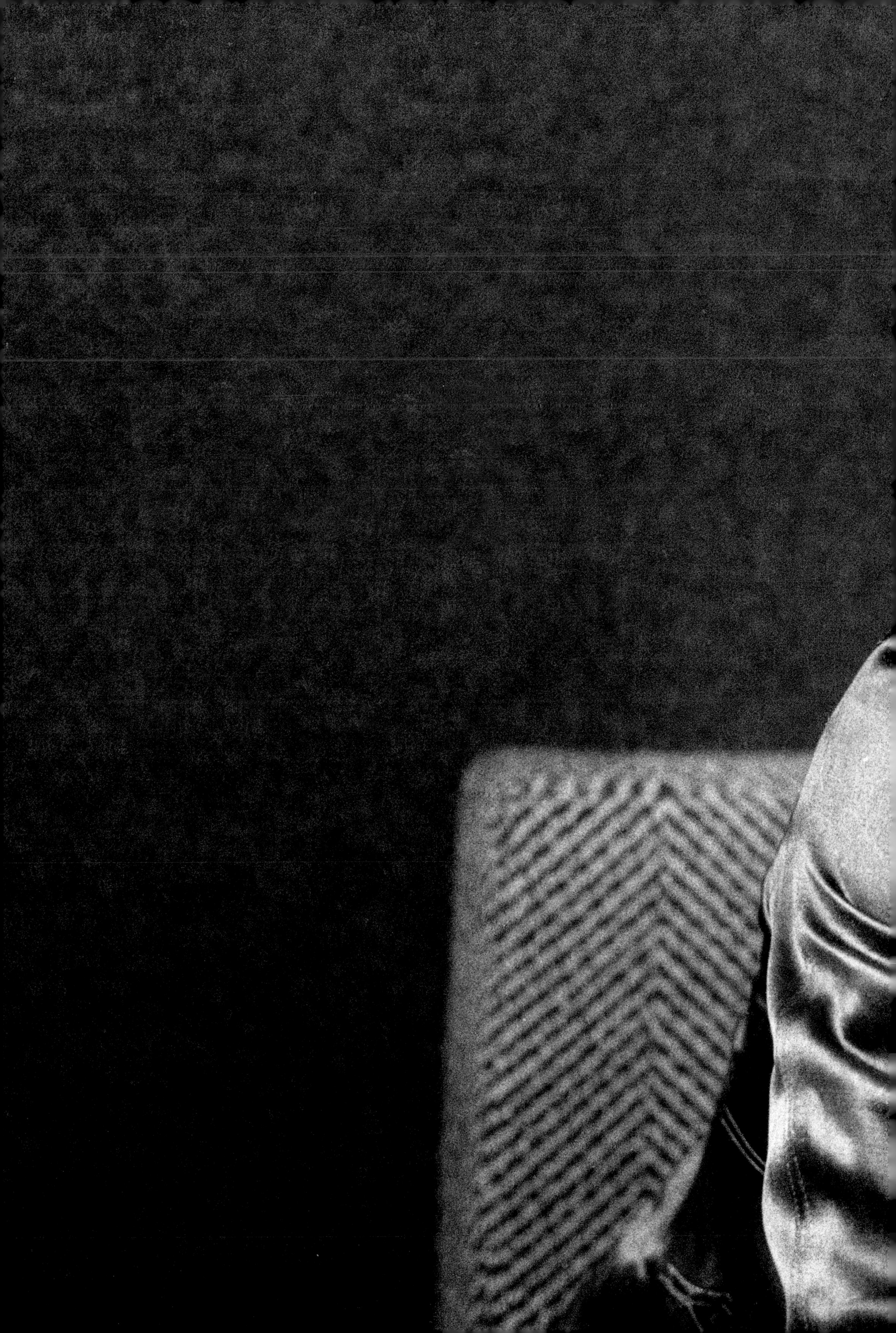

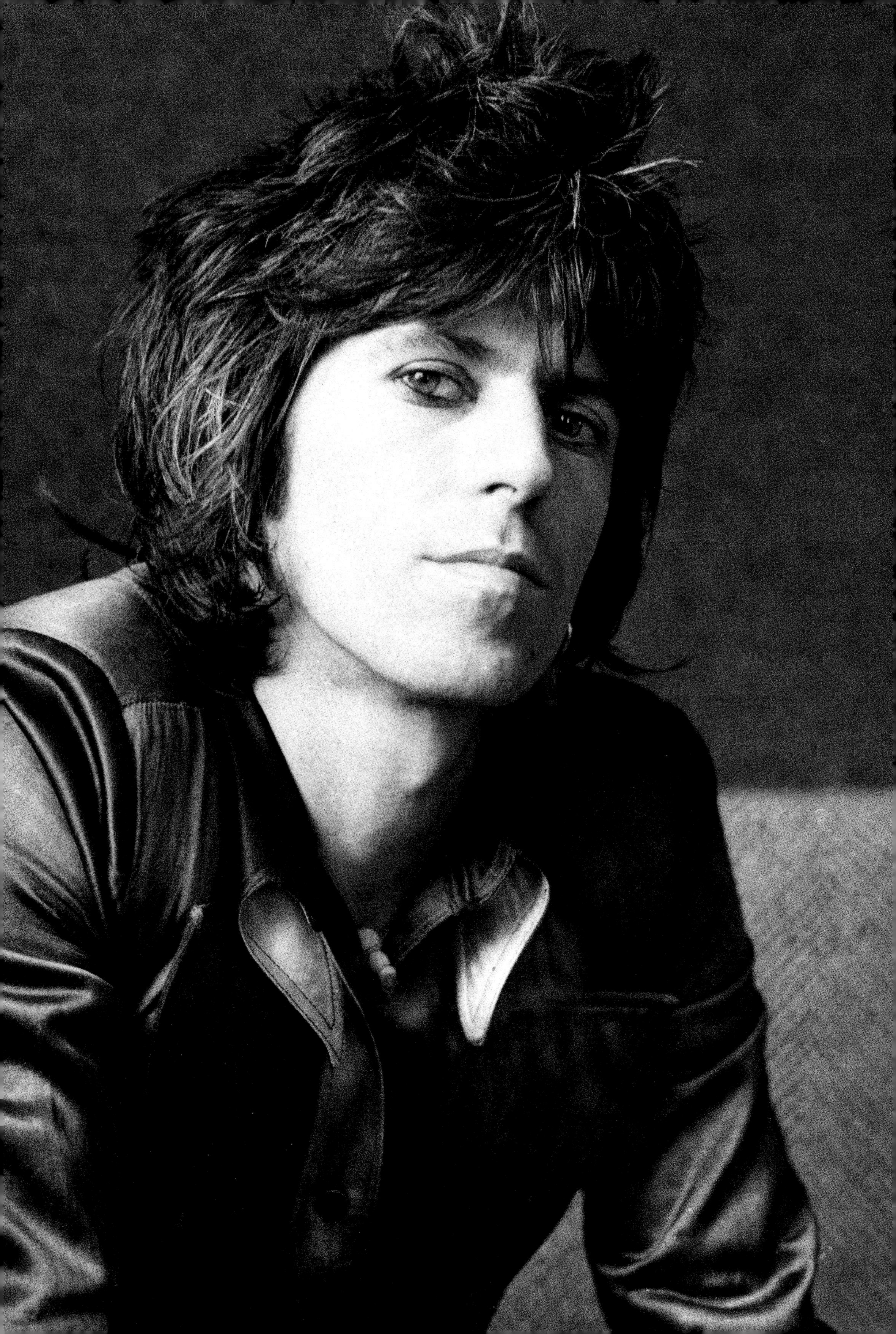

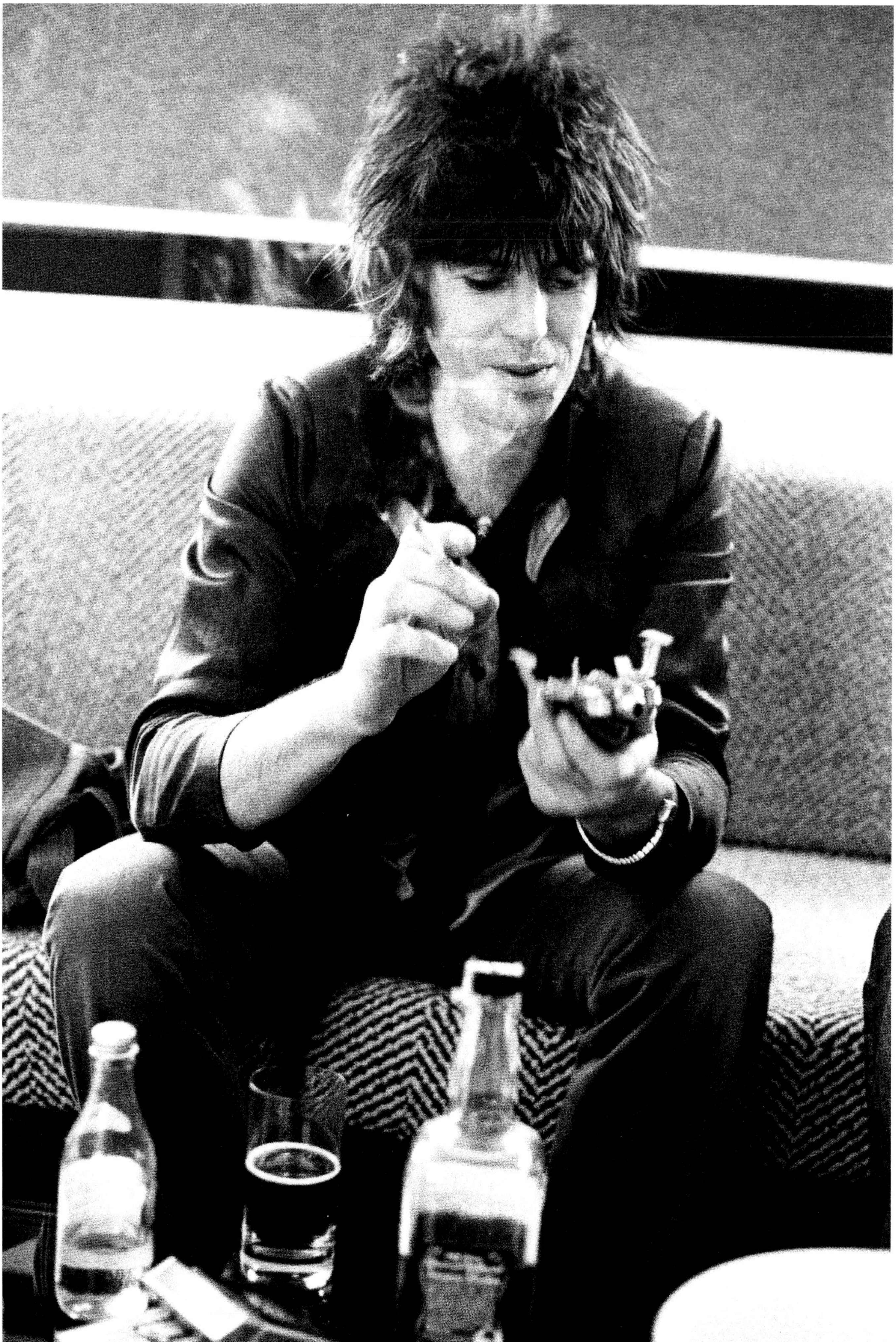

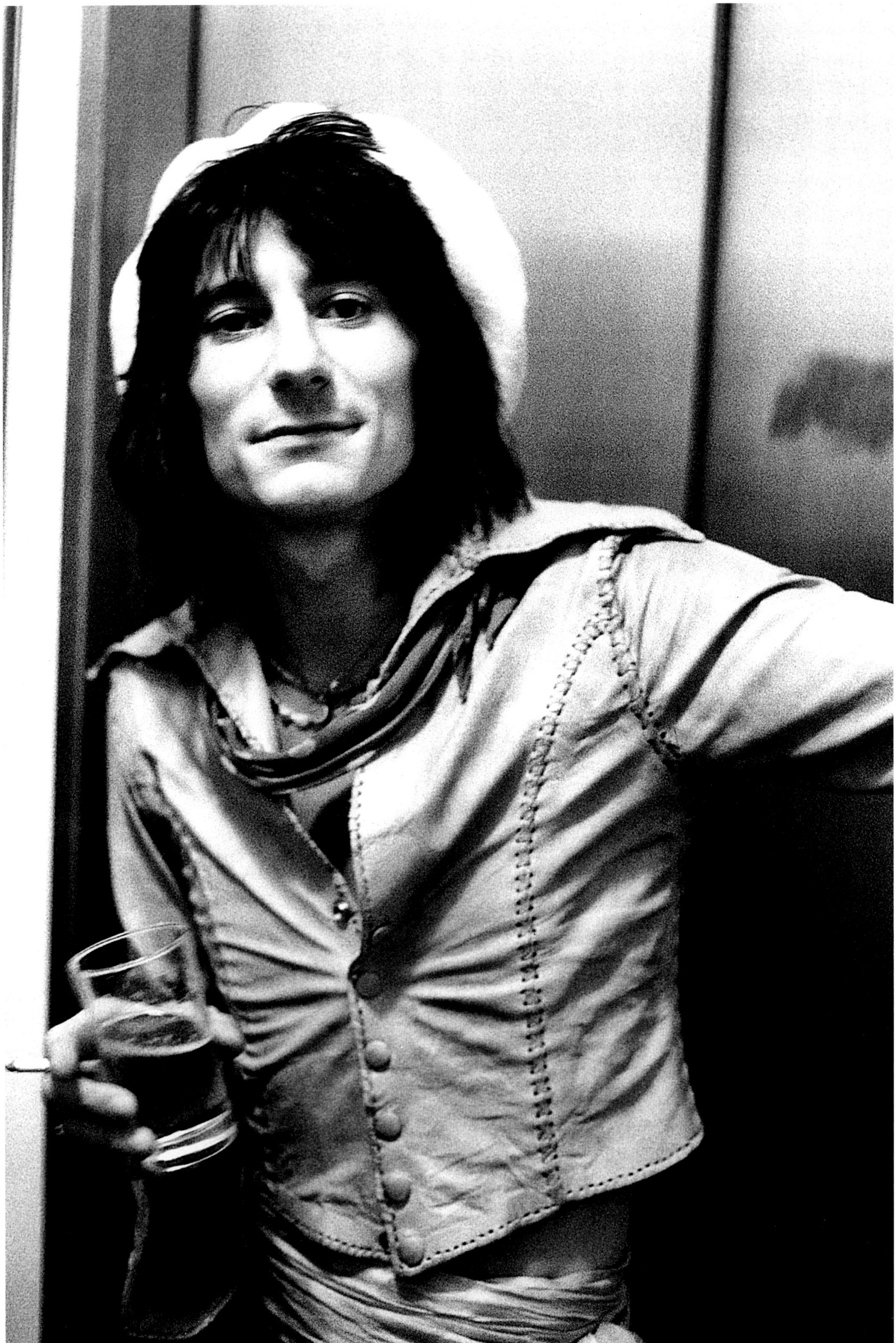

Auf der vorhergehenden Seite: Ronnie Wood im Aufzug des Plaza Hotels. New York 1975.

Unten: Bill Wyman, Aufnahme für die Zeitschrift Disc and Music Echo.

Im Folgejahr, 1975, starteten die Stones zu einer langen Amerikatournee, während der ich eine meiner ersten Reisen nach New York antrat. Das Bild von Ronnie im Aufzug wurde im Plaza Hotel aufgenommen. Ich erinnere mich, dass in demselben Aufzug bei einer der folgenden Tourneen Jade Jagger Stunden damit verbrachte, auf die Knöpfe zu drücken, und jeden Zugestiegenen fragte, wohin er möchte. Da war sie so etwa zehn oder elf Jahre alt!

In diesem Jahr hatte Mick Taylor die Band verlassen und war durch Ron Wood ersetzt worden. Ron hatte vorher bei den Faces gespielt,

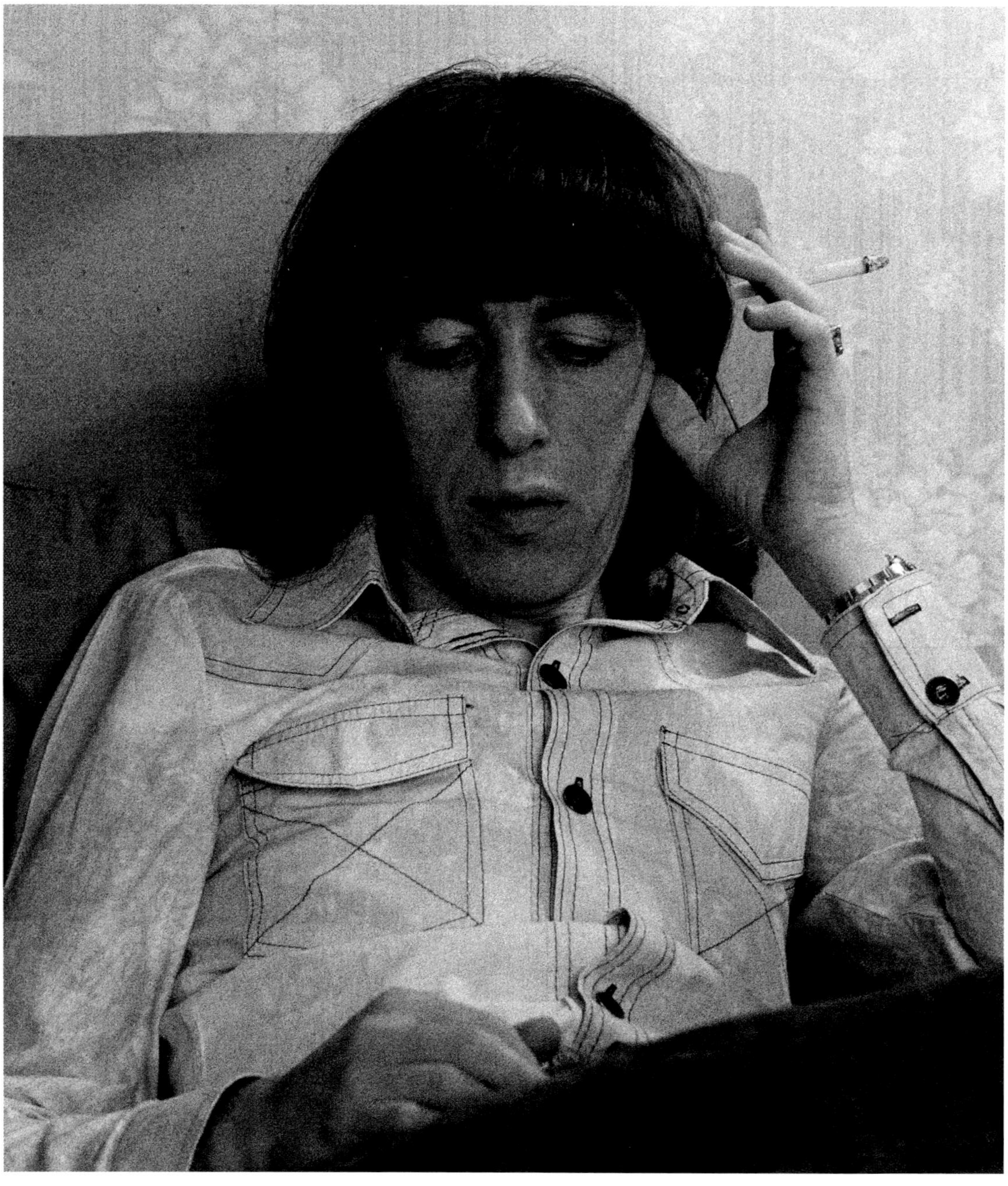

einer Band, zu der auch Rod Stewart gehörte. Ronnie und ich kannten uns schon: Er war ein Cockney, ein Mitglied der Londoner Arbeiterklasse. Als er zur Band kam, fotografierte ich ihn. Eine der Aufnahmen landete auf der ersten Seite des *London Evening Standard*, der damals bekanntesten Tageszeitung der Stadt. Als wir uns zum Shooting trafen, begrüßte mich Ronnie und sagte mit seinem trockenen Akzent: »Hey Michael, jetzt werde ich Geld machen. Tauuusende und Abertauuusende Pfund«. Das war mir ein bisschen peinlich, aber alle anderen brachen in Lachen aus!

Auf der Bühne mit Mick Jagger war Ronnie eine Ausnahmeerscheinung. Mick Taylor war wohl ein außergewöhnlicher Blues-Gitarrist (ich habe ihn mit den Bluesbreakers von John Mayhall spielen gehört), aber ich glaube, dass Ronnie sich besser in die Band eingefügt hat und perfekt zur theatralischen Seite der Performance von Mick Jagger passte. Keith und er waren beste Freunde, fast Brüder, und man konnte damals verfolgen, wie auf der Bühne diese Übereinstimmung entstand, in professioneller und menschlicher Hinsicht. Sie kannten und schätzten sich auch schon vorher, denn das Londoner Musik-Universum war eigentlich sehr klein, aber es war wirklich überraschend, wie sie in diesen Jahren zusammenwuchsen.

Unten: Die Faces (Ian McLagan, Rod Stewart und Ronnie Wood). 1974.

Auf den Folgeseiten: Fotosammlung von der Amerikatournee 1975.

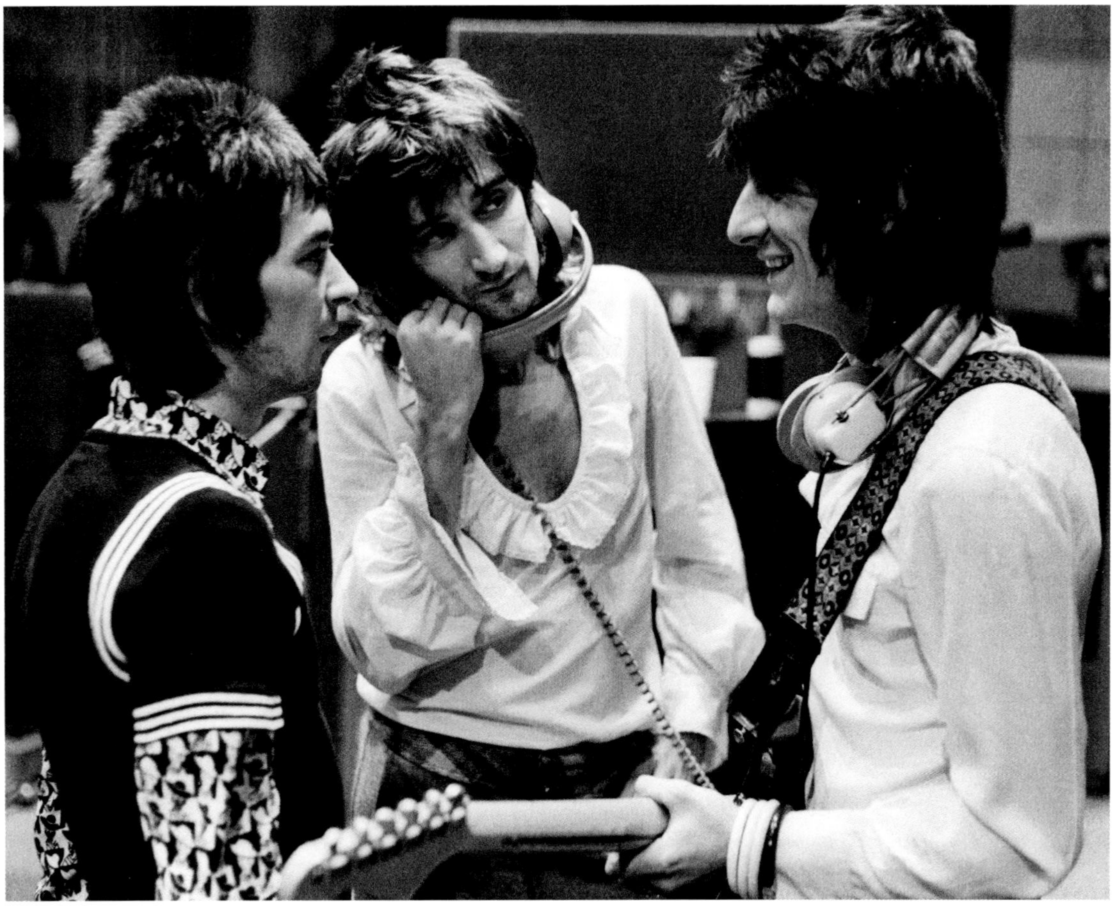

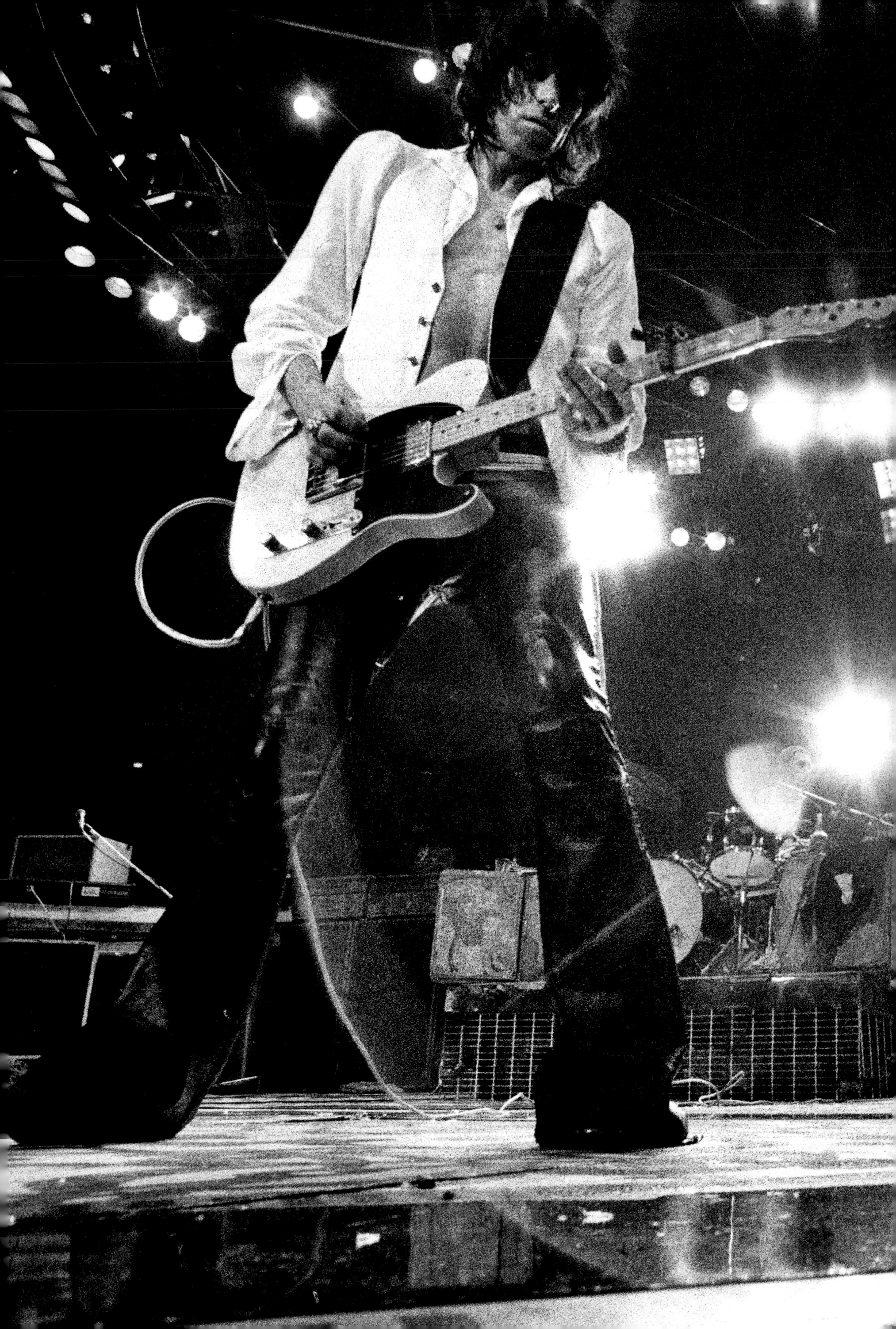

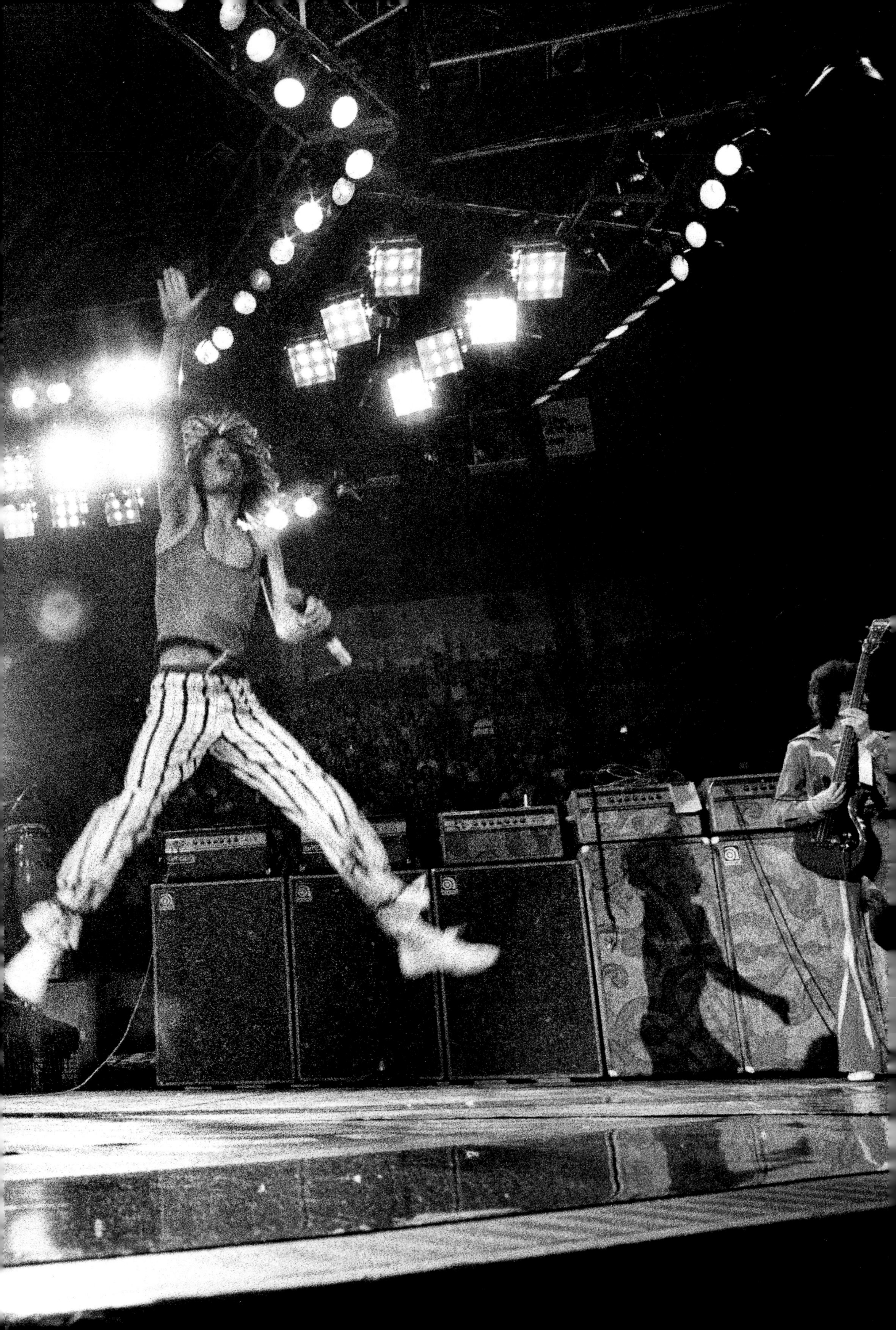

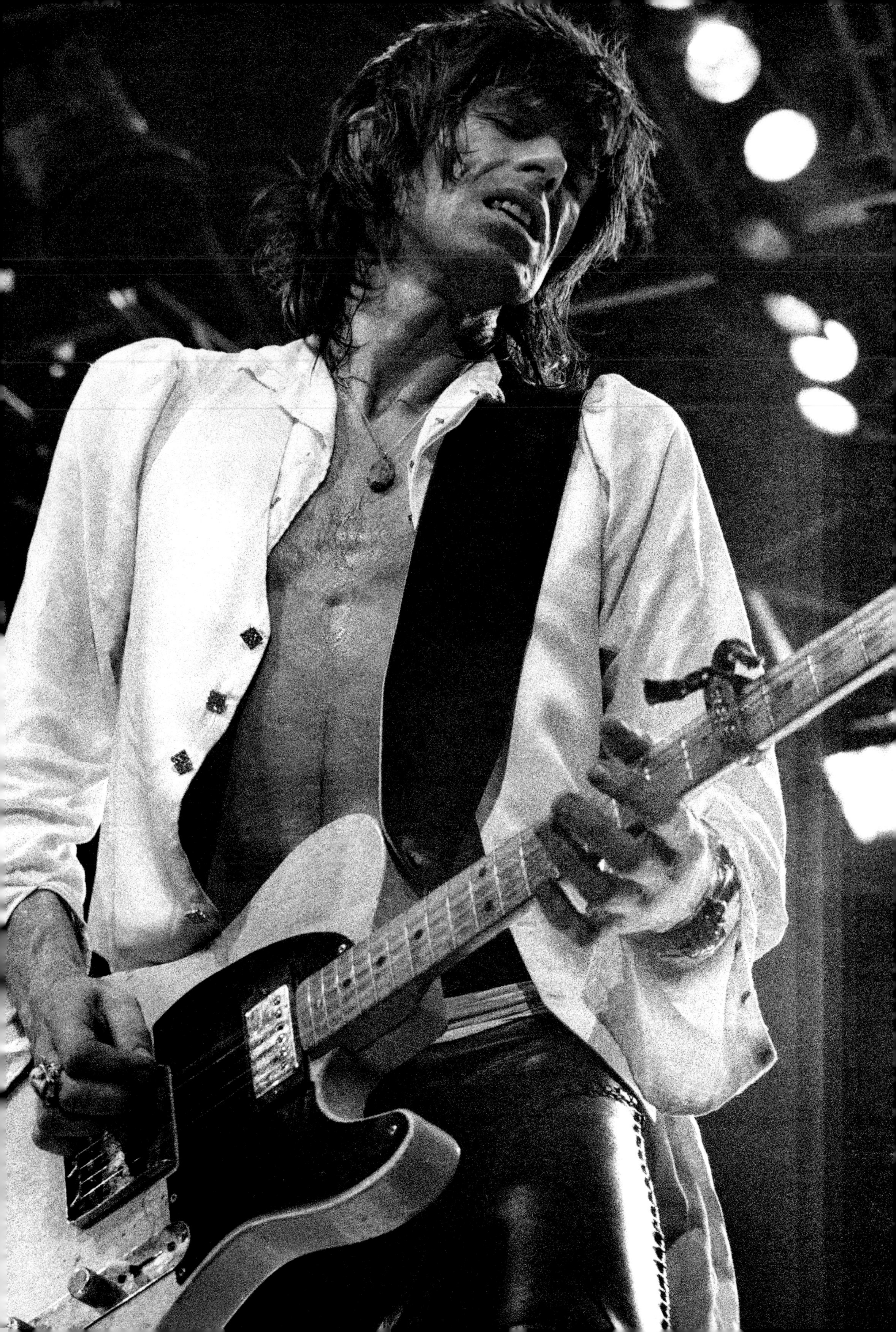

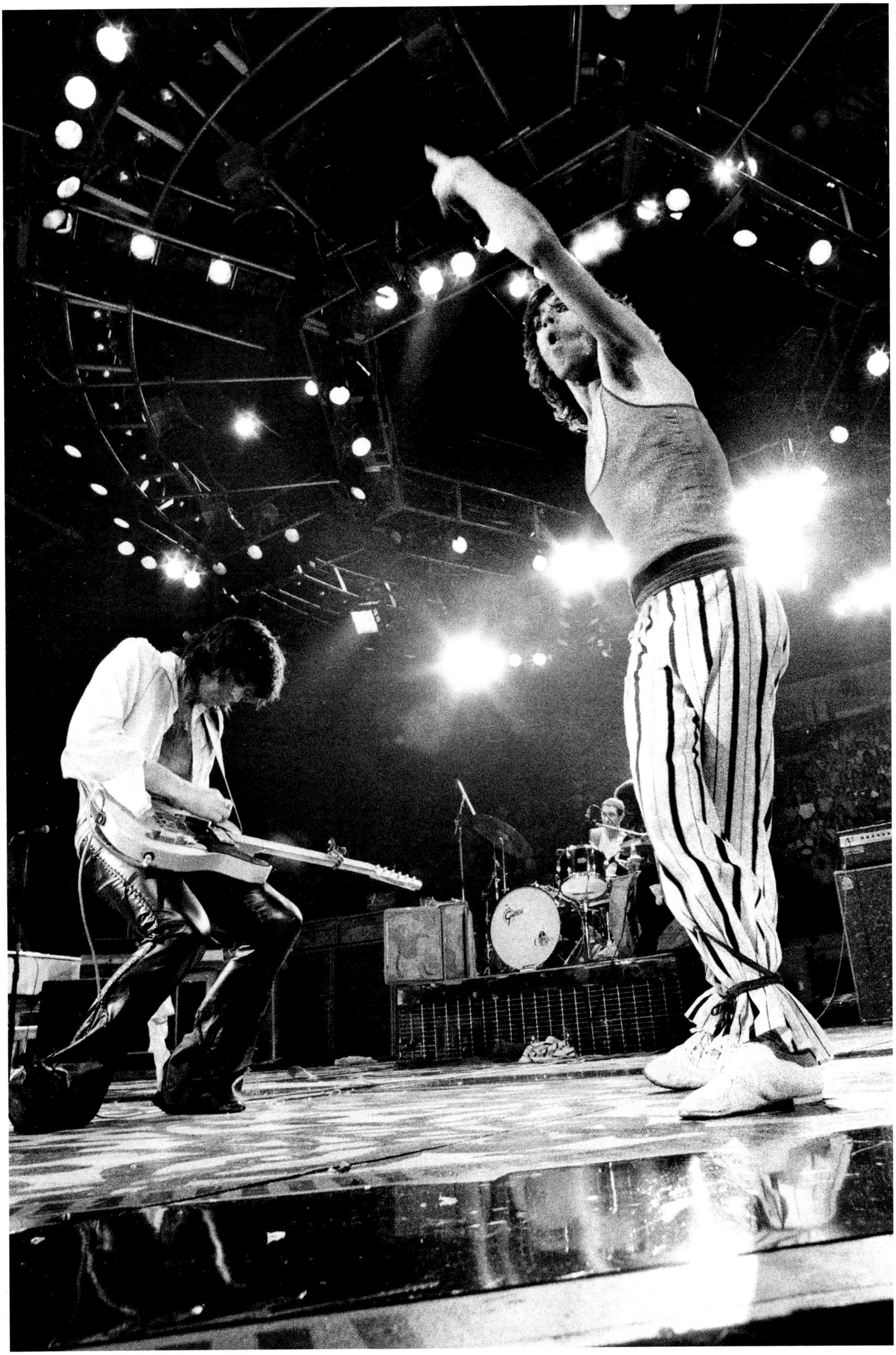

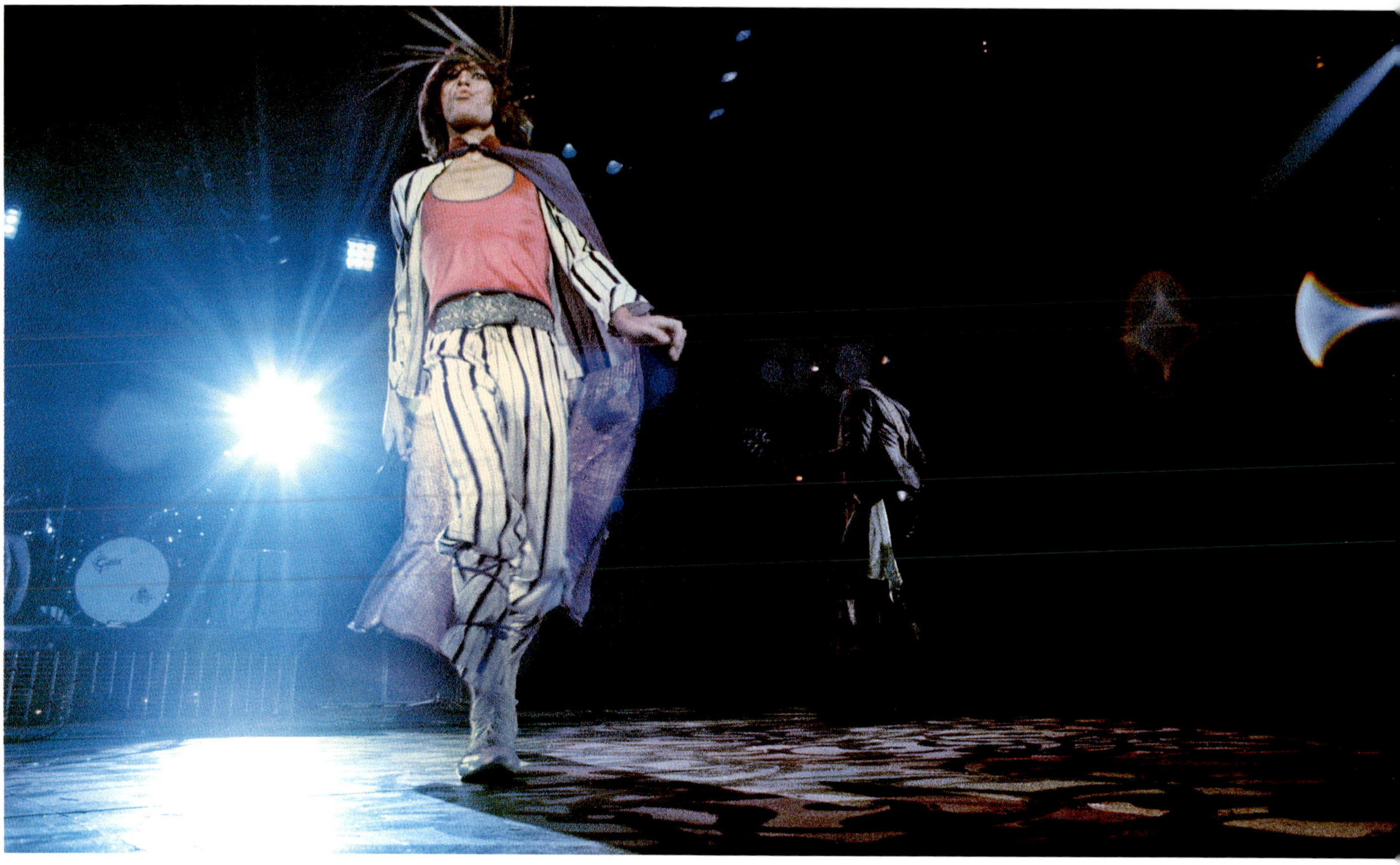

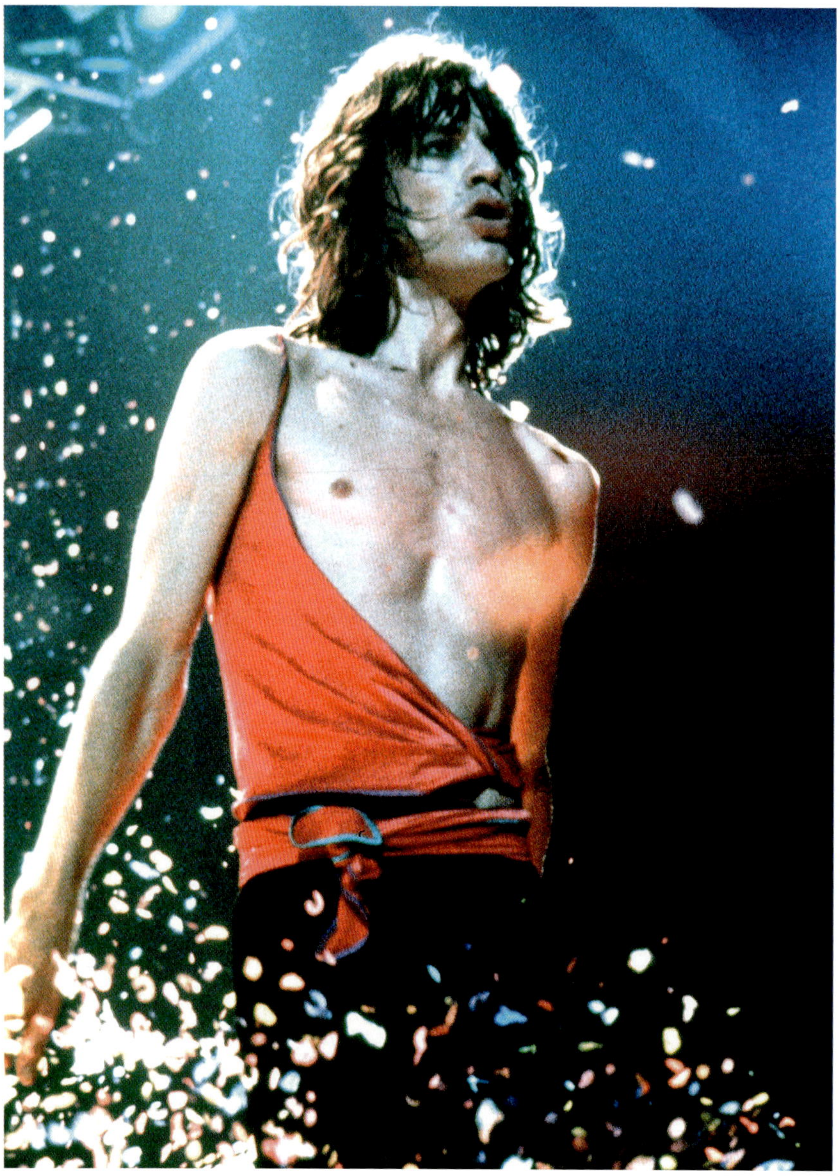

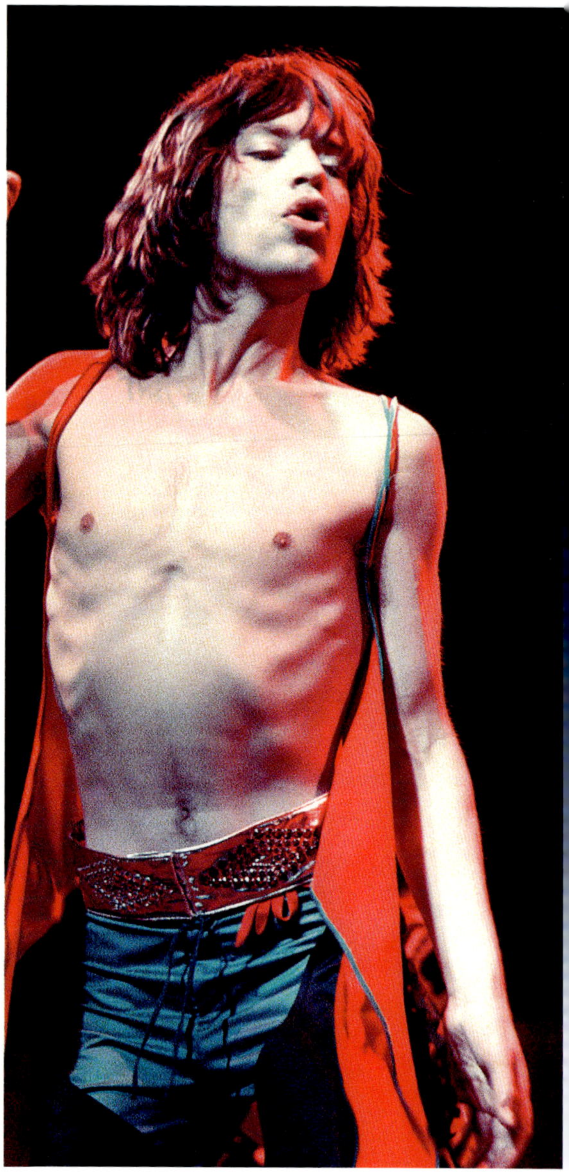

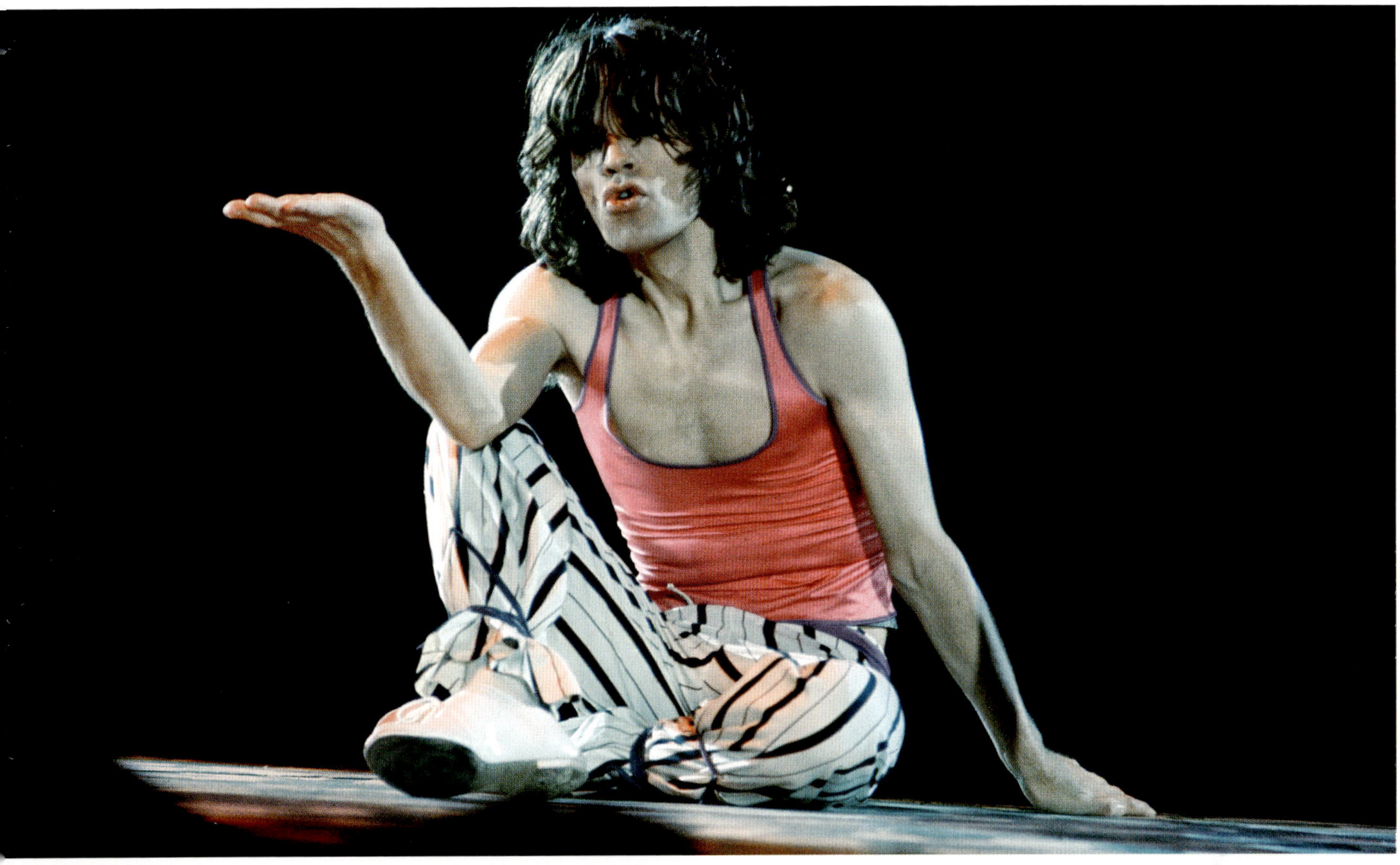

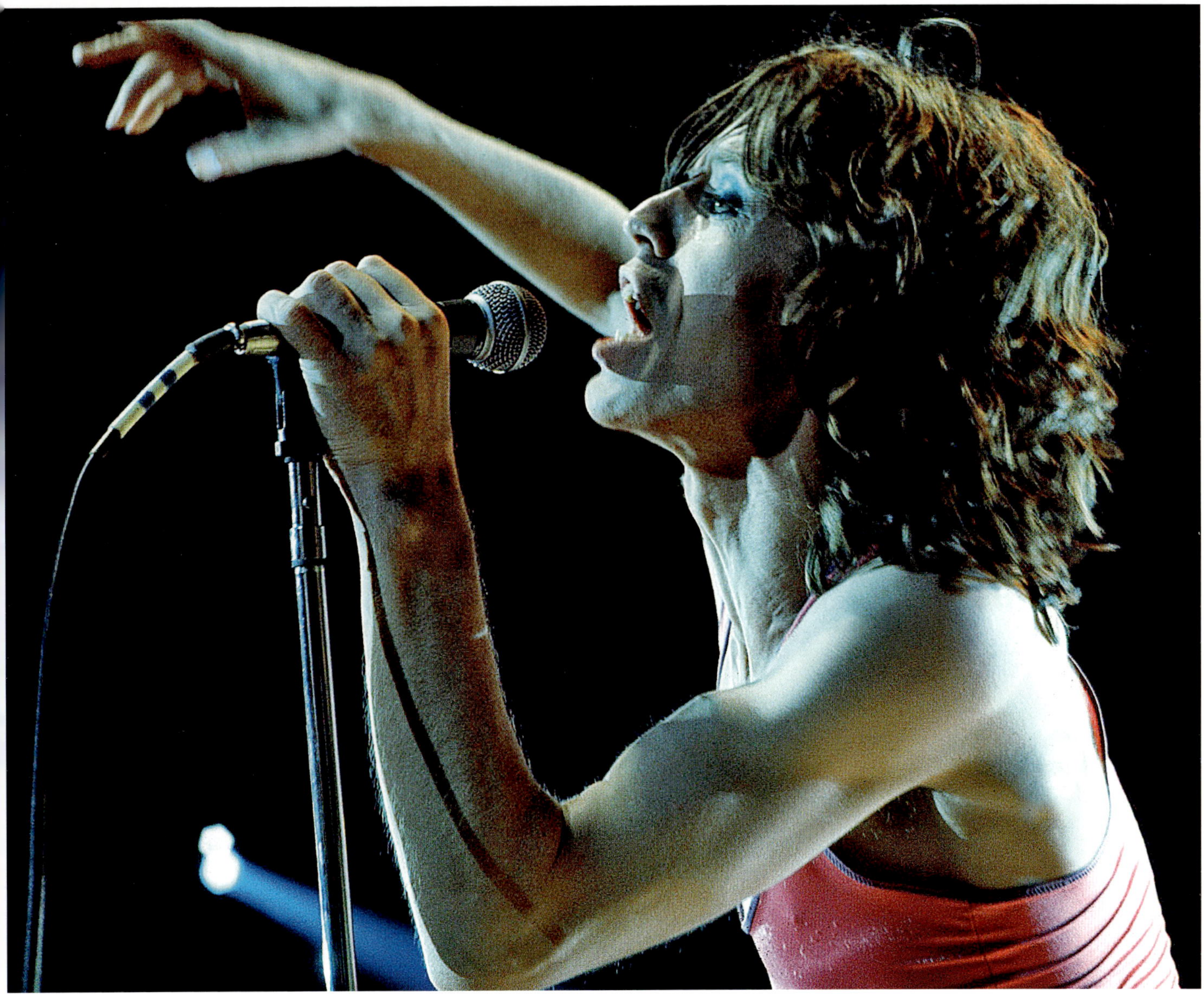

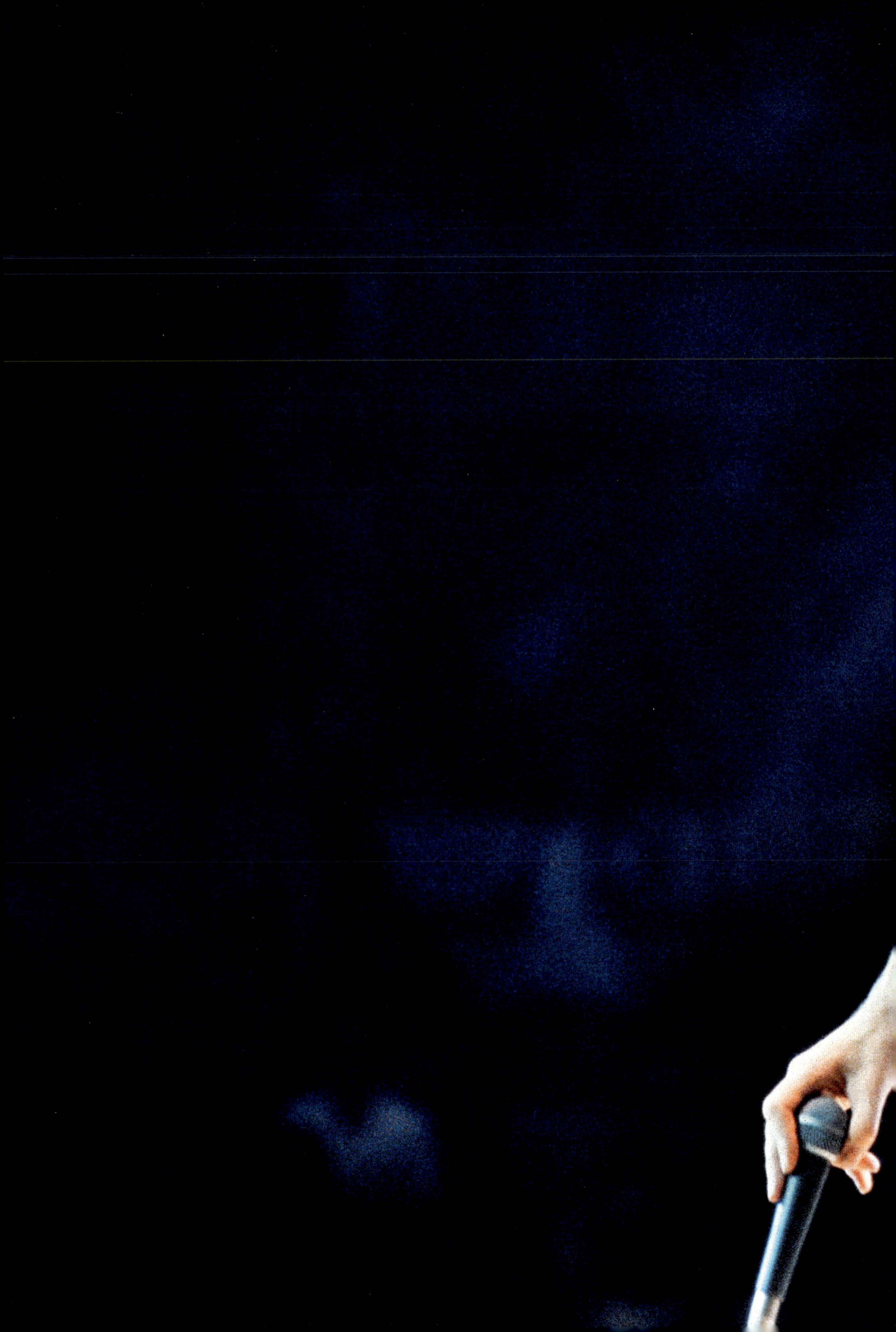

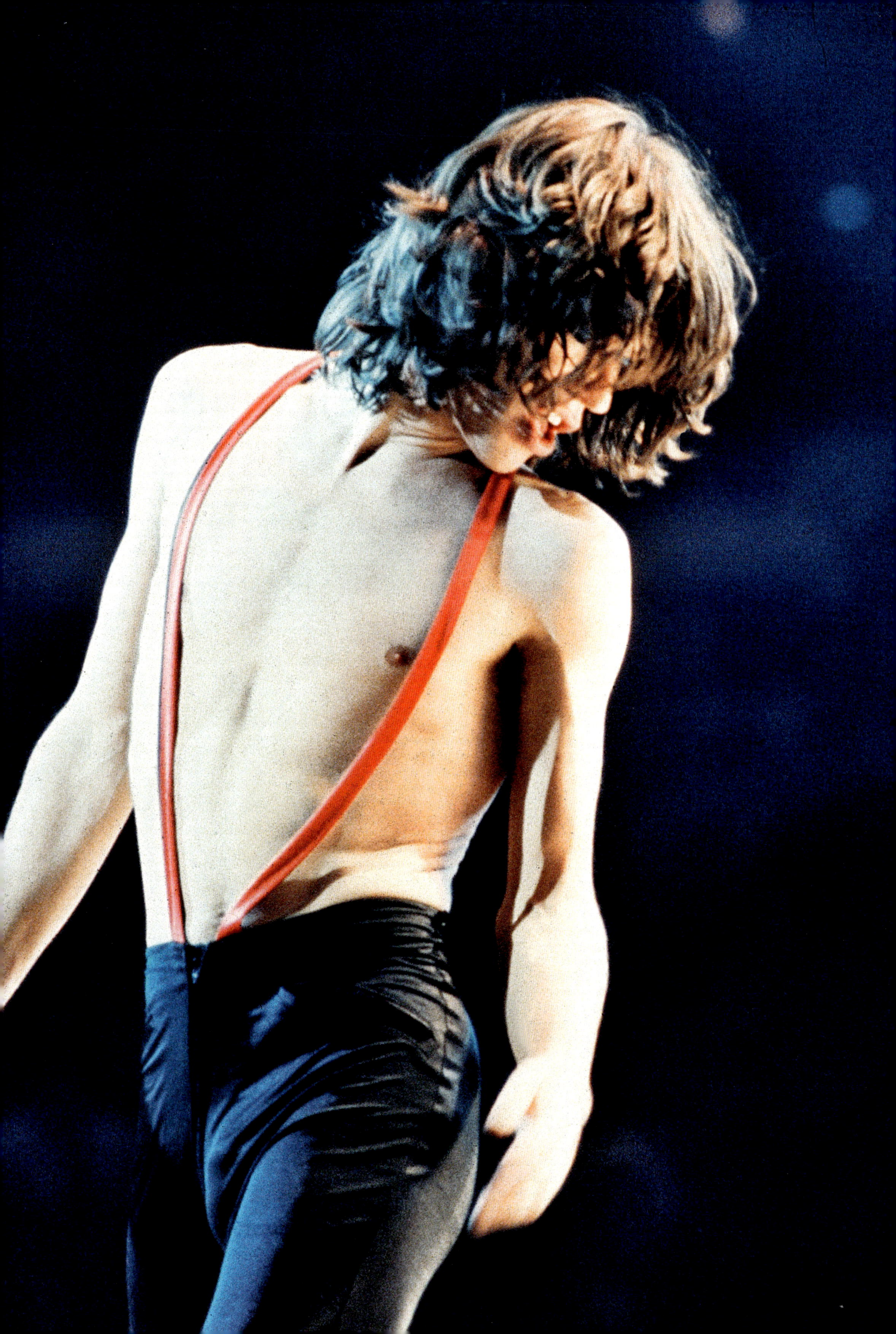

Im Frühling 1976 gingen die Stones nach der Amerikatournee des Vorjahres wieder auf Europatournee. Als sich der Tourneebeginn näherte, hatte ich noch keinen Anruf wegen eines Engagements erhalten. Das bedauerte ich sehr, und ich begann herumzutelefonieren. Ich sprach mit allen, die mir eine Erklärung geben oder mich eventuell engagieren konnten: der Schallplattenfirma, den verschiedenen Managern. Einer meiner Freunde meinte, nachdem er eine der Konversationen mitgehört hatte: »Ich habe dich in meinem ganzen Leben noch nie wegen deiner Arbeit so verstört erlebt!« Das war natürlich keine Frage des Geldes, ich wollte einfach diese Gelegenheit nicht verpassen. Ich wollte bei dieser Tournee dabei sein und war enttäuscht. Vielleicht versuchten die Stones, mich loszuwerden!

Ich hatte im Vorjahr ein paar Etappen der Amerikatournee mitgemacht und stand noch in Kontakt mit der Band. Und schließlich gelang es mir, auf dieser Europatournee 1976 das erste Konzert in Frankfurt und die Konzerte im Earls Court zu fotografieren. Bei allen Konzerten war ich nicht dabei, aber das erste Mal in meiner Karriere war ich wirklich aufdringlich. Das ist eigentlich gar nicht mein Stil, aber ich wollte mit meinem ganzen Selbst teilnehmen.

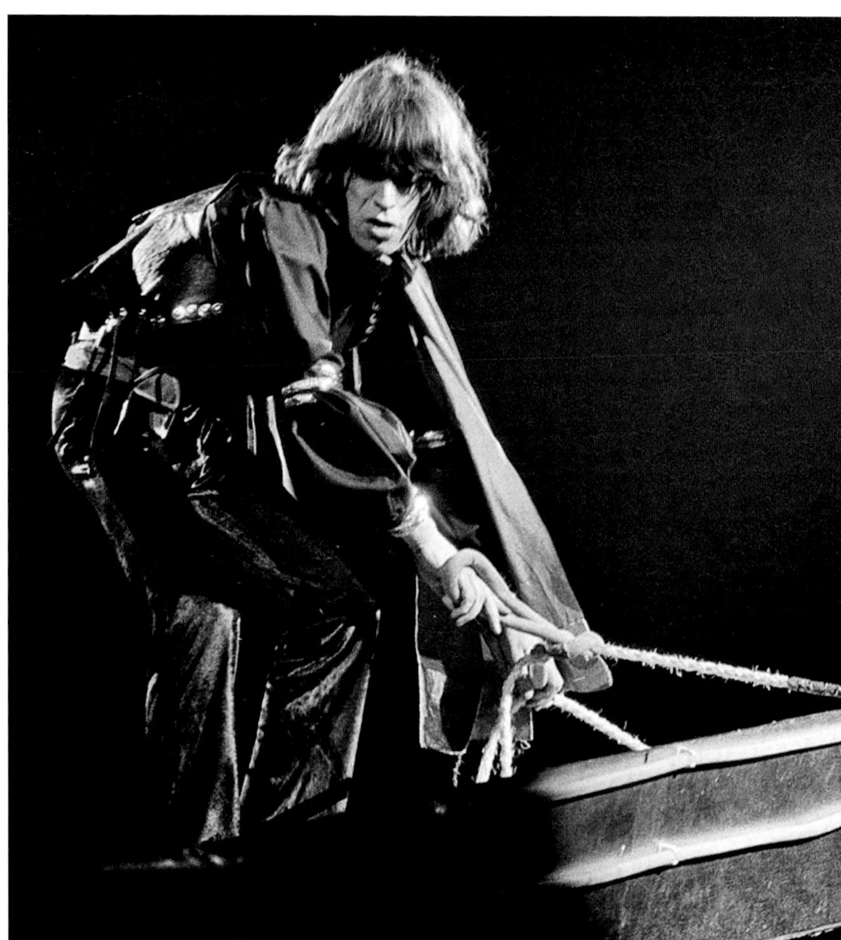

Mick Jagger hält sich an einem der riesigen Blütenblätter der Bühne des Earls Court fest. 1976.

Die Bühne auf dieser Tournee war absolut unglaublich. Sie hatte die Form einer geschlossenen Blüte mit riesigen Blütenblättern, die sich langsam öffneten und dann zu Beginn des Spektakels die Band erscheinen ließen. Mick kletterte im Inneren der geschlossenen Blüte hoch und hielt sich mit aller Kraft fest, während sich die Blätter langsam öffneten und zur Bühne wurden. Es war alles vollkommen dunkel, denn das Licht befand sich im Inneren dieser Struktur, und es wurde erst allmählich heller, während sich die Bühne öffnete.
Die geschlossene Blüte war auch sehr hoch. Einmal wollte ich ein Bild von einem hohen Standort aus machen und stieg deshalb auf die Stützbalken der Lichttechnik. Dort wurde mir klar, dass Mick dort jeden Abend in der Luft hing. Das hätte mir gar nicht gefallen. Natürlich waren die Instrumente und die Musiker in der Mitte der Blüte bereits auf ihren Plätzen. Nach Ende der Show schloss sich die Bühne wieder und Mick kletterte wieder an der Innenseite hoch.

Earls Court bot bis zu 18.000 Menschen Platz, und das waren damals wirklich viele. Eines Abends beschloss Mick, nicht mit der Limousine oder mit einem anderen Auto vorzufahren, sondern auf einem Motorrad, das von seinem persönlichen Assistenten Alan Dunn gelenkt wurde. Um das zu fotografieren, wartete ich über eine halbe Stunde lang auf ihre Ankunft und fror erbärmlich auf dem Parkplatz, anstatt gemütlich und in aller Ruhe im Backstage-Bereich zu warten und ein Glas Wein zu trinken! Damals gab es noch keine Handys, und die beiden konnten mir den Ankunftszeitpunkt nicht mitteilen. Aber zum Schluss war das einzige Foto, das ich bei Ihrer Ankunft schoss, absolut die Mühe wert.

Zu jener Zeit arbeiteten die Stones mit Atlantic Records zusammen, einem Label im Besitz der Firmengründer, der Gebrüder Ertegün. Sie waren türkischer Abstammung und Ahmet, einer der Brüder, kam aus der Welt des Jazz. Er war immer sehr elegant mit perfekt glänzenden Schuhen gekleidet. Auch bei den exzentrischsten Partys war er tadellos angezogen und hatte jedes Mal ein wunderschönes Mädchen an seiner Seite.
Atlantic Records hatte mit allen wichtigen Namen des Jazz-Universums gearbeitet, von Ray Charles bis hin zu Charles Mingus. Wenn sie mich beauftragten, war ich immer sehr zufrieden – es schien mir, als arbeitete ich dann für ein Stück Geschichte. Als sie vom Jazz zum Rock wechselten, erschienen auf dem Label nicht nur Alben der Stones, sondern auch die ersten fünf Alben von Led Zeppelin.

Auf der folgenden Doppelseite: Ankunft von Mick Jagger an der Earls Court Arena, gefahren von seinem persönlichen Assistenten Alan Dunn. London 1976.

Ahmet war so verwurzelt in der Welt der Musik, dass er viele Jahre später, 2006, sogar während eines Konzerts der Stones starb. Er war 80 Jahre alt, rutschte aus und schlug mit dem Kopf auf. Ein Leben für die Musik. Er war sehr leistungsorientiert und wollte gewinnen, und das kann man auf dem Foto, auf dem er mit Bill Tischtennis spielt, gut an der Körpersprache erkennen!

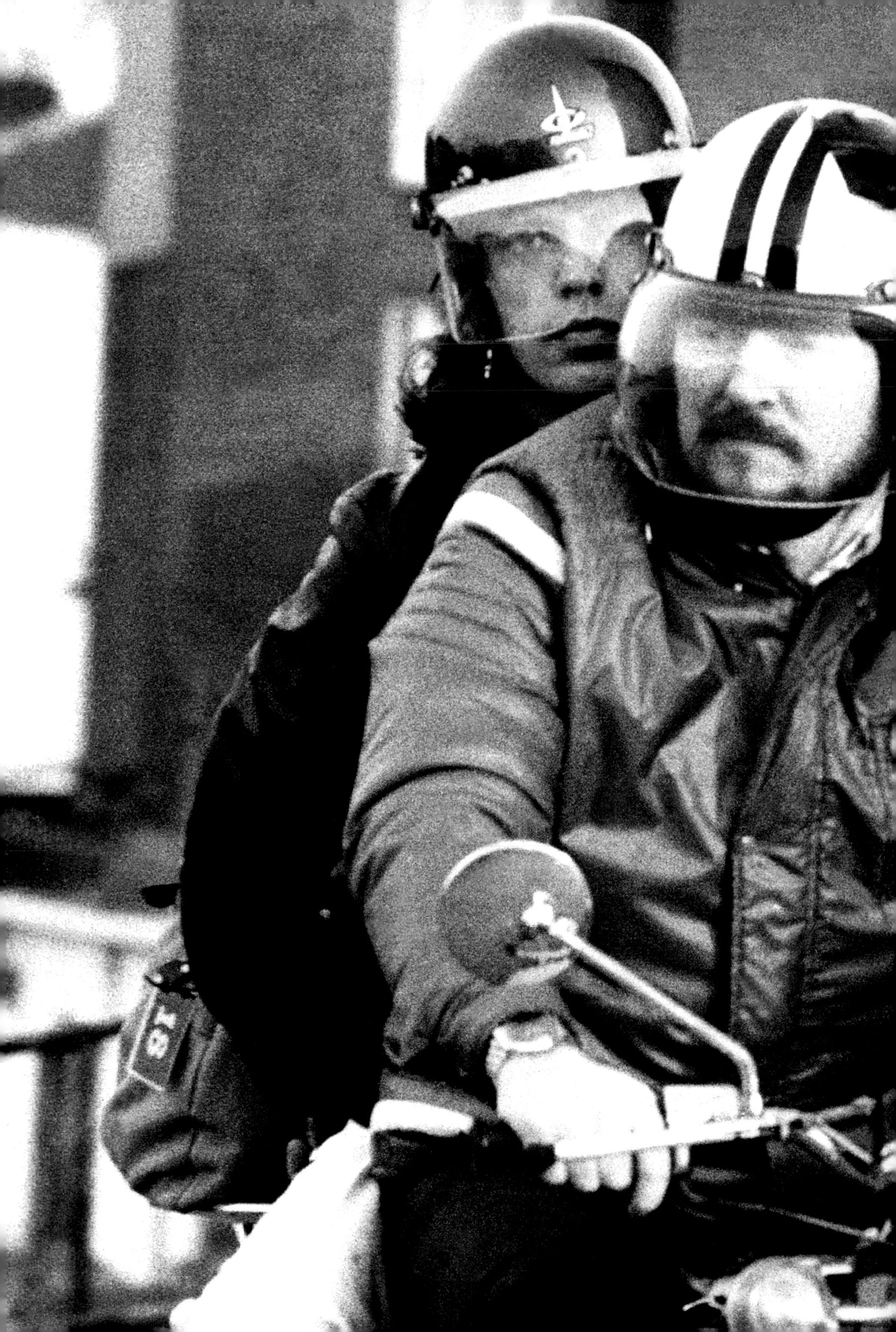

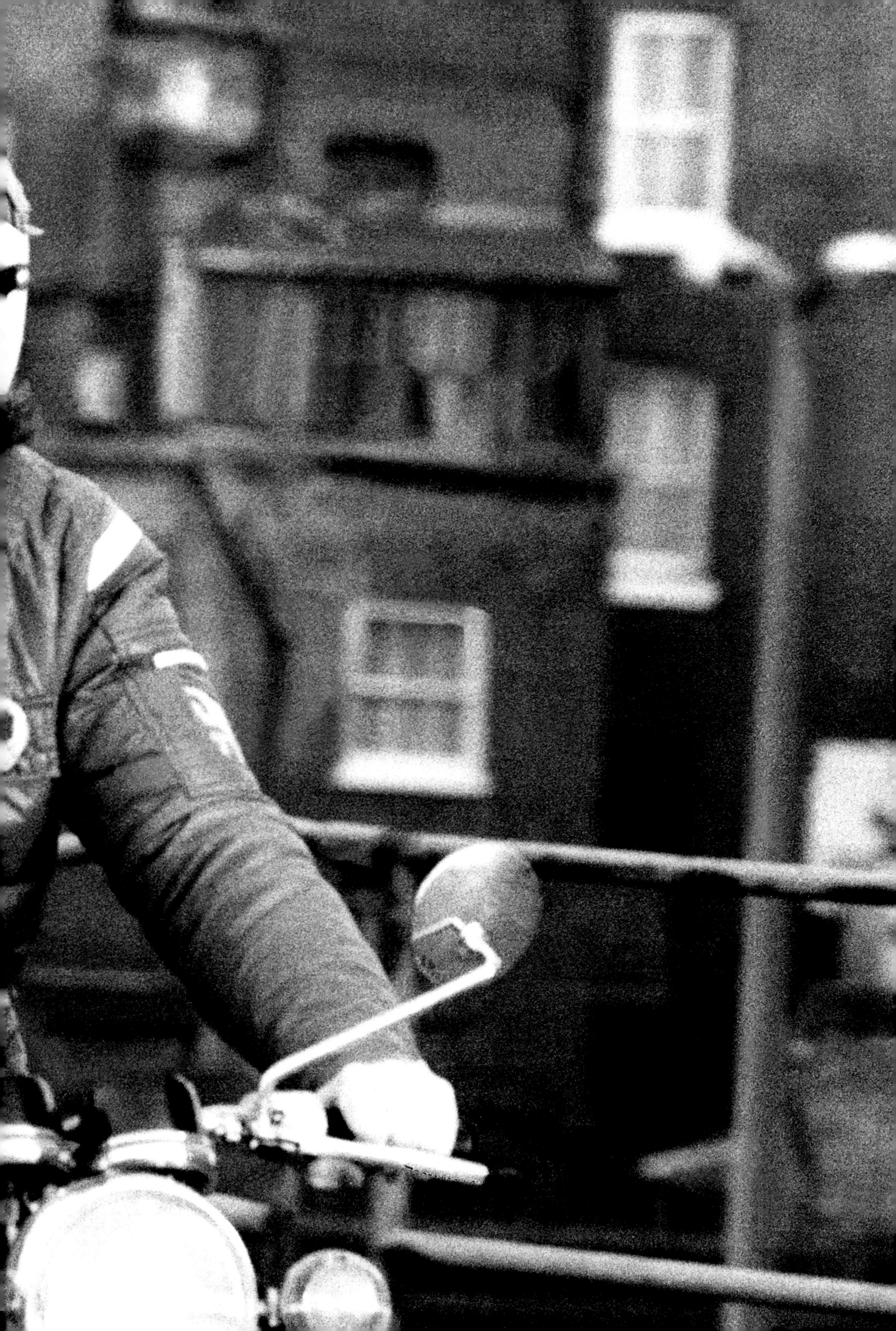

Unten: Mick Jagger mit Prinzessin Margaret im Backstage-Bereich von Earls Court. 1976.

Rechte Seite oben: Ronnie Van Zant von Lynyrd Skynyrd ist während einer Pause im Knebworth House zu Scherzen aufgelegt. 1976.

Rechte Seite unten: Paul McCartney und David Gilmour im Knebworth House.

Als Fotograf habe ich immer gern mit dem zur Verfügung stehenden Licht gearbeitet. Auch heute noch passiert ein Unglück, wenn ich einen Blitz auf den Apparat setze (in sehr jungen Jahren habe ich die Fotos der Hochzeit eines meiner besten Freunde komplett ruiniert!). Während einem der Termine der Europatournee 1976 war ich unter die Bühne gestiegen, und Moira Bellas, die Assistentin von Anny Ivil, rief mir zu, ich solle hinter die Kulissen kommen, weil dort Prinzessin Margaret warte. Damals gab es viele Gerüchte darüber, dass zwischen ihr und Mick etwas liefe. Und so lief ich rasch zurück, und da war sie, komplett im Finstern, und trotz meiner Aversion gegen den Einsatz des Blitzes und der Eile, zu der Moira mich mit den Worten »Los, los! Gleich geht sie wieder!« antrieb, gelang es mir, einige Fotos zu schießen.

Am Ende dieser Tournee gab es das berühmte Konzert im Knebworth House, an dem als eine der wichtigsten Vorgruppen Lynyrd Skynyrd teilnahm, die amerikanische Band, die sich im Jahr danach wegen eines Flugzeugabsturzes auflöste, bei dem drei der sieben Bandmitglieder starben.
Backstage begegneten mir Paul McCartney und David Gilmour. Außerdem spielten noch andere an diesem Tag, wie 10cc und Todd Rundgren. Es war ein wirklich heißer Tag. Ich erinnere mich daran, dass mir die Stones nicht begegneten, denn sie kamen erst kurz vor ihrem Auftritt und blieben nicht einmal eine Sekunde im Backstage-Bereich,

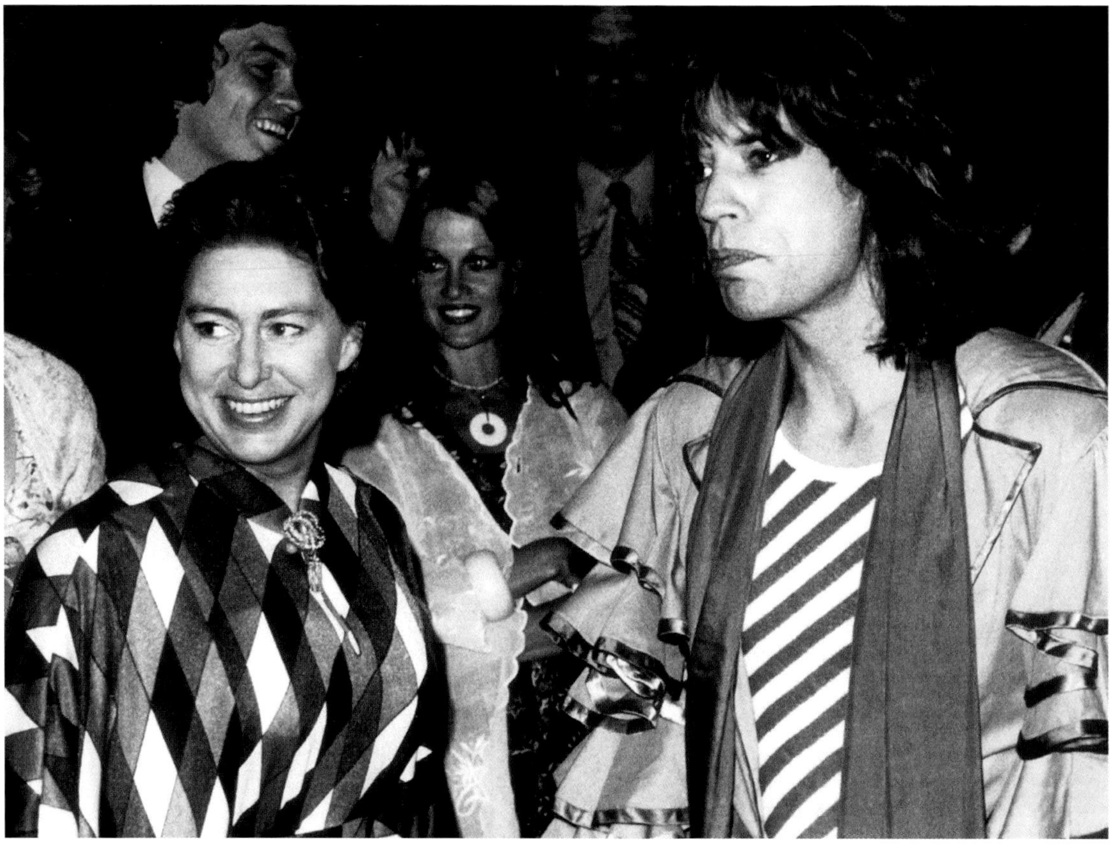

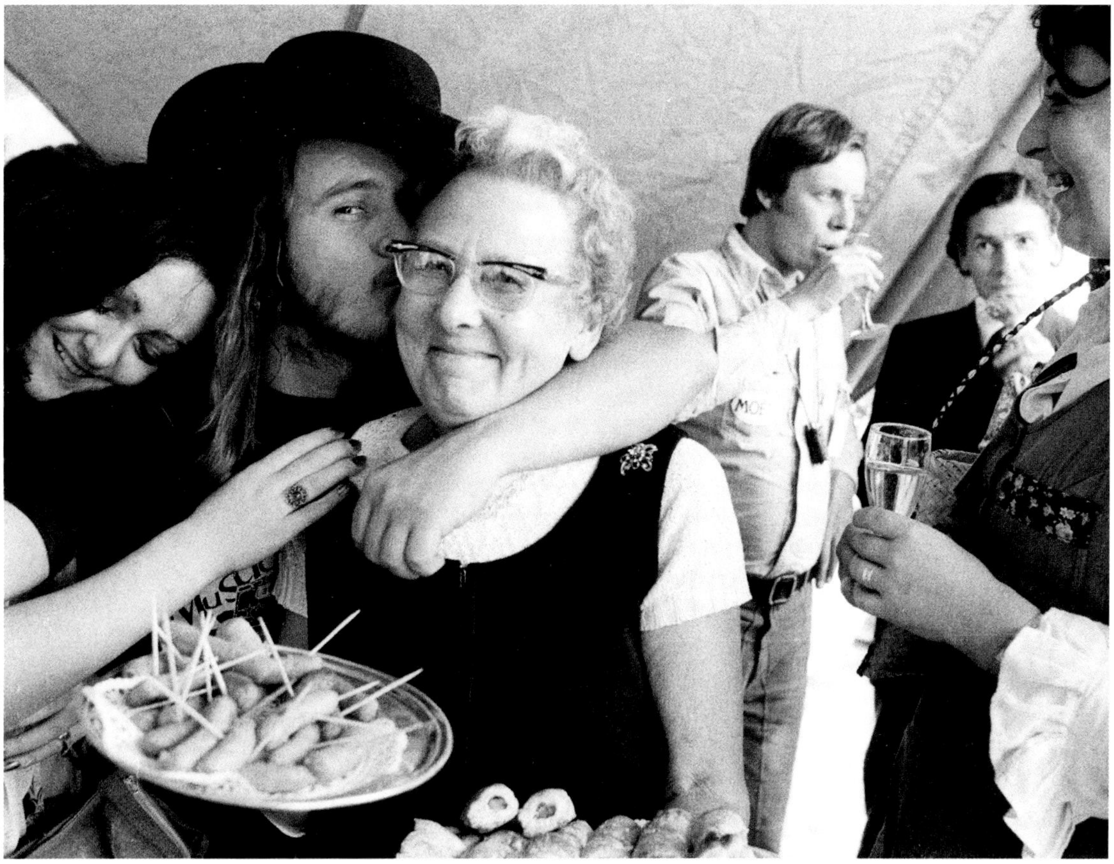

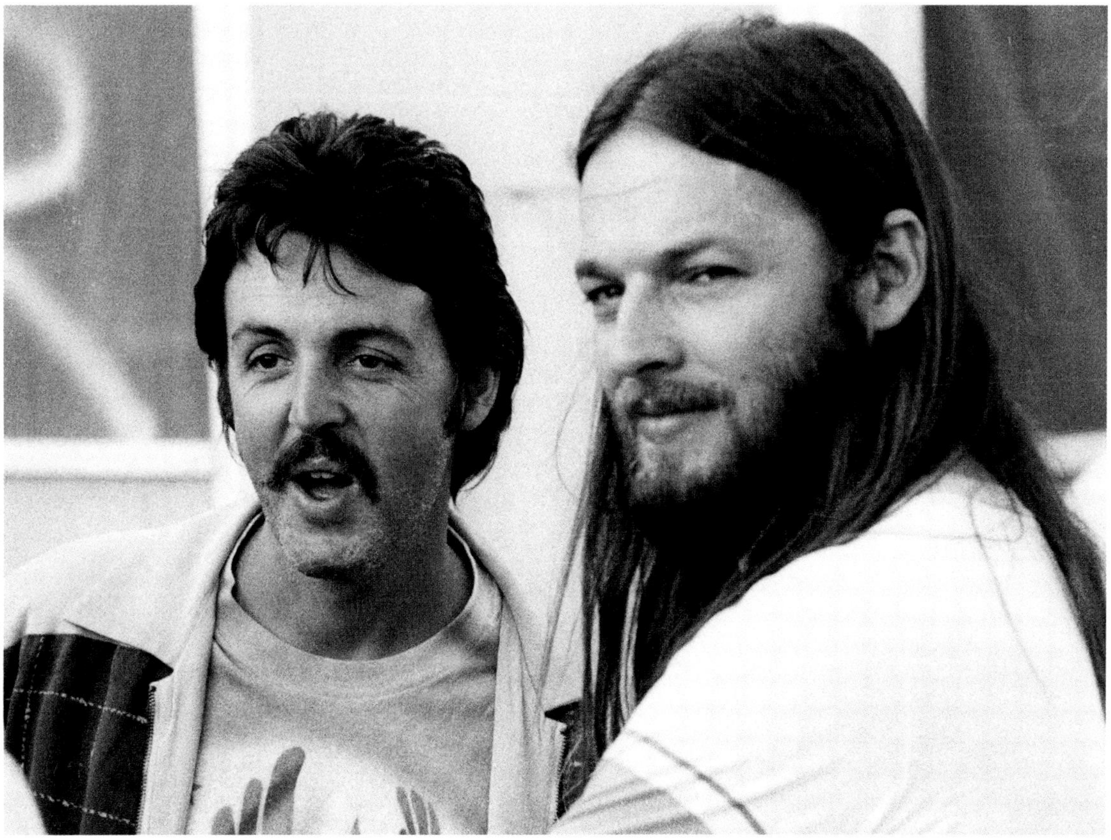

sondern sprangen direkt auf die Bühne. Natürlich gaben sie ein tolles Konzert. Ich weiß nicht, warum sie spät dran waren, das waren sie eigentlich nie. Aber so ruhte sich zumindest die Crew ein wenig aus. Der Service bei diesem Konzert war absolut unglaublich: Alles war in riesigen Mengen vorhanden. Auch die Atmosphäre im Backstage-Bereich war sehr schön und entspannt.

Unten: Konzertbühne im Knebworth House. 1976.

Rechte Seite und folgende Doppelseite: Bilder vom Konzert im Knebworth House, 1976.

Folgeseiten: Bilder von der Europatournee 1976.

Die Konzertbühne war riesig, mit zwei seitlichen Stegen links und rechts, die sich in der Mitte trafen, und einer großen zentralen Zunge, die die Vorderseite der Bühne bildete. Rund um diese mittlere Zunge waren zwei Lippen, und der Effekt war sehr ansprechend und augenzwinkernd ironisch. Die Bühne war so hoch, dass man nicht von unten fotografieren konnte, deshalb musste ich mich neben die Fernsehkameras auf die Bühne stellen und war doch immer noch nicht nahe genug dran.
Natürlich wurden im Lauf der Jahre Aufbau und Choreografie der Bühnen immer grandioser, mit aufblasbaren Teilen, vielen Metern bunter Bühnenbilder und so weiter.

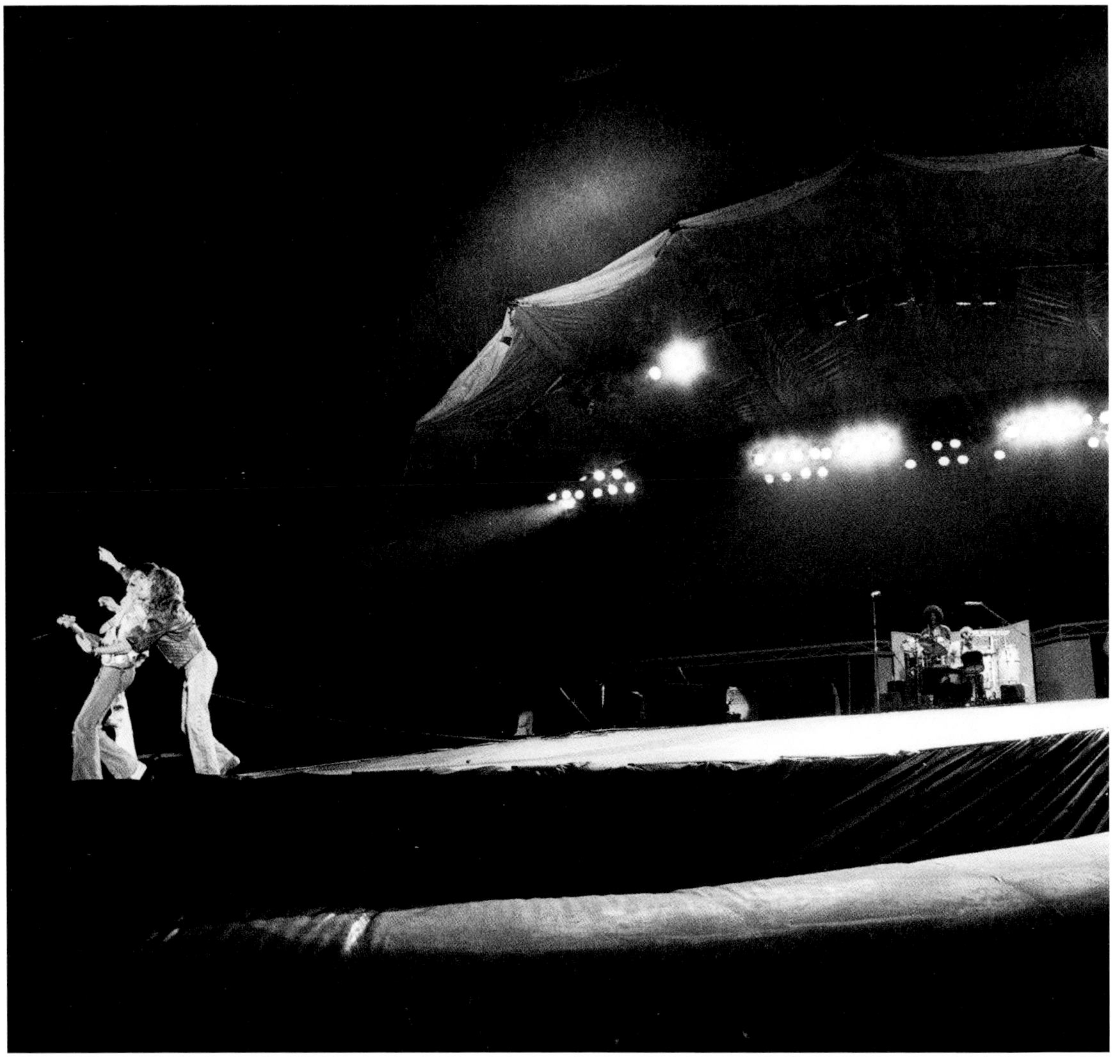

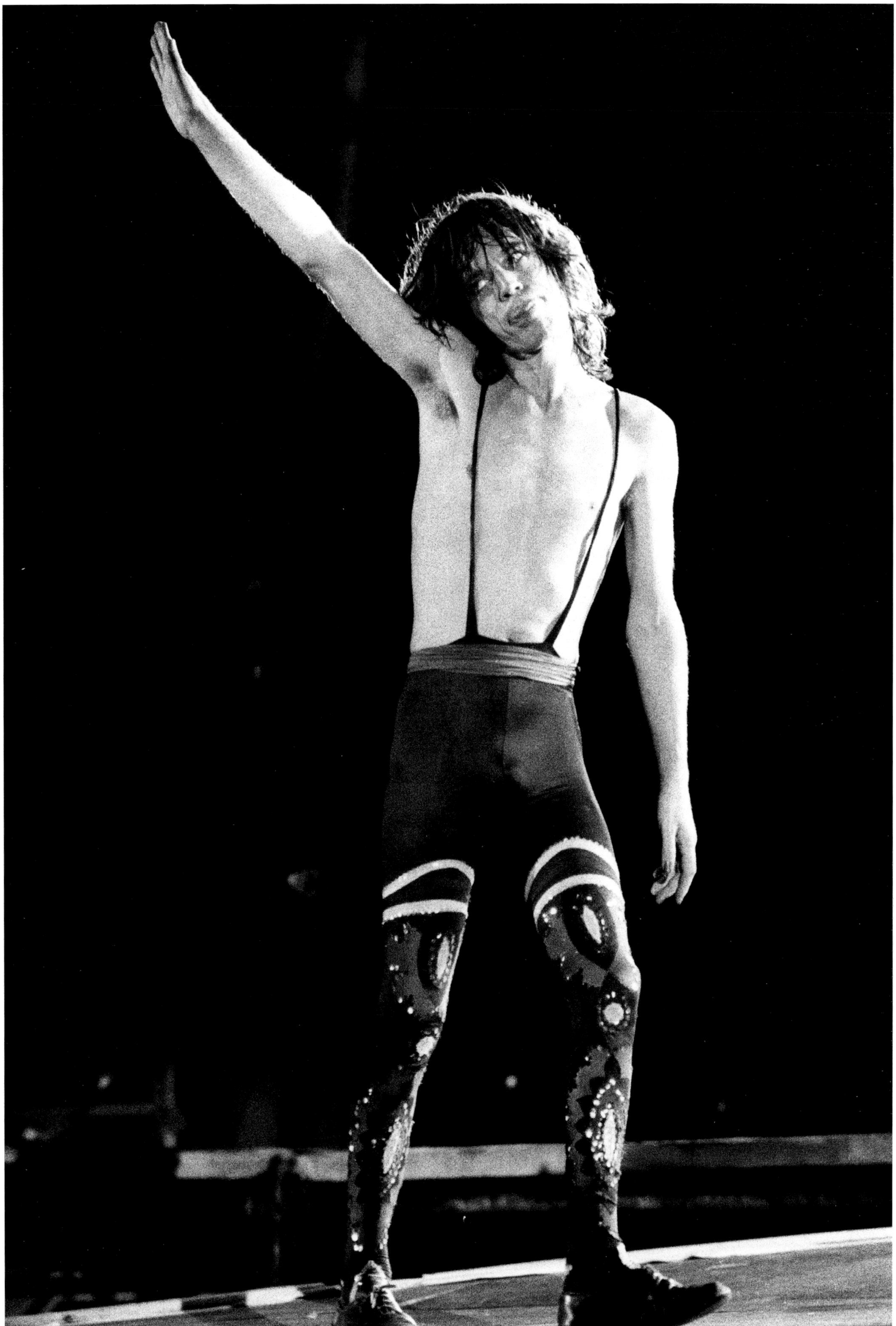

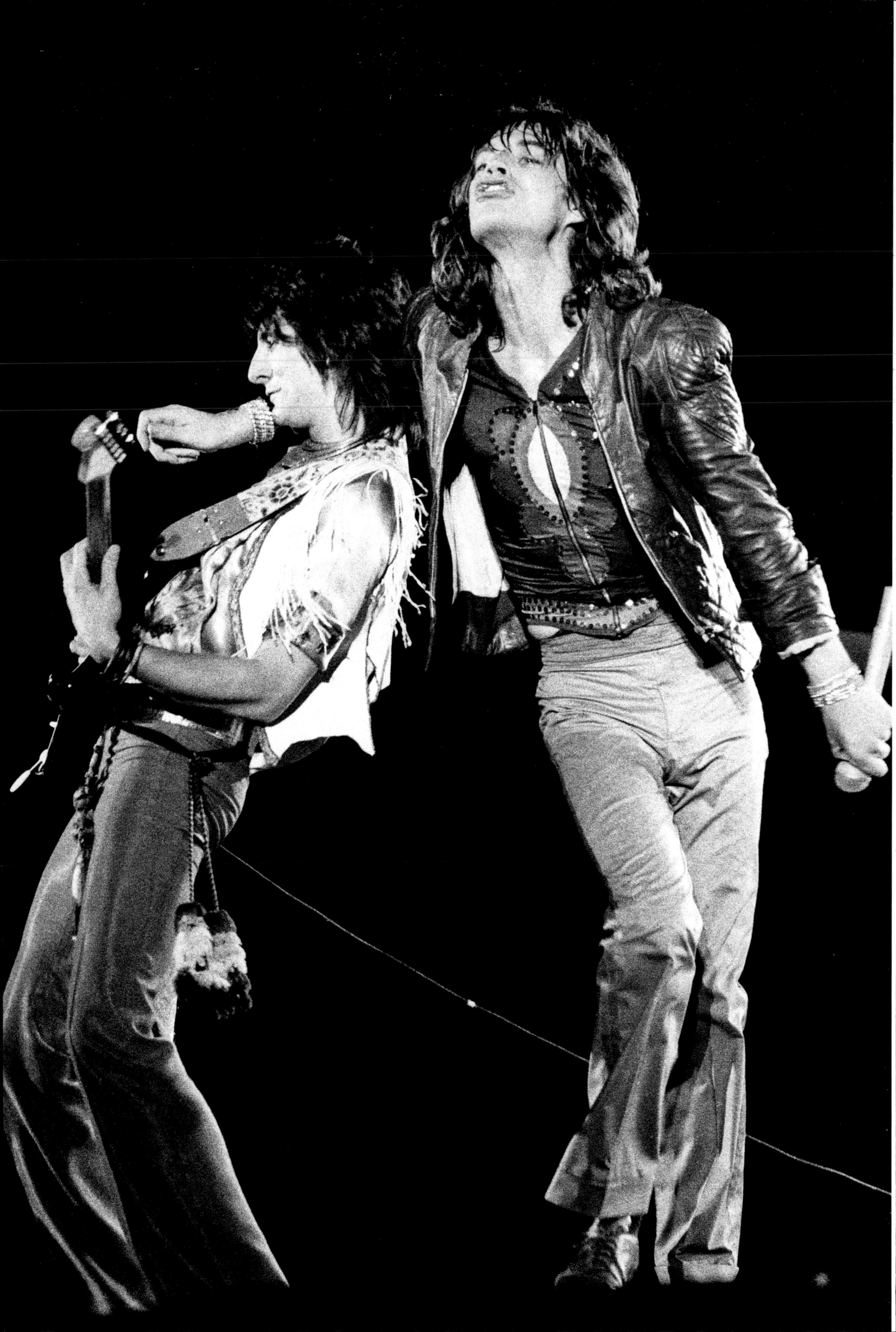

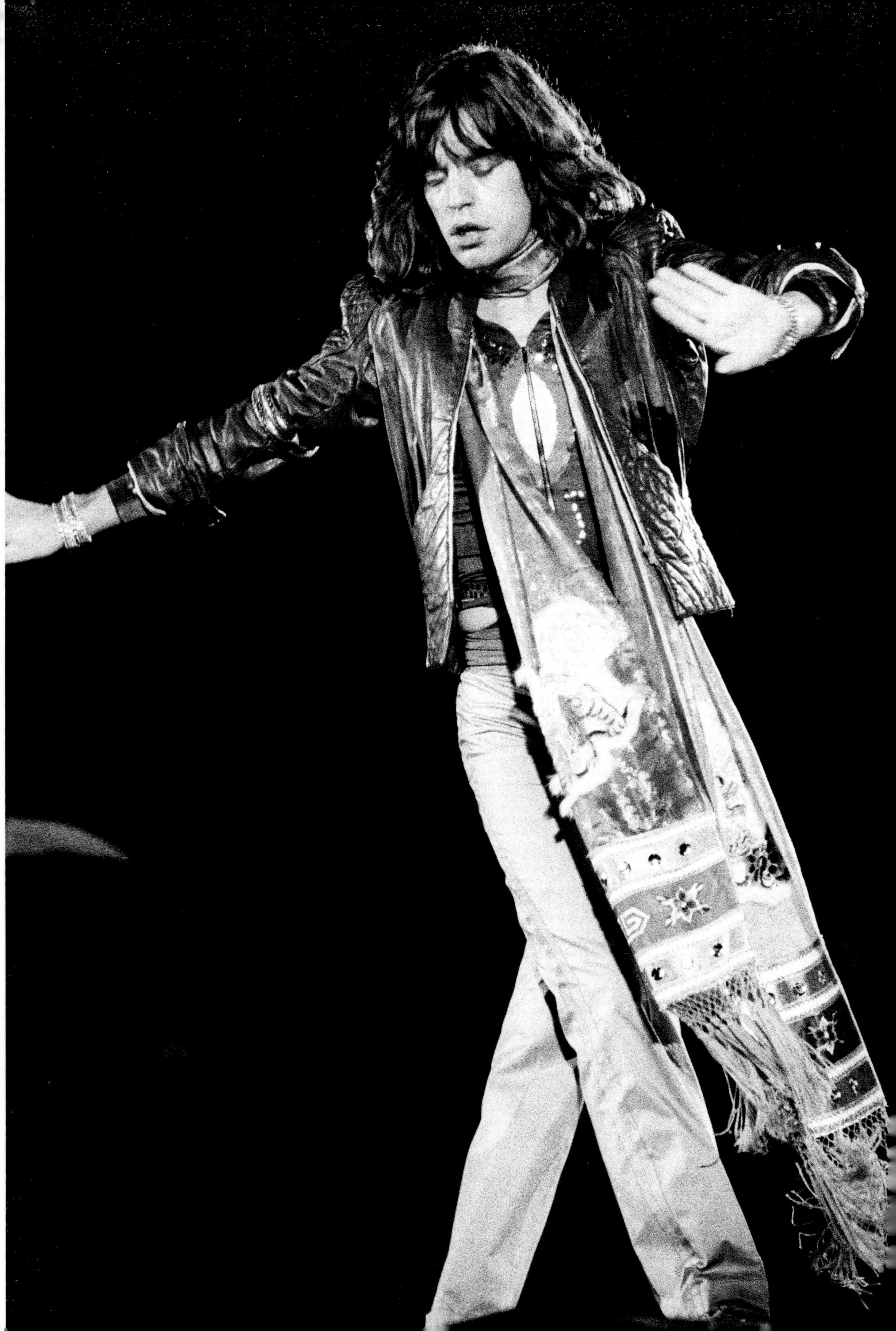

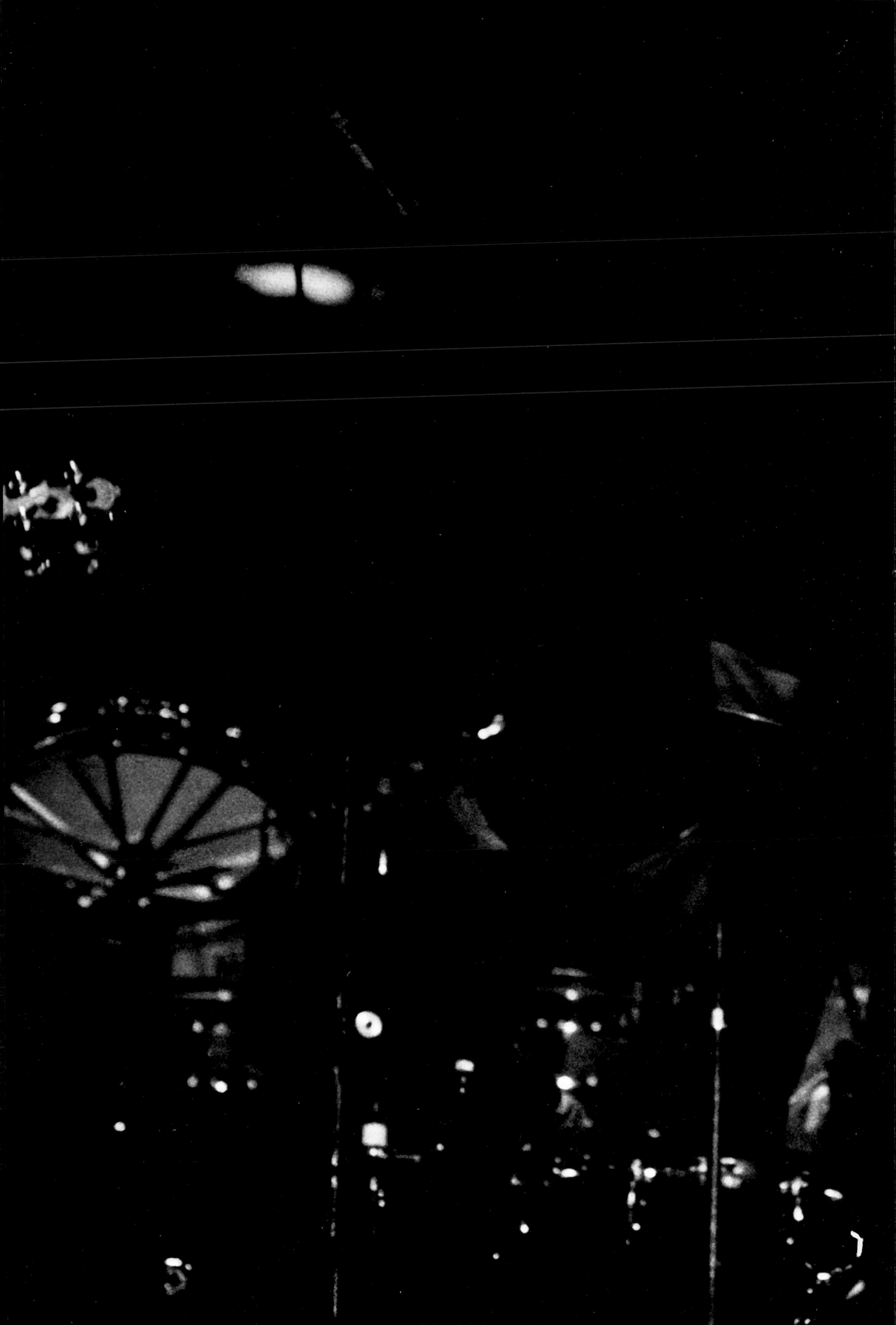

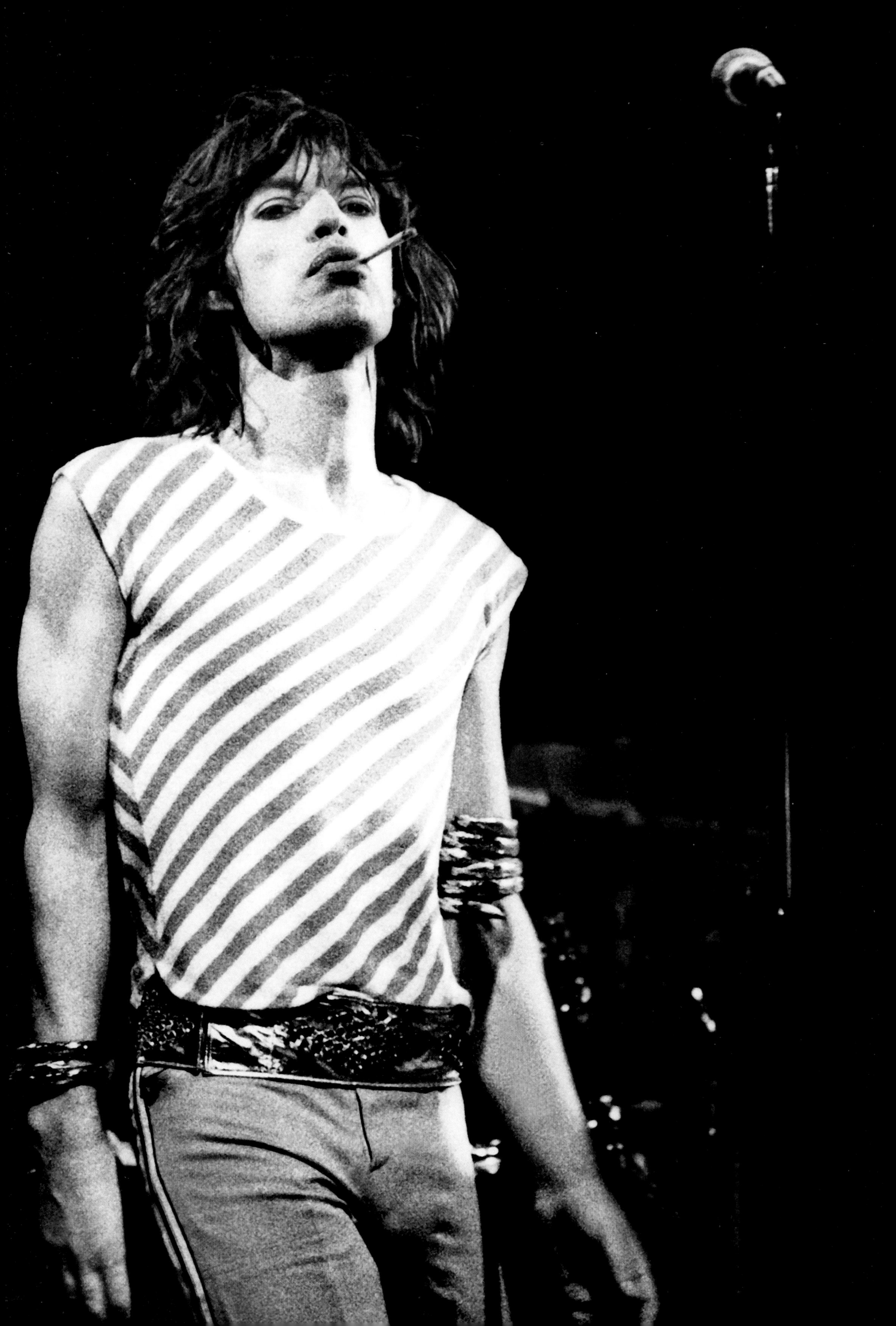

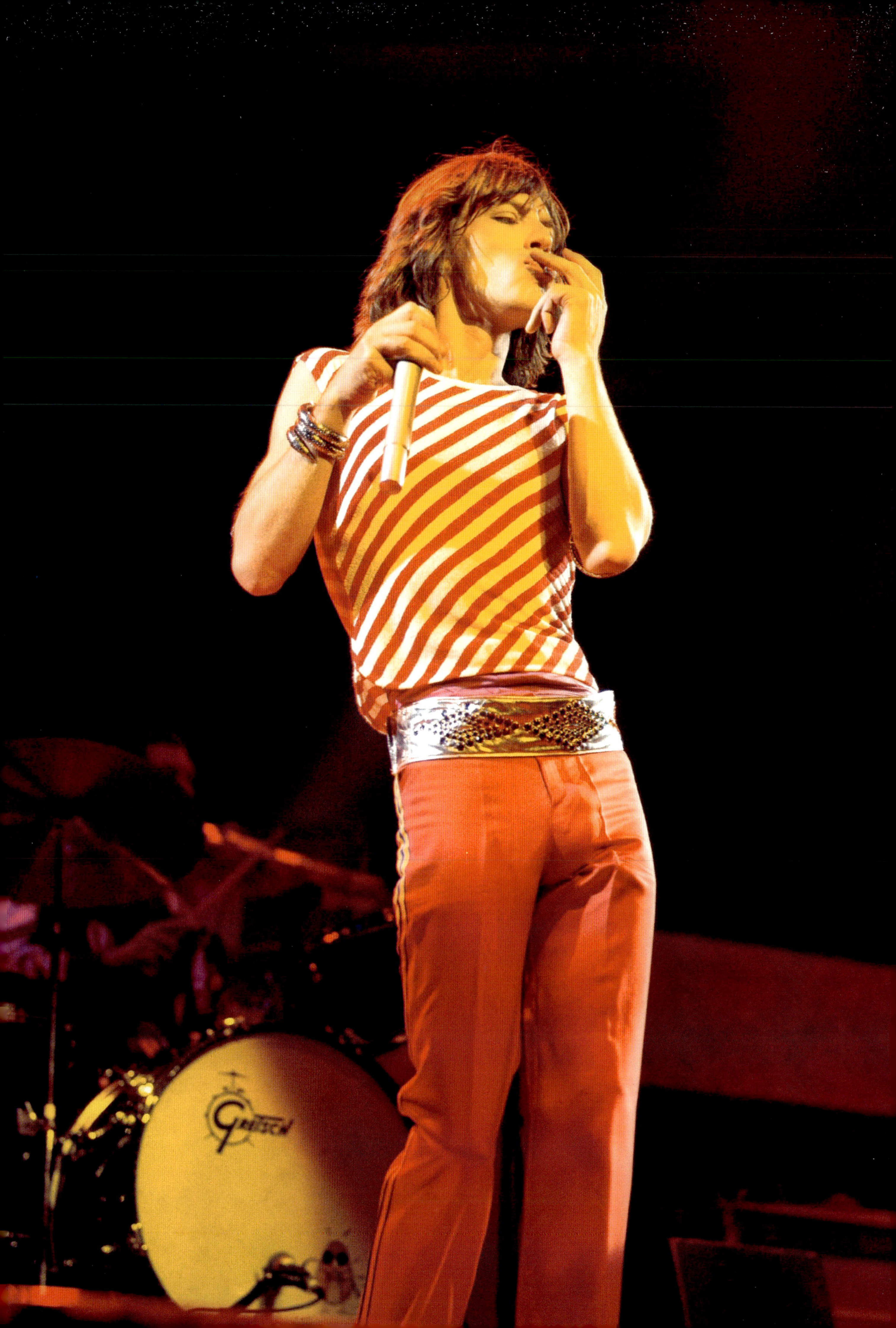
GRETSCH

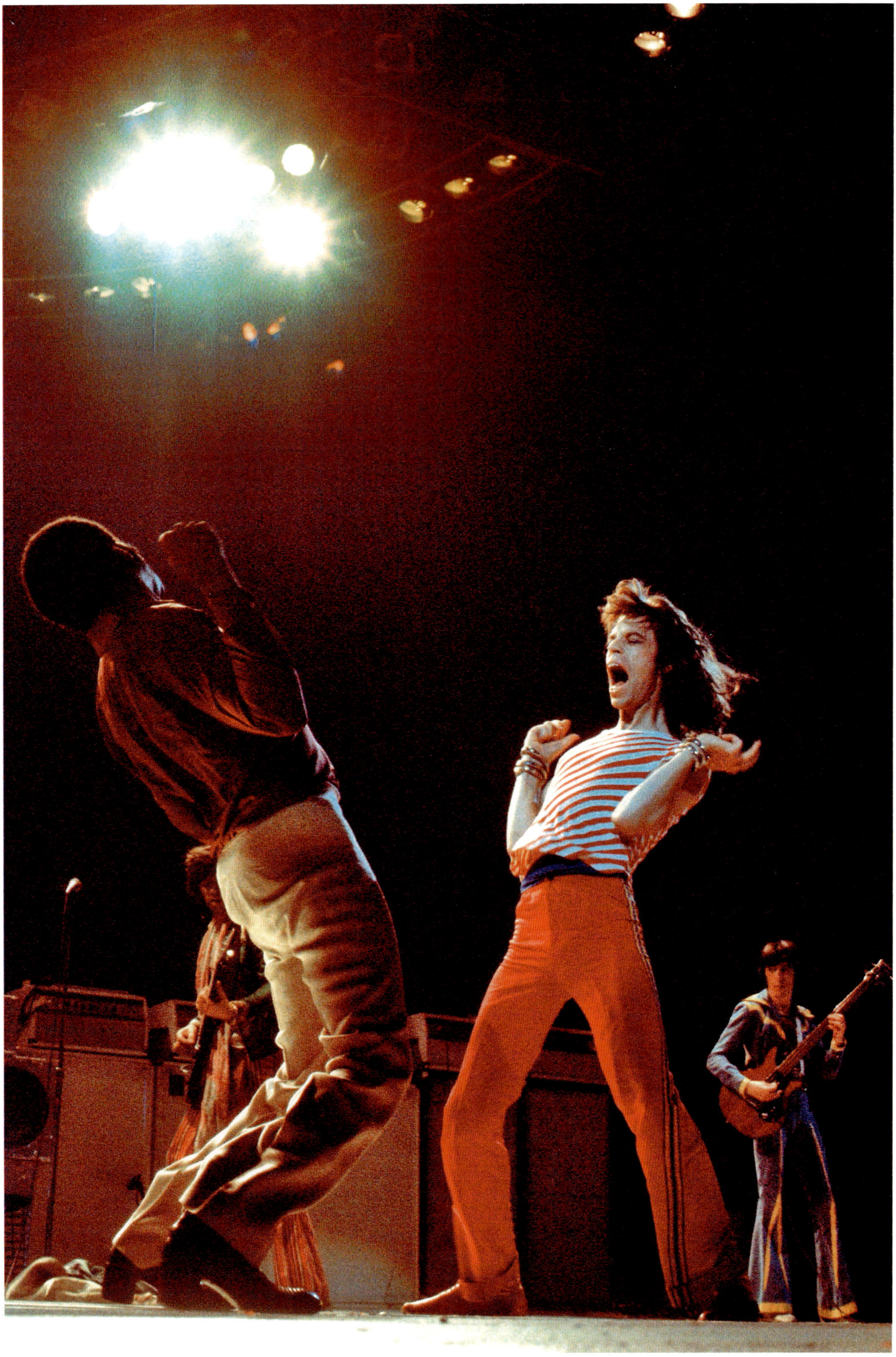

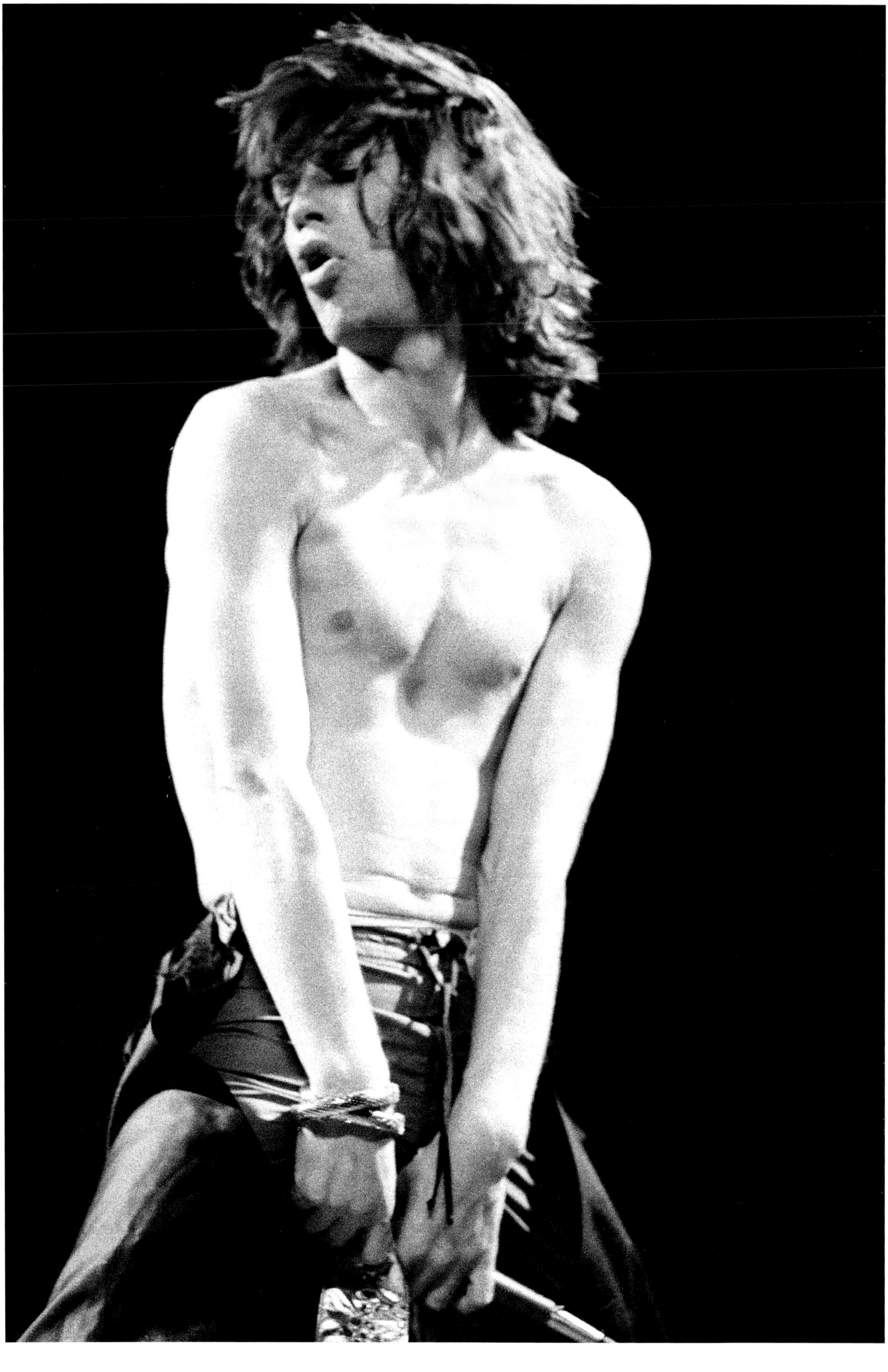

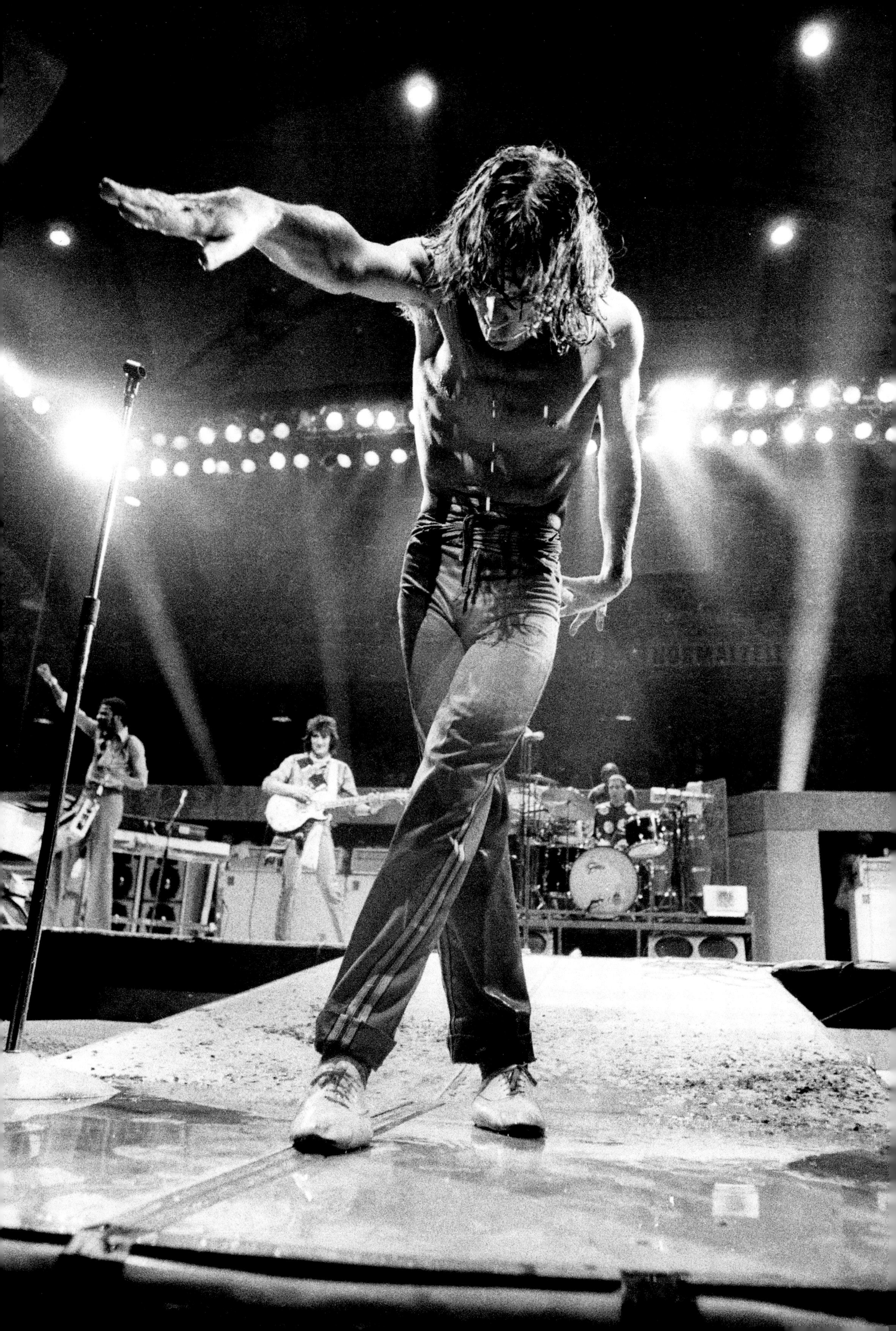

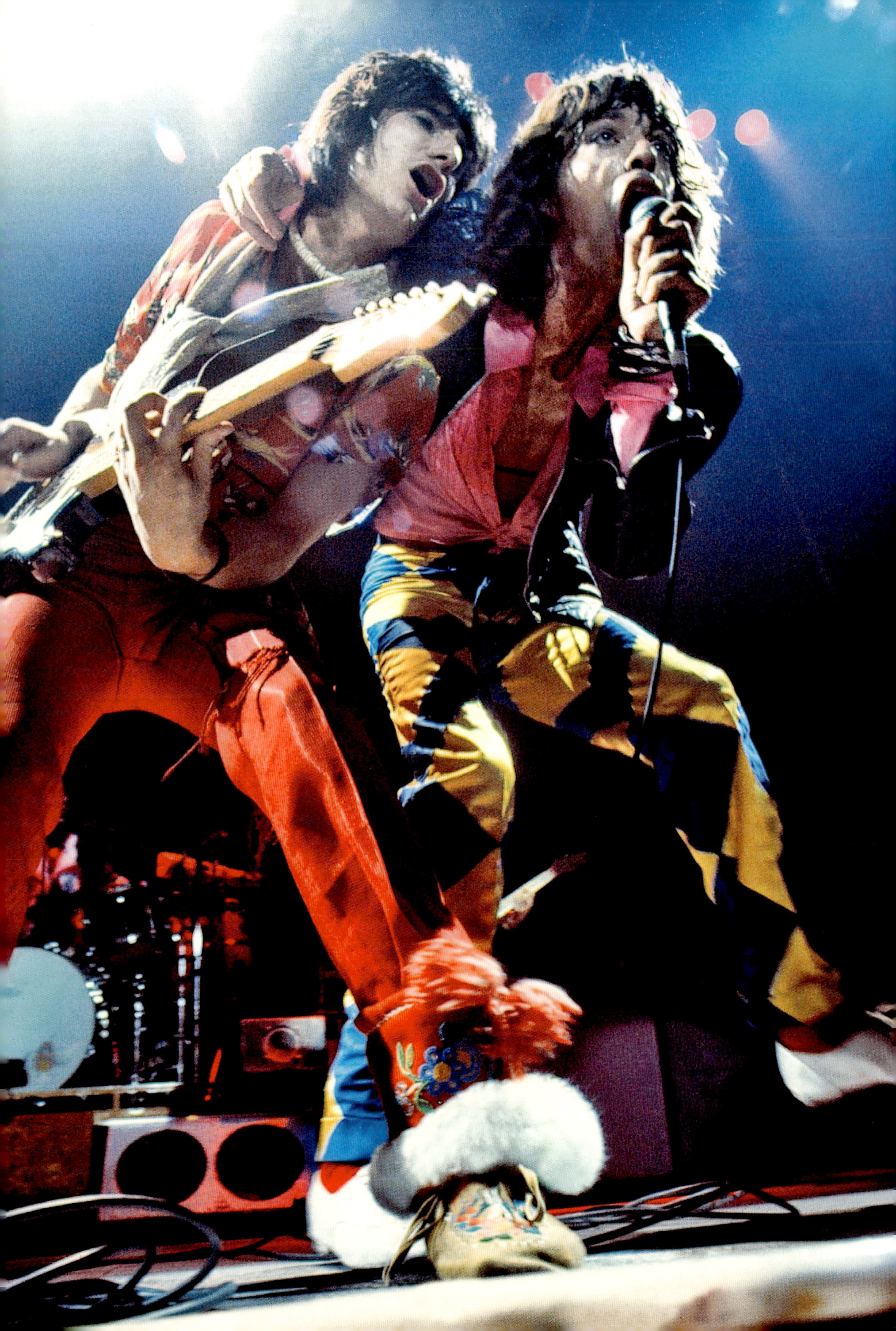

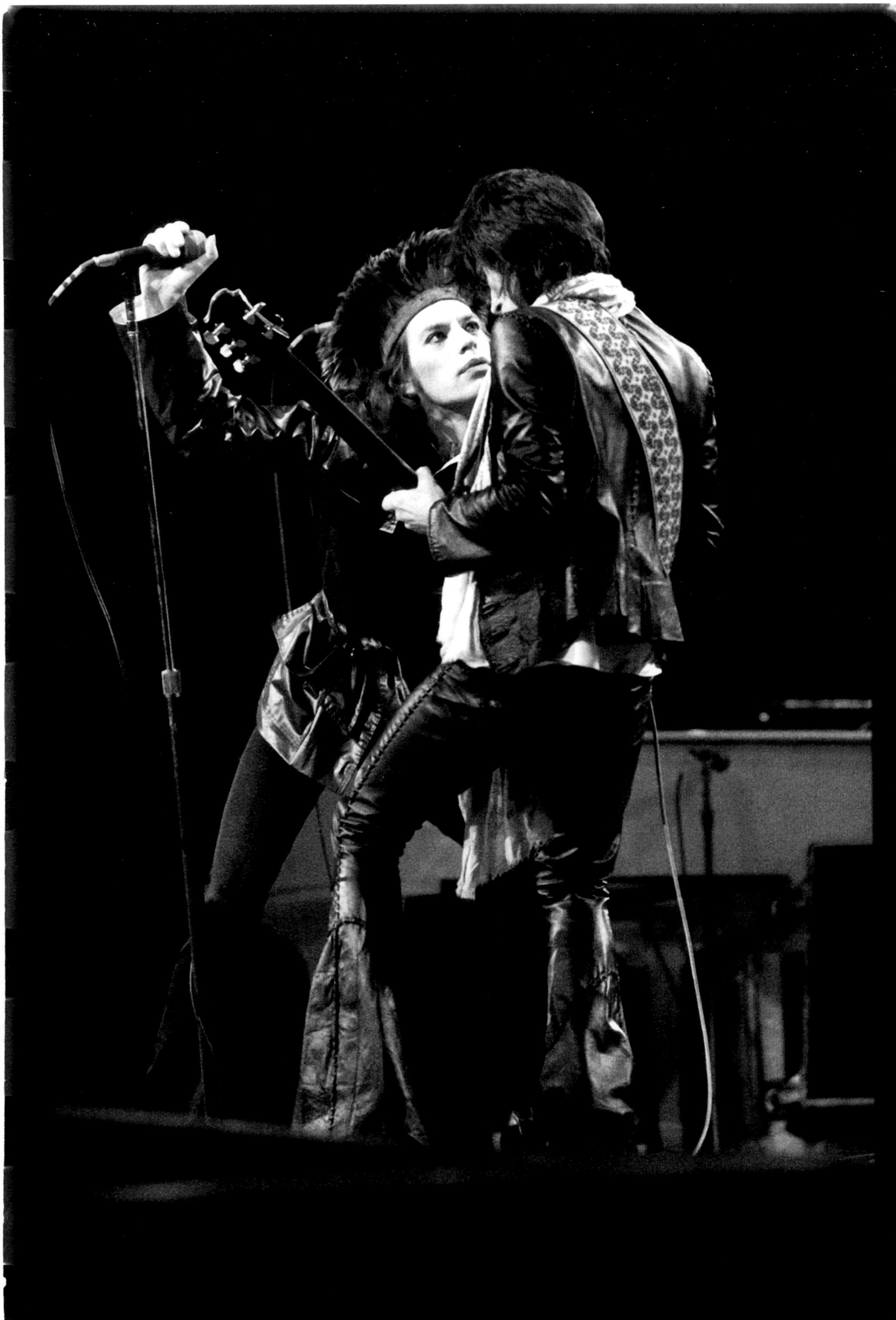

Im Folgejahr 1977, nach einer Indienreise im Bus, bei der wir unter anderem auch durch den Iran, Afghanistan und Pakistan fuhren, zog ich nach New York, wo ich meine Fotoagentur Retna eröffnete. Eine der ersten Personen, die ich dort kurz nach meiner Ankunft fotografierte, war Muddy Waters, ein wirklich anständiger und netter Mann, der ebenso wie die bereits erwähnten Chuck Berry und Bo Diddley einen enormen Einfluss auf die Stones hatte.

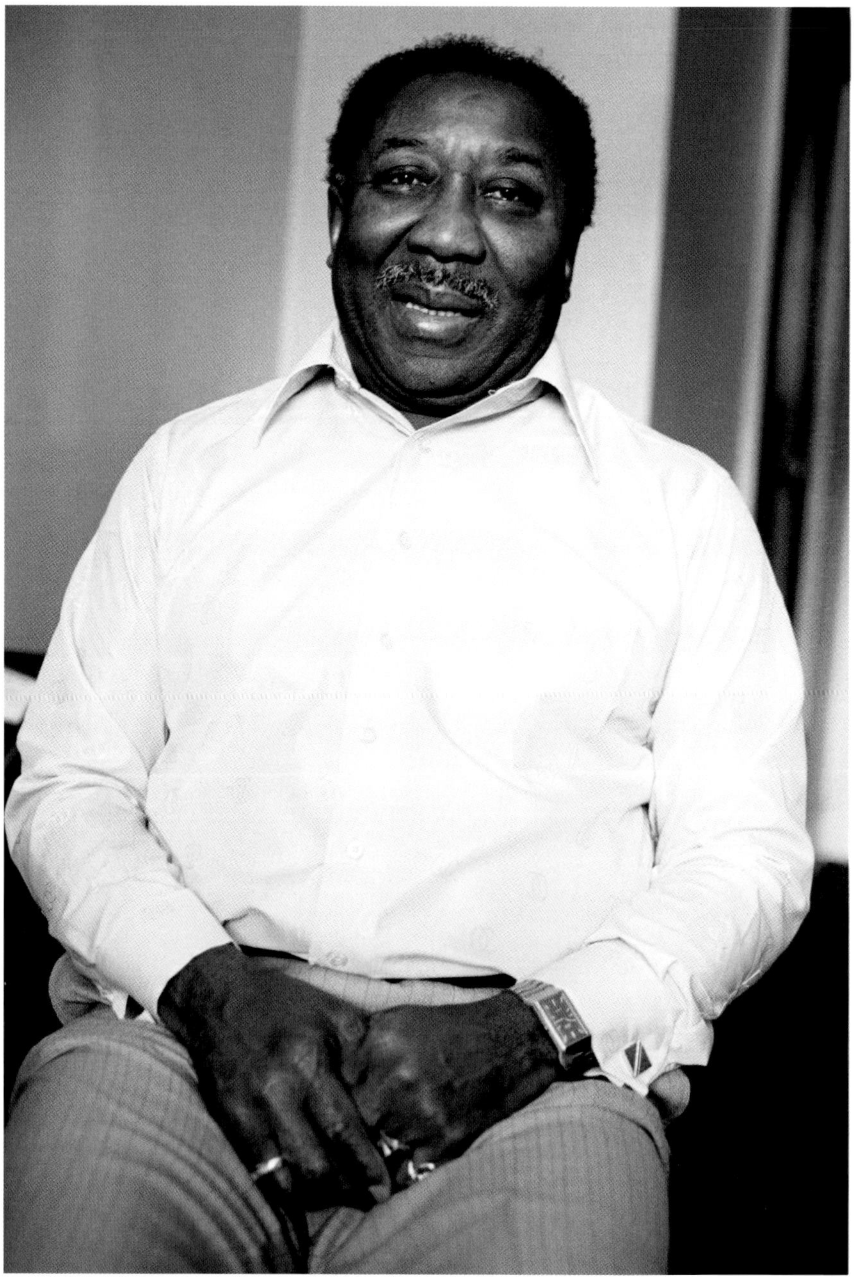

Muddy Waters. New York 1977.

Einige Zeit später wurde ich kontaktiert, weil die Band an einem Live-Album arbeitete und eine meiner Aufnahmen für das Cover verwenden wollte. Sie wollten viele Fotos sehen, und ich dachte, dies sei eine außergewöhnliche Chance, denn ich erwartete, dass sie eine Art Collage daraus machten, ähnlich wie für das Album *Exile On Main St*. Dann habe ich lange Zeit nichts dazu von ihnen gehört. Eines Tages war ich in Los Angeles, in einem Hotel am Sunset Strip. Beim Blick aus dem Fenster sah ich ein zwölf Meter hohes Werbeplakat für die neue Platte, deren Cover von einem gewissen Andy Warhol stammte. Ich war zutiefst enttäuscht.

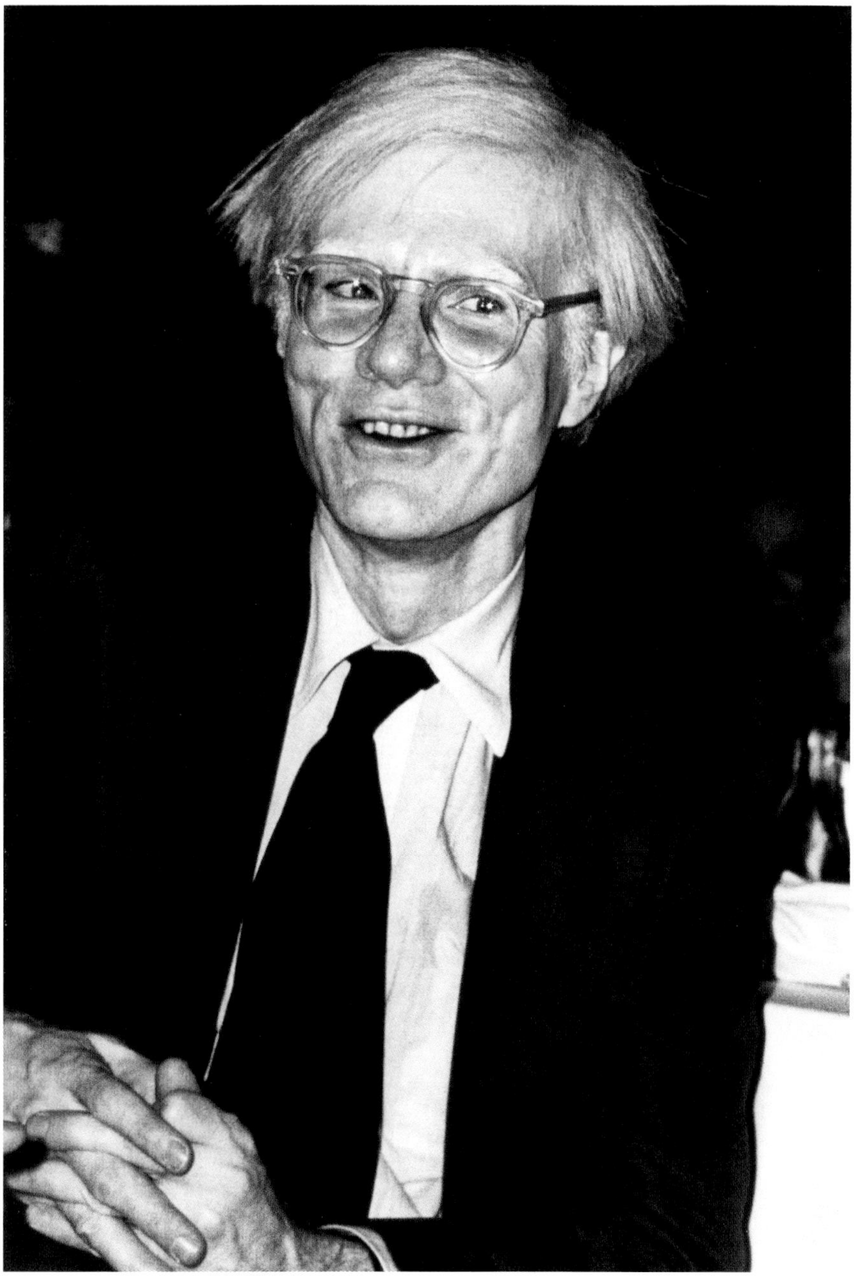

Andy Warhol.
New York 1978.

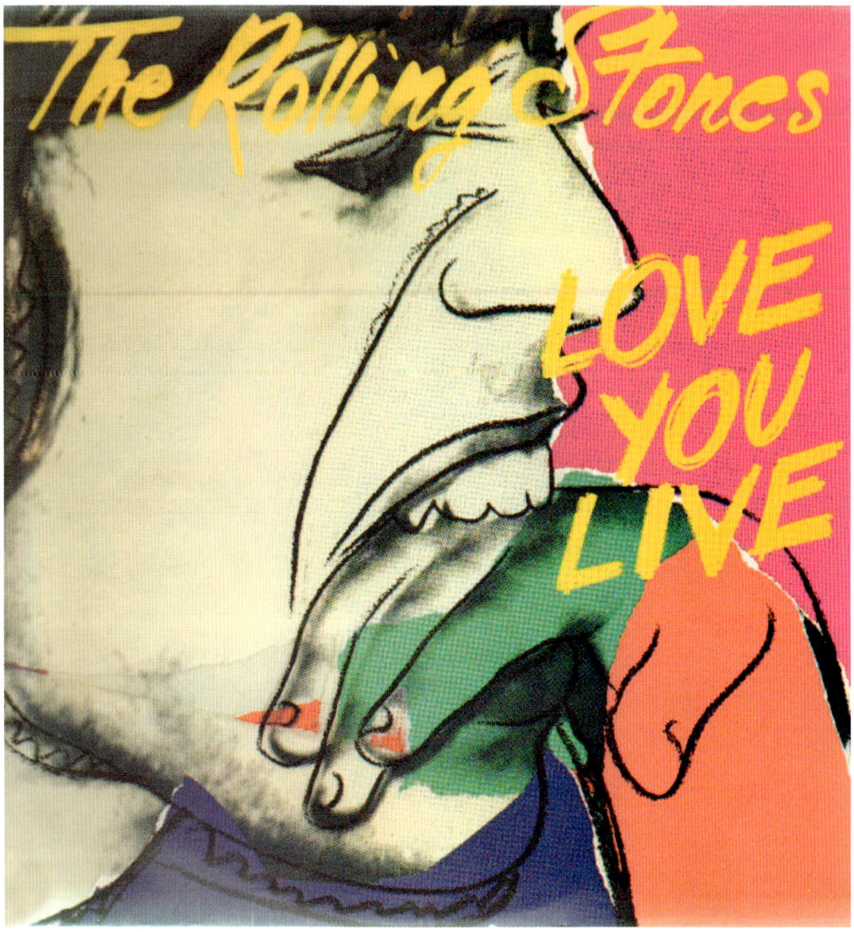

Cover des Albums
Love You Live *(1977).*
Werk von Andy Warhol.

Bei der Party für die Veröffentlichung des Doppelalbums *Love You Live* lernte ich Warhol endlich kennen. Ich habe ihn fotografiert und sogar eins seiner Werke gekauft. Damals konnte man sie noch für ein paar 100 US-Dollar erwerben. Das war zwar zu dieser Zeit viel Geld, aber trotzdem noch bezahlbar. Ich kaufte das Werk für meine damalige Freundin. Sie hat es mir nie zurückgegeben. Das war ein Bild von Mick Jagger, signiert sowohl von Warhol als auch von Mick!

Jane Rose, auch heute noch die Managerin von Keith Richards, ist eine echte New Yorkerin, mit der ich immer gut ausgekommen bin. Sie hatte Keith ausgeguckt, als er noch keine wichtige Rolle in der Branche einnahm. Von vielen Leuten wurde sie für eine Schreckschraube gehalten. Mir war klar, dass sie das sein kann, wenn sie will, aber zu mir war sie immer sehr freundlich. Man muss nur immer ehrlich und direkt zu ihr sein.

Im Februar 1977 wurde Keith im Lauf einer Drogenrazzia in Toronto wegen Heroinbesitzes festgenommen. Das war schlimm, denn er riskierte lange Jahre im Gefängnis. Zum Glück schaffte er es, das Urteil auf Bewährung aussetzen zu lassen, weil er mit den Stones ein großes Wohltätigkeitskonzert in Toronto gab.

Ich fand immer, dass Keith bei meiner Arbeit einer der schwierigeren Fälle war. Er war nie unfreundlich zu mir, es war nur sehr kompliziert, sich ihm anzunähern, und wir waren nicht im gleichen Umfeld unterwegs. Während der ersten Tournee sprach ich kaum mit ihm, er schien sehr verschlossen zu sein.

Eines Tages, das war 1978, rief Jane mich an und sagte: »Michael, wir möchten Fotos von einem fröhlichen lächelnden Keith!« Ich war gleich nervös und dachte mir: »Wie soll das denn gehen?« Dann sagte mir Jane, dass Keith in seinem Haus außerhalb New Yorks sei und dass sich sein Leibwächter Jim, den ich sehr gut kannte, mit mir hinfahren würde. Als wir ankamen, war Keith nicht da. Wir wussten, dass er im Haus sein musste – irgendwo –, aber keine Spur war von ihm zu sehen. Nach anderthalb Stunden war Anita Pallenberg, die im Bademantel im Wohnzimmer saß, immer noch die einzige Person in unserer Umgebung. Sie war sehr nett zu uns, aber nicht so angezogen wie jemand, der Besuch erwartet.
Plötzlich erschien Keith, er rannte die Treppe hinunter und meinte zu mir: »Hi, hallo mein Freund.« Dann sagte er tatsächlich: »Willst du eine Tasse Tee?« Ich war völlig verwirrt, habe aber gern angenommen. Auch wenn wir etliche Schwierigkeiten hatten, zu dritt haben wir es schließlich geschafft, den Wasserkocher und die Tassen zu finden und Tee zu kochen! Das war sehr lustig. Keith war in ausgezeichneter Form, wenn man an die schwierige Zeit denkt, die er damals durchmachte.

Keith Richards im Garten seines Hauses außerhalb von New York. 1978.

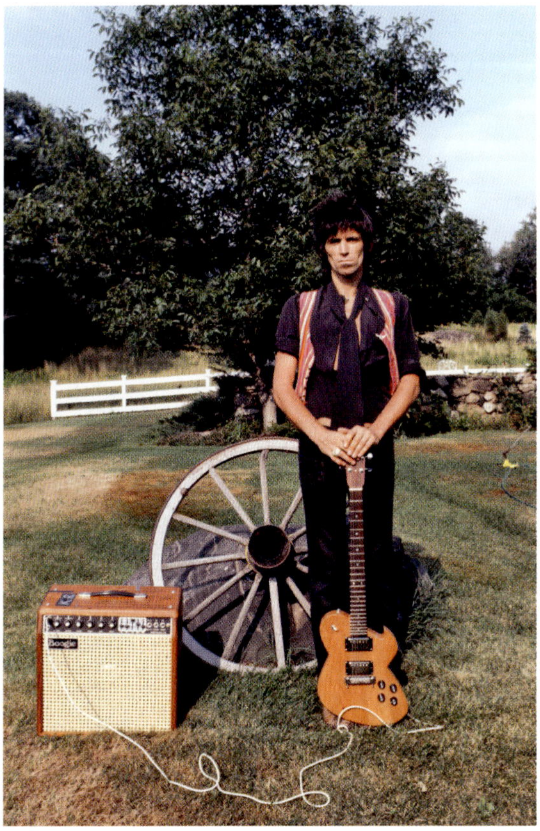

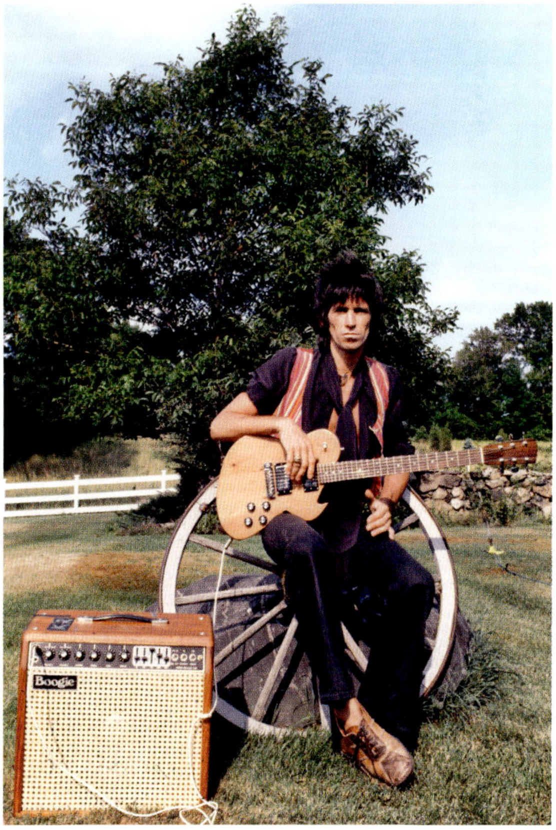

An jenem Tag schossen wir einige Fotos in der Nähe des Heuschobers, dann sagte er zu mir: »Weißt du, mein Freund, seit zwei Jahren habe ich kein Tageslicht mehr gesehen!« Das war schon irgendwie rührend. Nach dem Shooting war ich recht zufrieden mit meiner Arbeit und wusste, dass auch Jane zufrieden sein würde. Keith fragte mich, was ich danach machen wollte, und so antwortete ich ihm, dass sein Leibwächter Jim mich zurück an den Bahnhof zum Zug nach New York bringen wollte. Er meinte nur: »Ich fahre in die Stadt!« An jenem Abend kehrte ich in seinem Jaguar nach New York zurück, doppelt so schnell wie erlaubt.
Ich glaube, dass Keith auf diesen Fotos so elegant aussieht wie nie zuvor, aber so war er eben in dieser Zeit. Er war sehr präsent, wechselte die Kleidung, zog eine kleine Show ab. Das war außergewöhnlich!

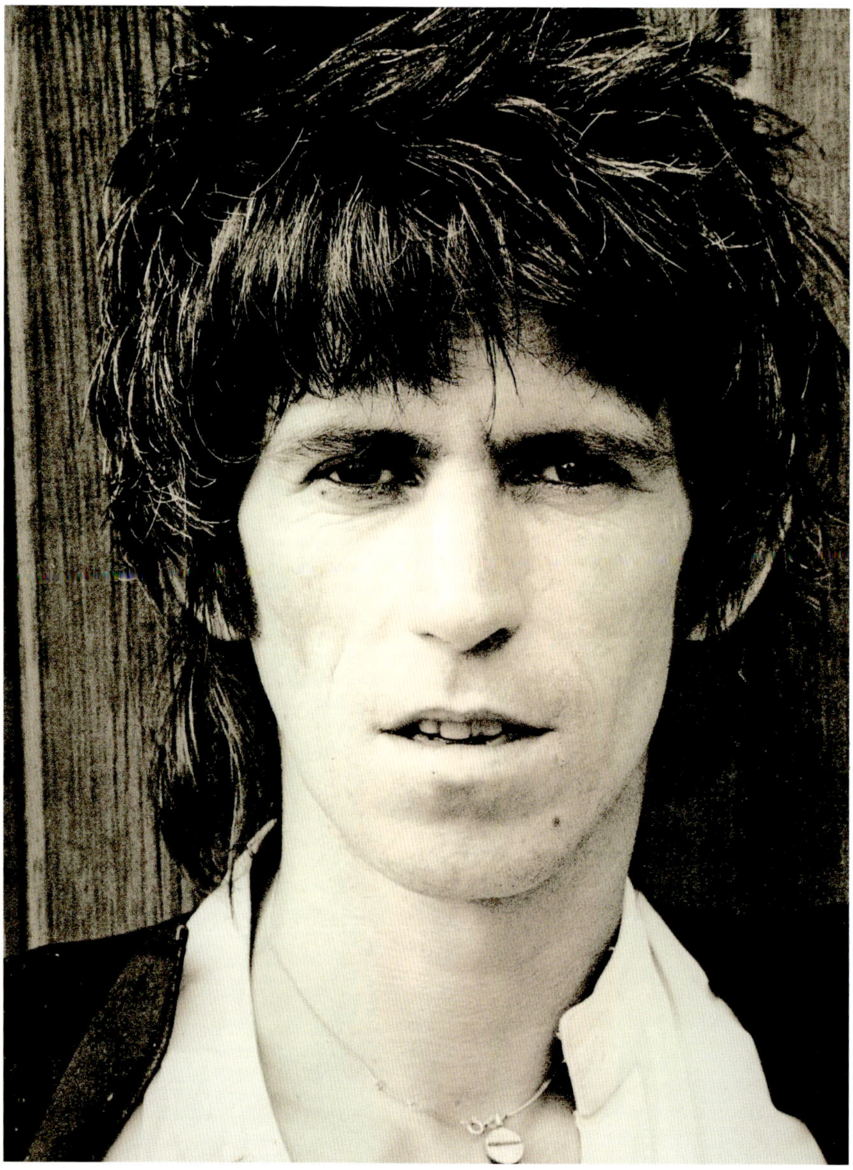

Keith Richards. New York 1978.

1978 arbeiteten wir noch einmal zusammen. Die Stones wollten ein Konzert im Palladium in New York geben. Es ist immer fantastisch, sie in kleineren Sälen wie diesem spielen zu hören, wirklich! Hier habe ich das berühmte Bild von Bob (Marley), Mick und Peter (Tosh) geschossen.

Der PR-Agent der Band lud mich in den Backstage-Bereich ein, wo ich eine lange Wendeltreppe vorfand, die vollgestopft mit Menschen war. Ich dachte: »Das ist lächerlich, hier kommt man nicht durch, ich geh' nach Hause.« Aber irgendjemand, ich weiß nicht mehr wer, zog mich hoch und quetschte mich durch all diese Personen hindurch, bis ich in die ungefähr 30 Quadratmeter große Garderobe gelangte. Hier traf ich auf ein paar Vertreter der Plattenfirma, alle Stones, Bob Marley, Peter Tosh, mit dem Mick vorher gemeinsam gesungen hatte, sowie Paul und Linda McCartney.

Probefotos vom Fotoshooting hinter den Kulissen des Palladiums. New York 1978.

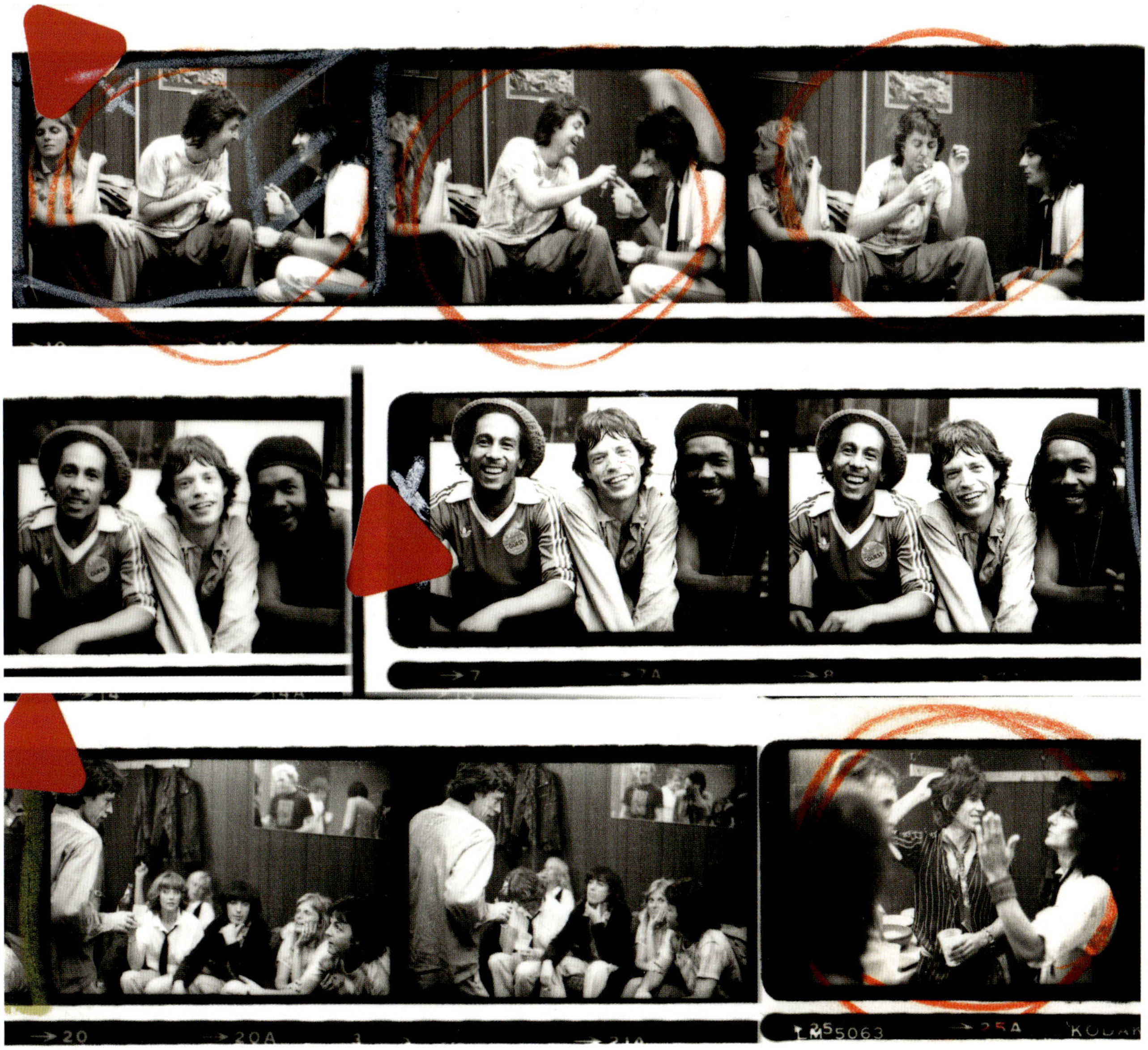

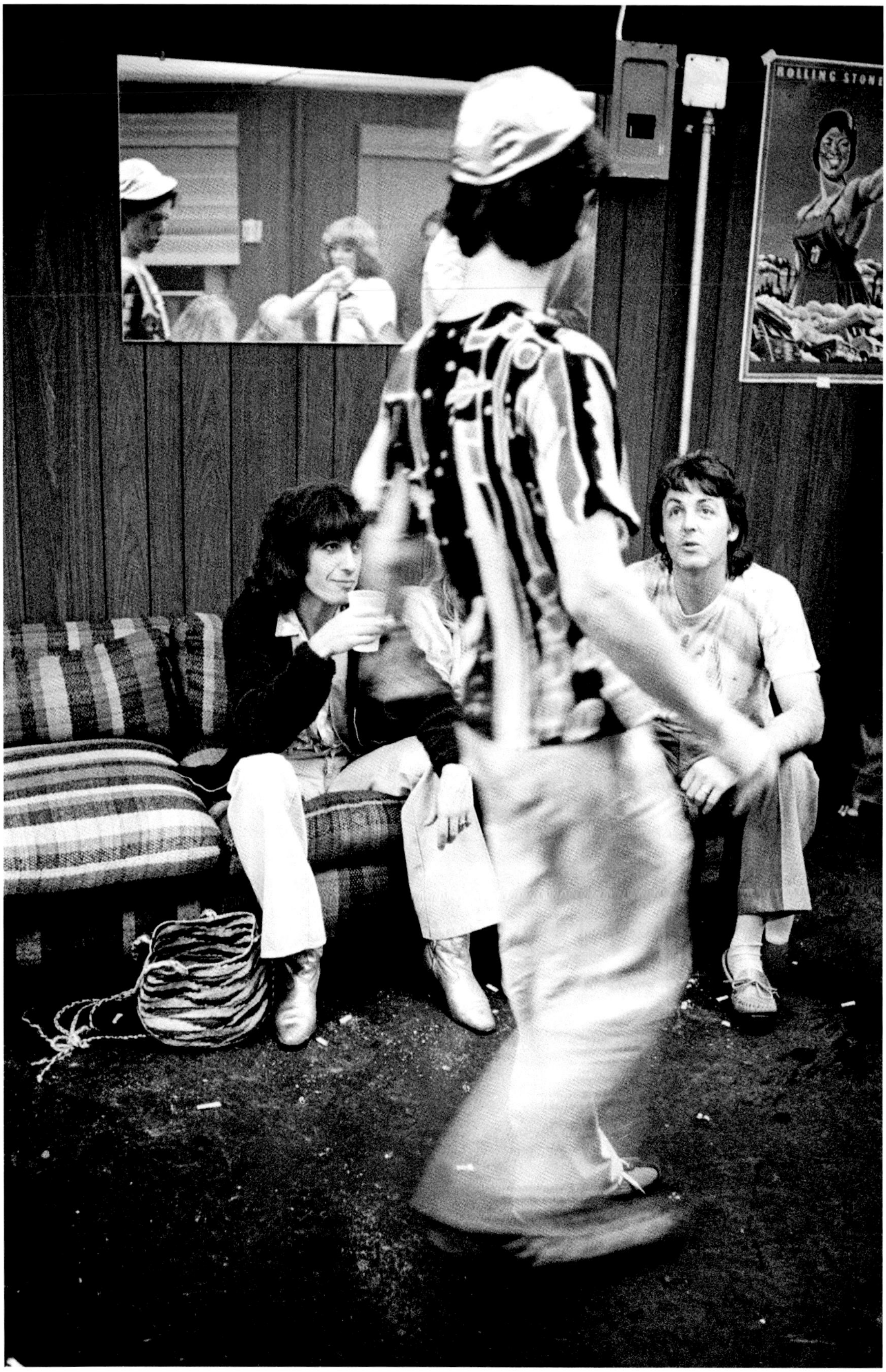
ROLLING STONE

Linke Seite: Mick Jagger mit Bill Wyman und Paul McCartney im Backstage-Bereich des Palladiums. New York 1978.

Unten: Paul McCartney und Ronnie Wood im Palladium.

Es waren also alle da. Mick kam gerade von der Bühne. Er war sehr blass und schien völlig fertig. Es war kein Sitzplatz mehr frei, deshalb sind Peter und Bob auseinandergerückt, um ihm Platz zu machen, damit er sich zwischen sie setzen konnte. Der Kontrast zwischen Micks und Peters Gesicht mit seiner viel dunkleren Haut war auffällig, allein weil der Raum unbeleuchtet war. Dieser Schnappschuss mit den drei lächelnden Männern wurde zu einem meiner bekanntesten Bilder.

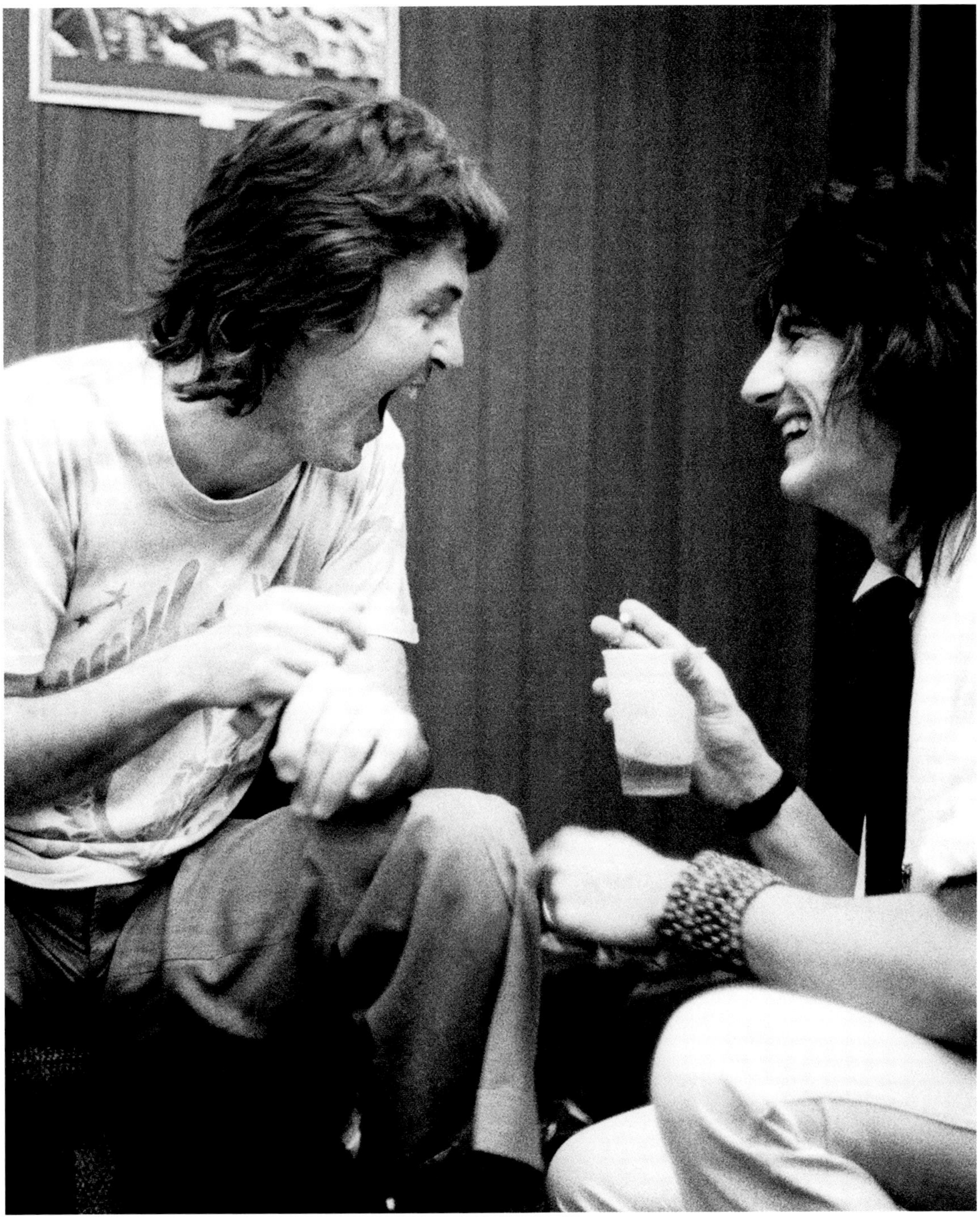

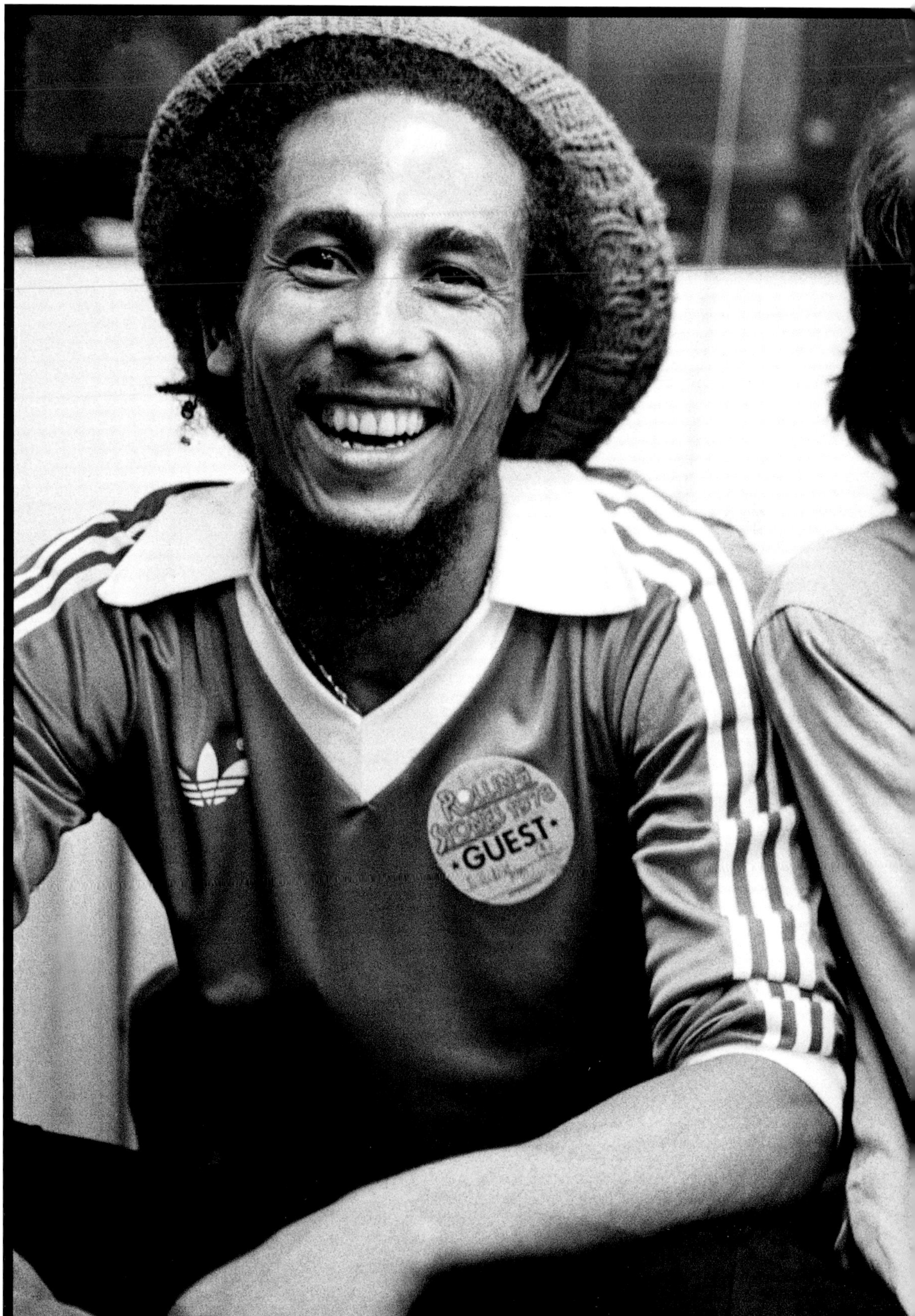
ROLLING STONES 1978
·GUEST·

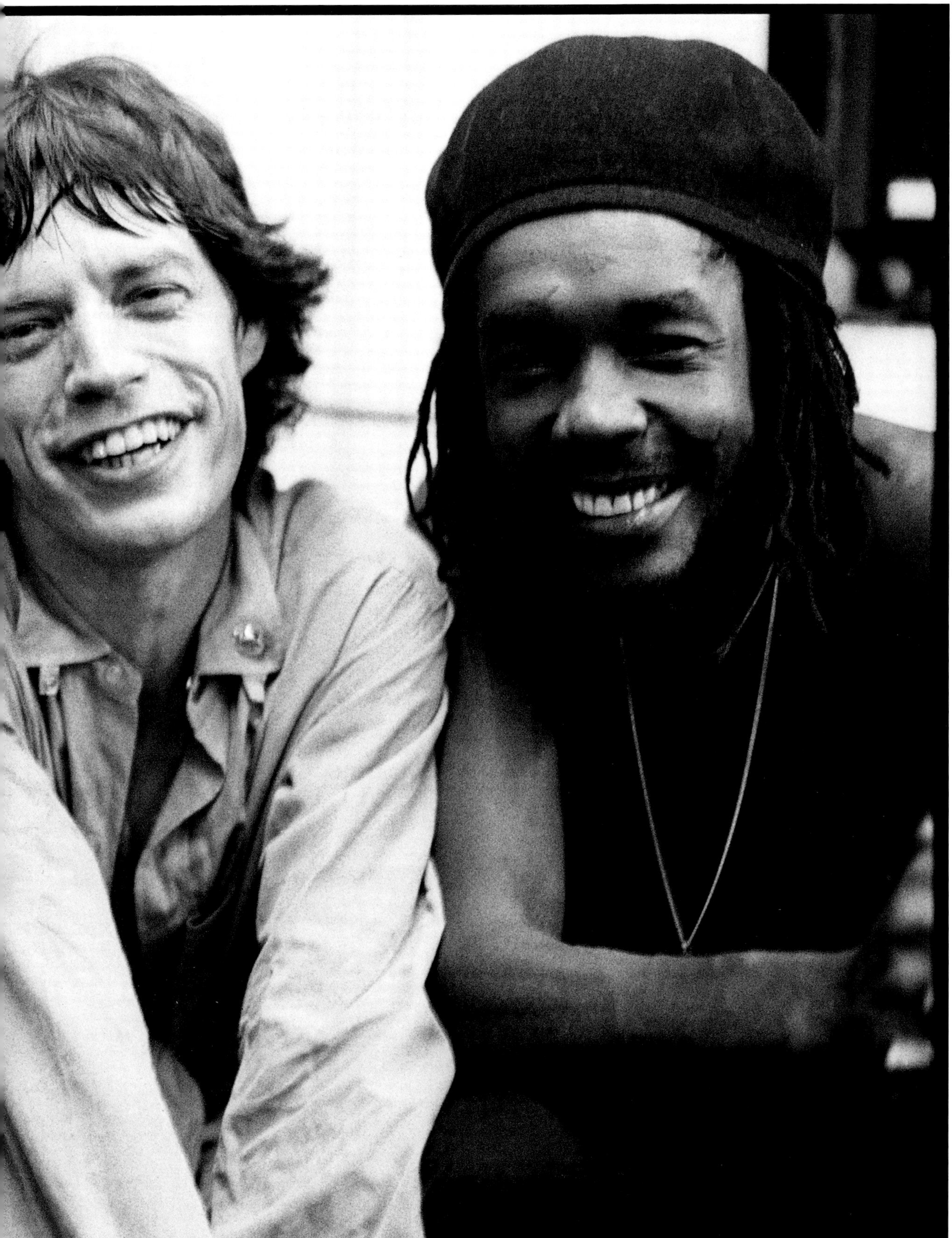

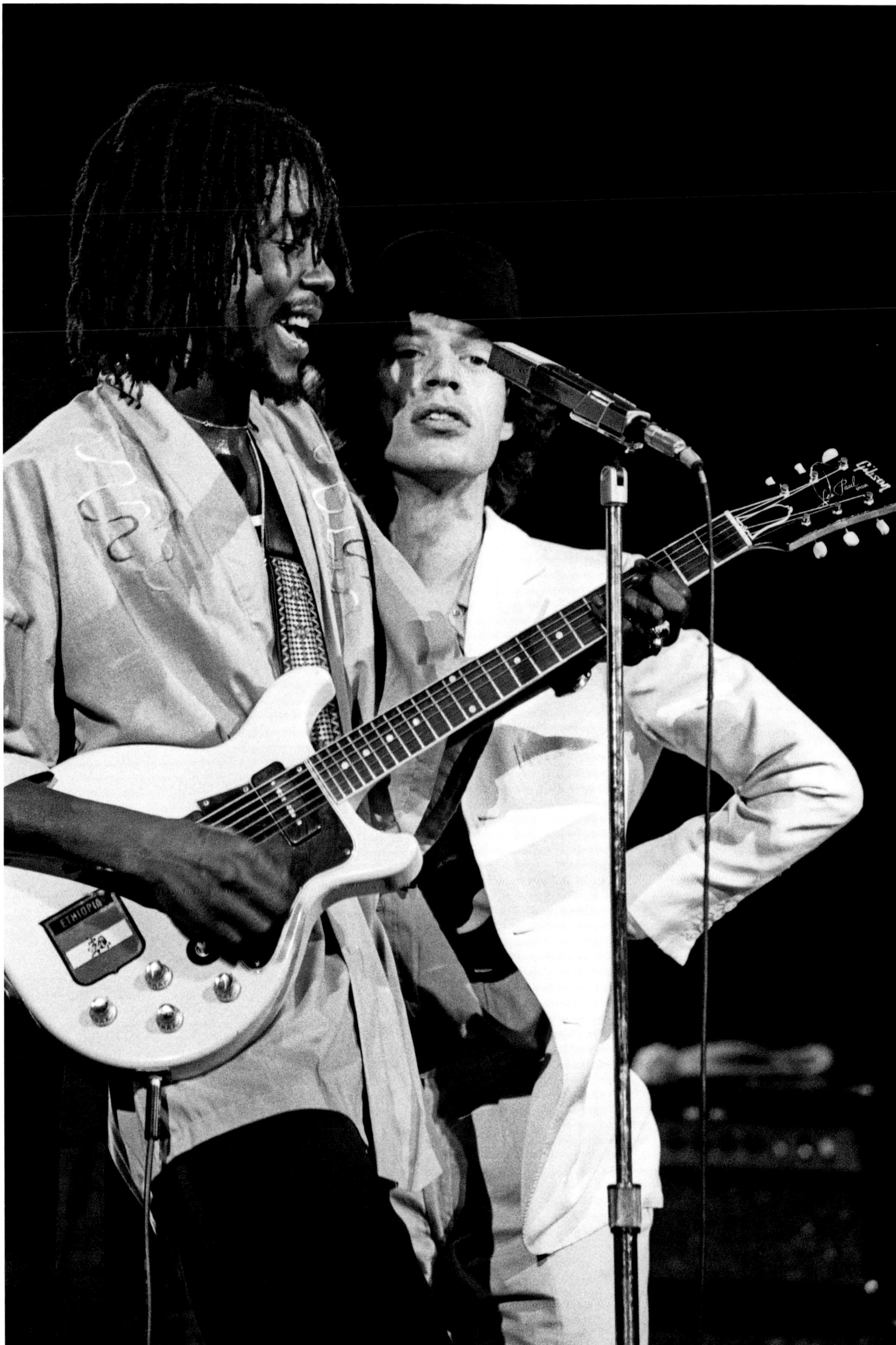
ETHIOPIA
Gibson
Les Paul

In der Folgezeit machte ich ein weiteres Shooting während der Aufnahme eines Videos. Ich bin nicht mehr sicher, aber ich glaube, es handelte sich um *Respectable*, das Video, in dem Mick das T-Shirt mit der »Zunge« der Rolling Stones trug. Die Videos wurden immer noch in Dreiergruppen gedreht.
Wir wurden sehr spät fertig, nicht gerade um 7 Uhr früh wie damals bei *It's Only Rock 'n' Roll*, aber es wird so gegen 4 Uhr gewesen sein. Ich bat darum, ein letztes Foto der Band mit allen Fünfen schießen zu dürfen. Ich hatte gelernt, dass man bei den Stones nur lange genug insistieren muss, dann machen sie, was du möchtest. Der Einzige, der nicht besonders begeistert war, war natürlich Keith, aber ich blieb am Ball, weil ich mit ihm inzwischen recht gut klarkam. Sein Gesichtsausdruck auf dem Foto zeigt, dass er eigentlich keine Lust hatte, so als wollte er sagen: »Jetzt aber Schluss damit!« Und genau dadurch wurde es das originellste Foto!

Vorhergehende Doppelseite: Bob Marley, Mick Jagger und Peter Tosh im Backstage-Bereich des Palladiums. New York 1978.

Linke Seite: Peter Tosh und Mick Jagger auf der Bühne des Palladiums.

Unten: Charlie Watts, Keith Richards, Mick Jagger, Ronnie Wood und Bill Wyman, New York 1978.

Jedes Mal, wenn ich mit den Stones arbeitete (aber auch mit allen anderen Bands), überließ ich ihnen eine gewisse Anzahl an Fotos und machte mich dann auf den Weg zu den verschiedenen Redaktionen der Zeitschriften, um die restlichen Aufnahmen dort unterzubringen. Oft kamen die Aufträge direkt von ihnen – vor allem, wenn sie niemanden wollten, der sie stört. Wir hatten ein absolutes Vertrauensverhältnis auf Gegenseitigkeit. Abgesehen von dieser allgemeinen Vereinbarung waren sowohl sie als auch ich relativ frei zu tun, was wir wollten.

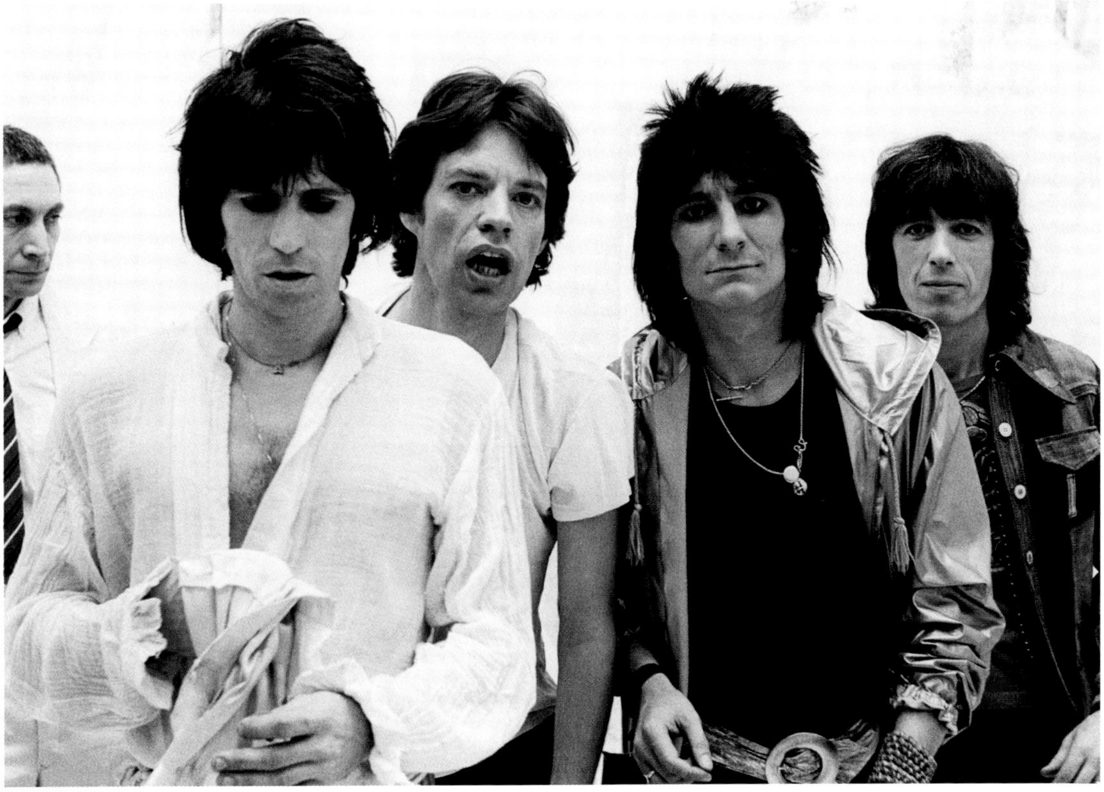

Einer der Gründe für mich, keine großen Bands mehr zu fotografieren, ist einfach, dass ich all diese Einschränkungen nicht akzeptieren will, die es heute außerhalb der Bühne gibt: Nach drei Minuten soll man alle Fotos abgeben und so weiter und so fort. Ich habe als freiberuflicher Fotograf für viele Zeitschriften gearbeitet, und die Beziehung zu den Rolling Stones war in dieser Hinsicht immer sehr positiv. Sie haben von mir nie verlangt, Fotos genehmigen zu lassen, bevor ich sie an Zeitschriften geschickt habe. Natürlich haben sie alle meine Aufnahmen in ihren Archiven aufbewahrt. Wenn ich direkt für sie arbeitete (zum Beispiel bei Videos oder auf Tourneen), war es meine Aufgabe, Bilder an die Presse weiterzugeben, und auch hier hatte ich alle Freiheiten.

Unten und rechte Seite: Die Band am Set des Videos Miss You, *New York 1978.*

Seiten 126–129: Die Rolling Stones während der Dreharbeiten für das Video Respectable. *New York 1978.*

Erst in den 80er-Jahren begann Keiths Managerin Jane damit, zu fragen, ob man die Bilder gemeinsam mit uns Fotografen anschauen und eine Auswahl treffen könne, und sie war viel präsenter. Aber im Allgemeinen hatte ich auch damals viel Glück. Ich habe immer ausgezeichnete Bilder und sehr viel Freiheit gehabt. Ich hatte großes Vertrauen in die Band, und das beruhte auf Gegenseitigkeit.

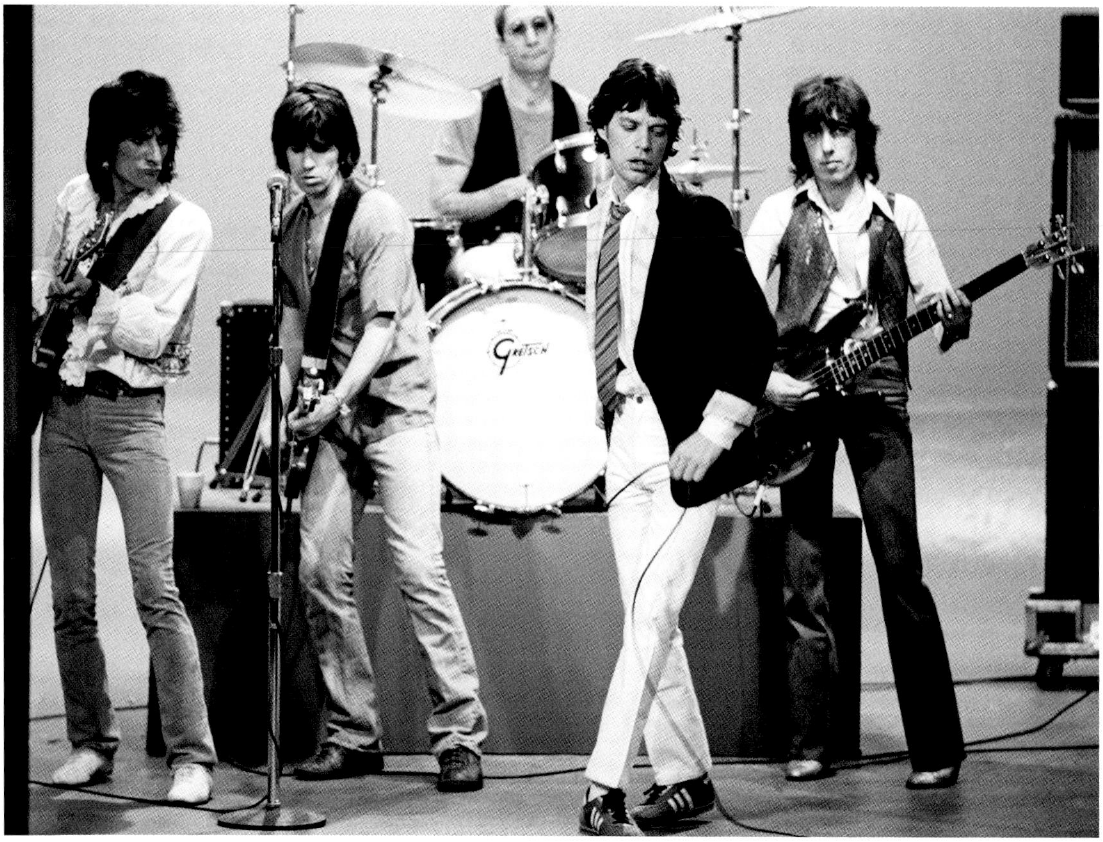

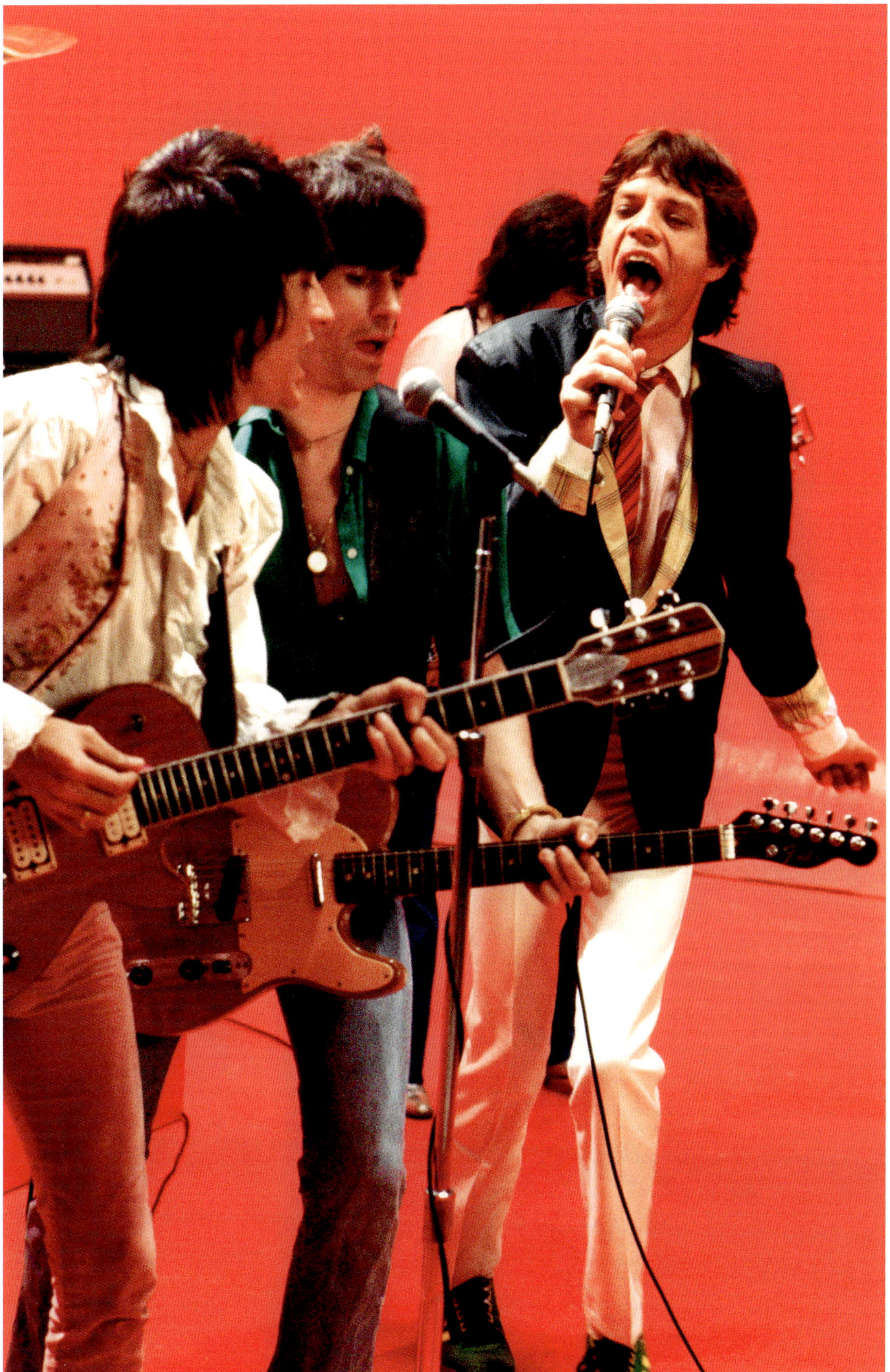

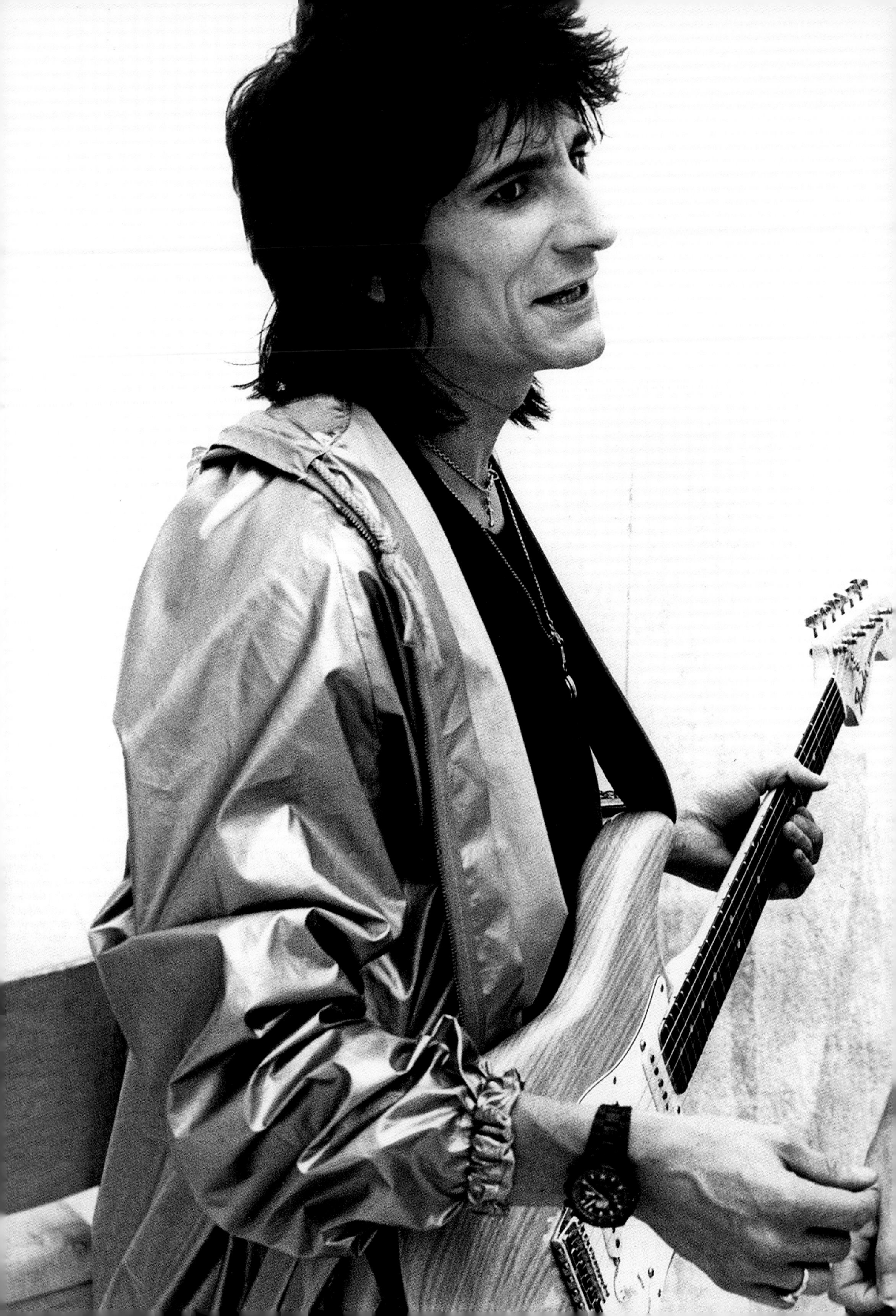

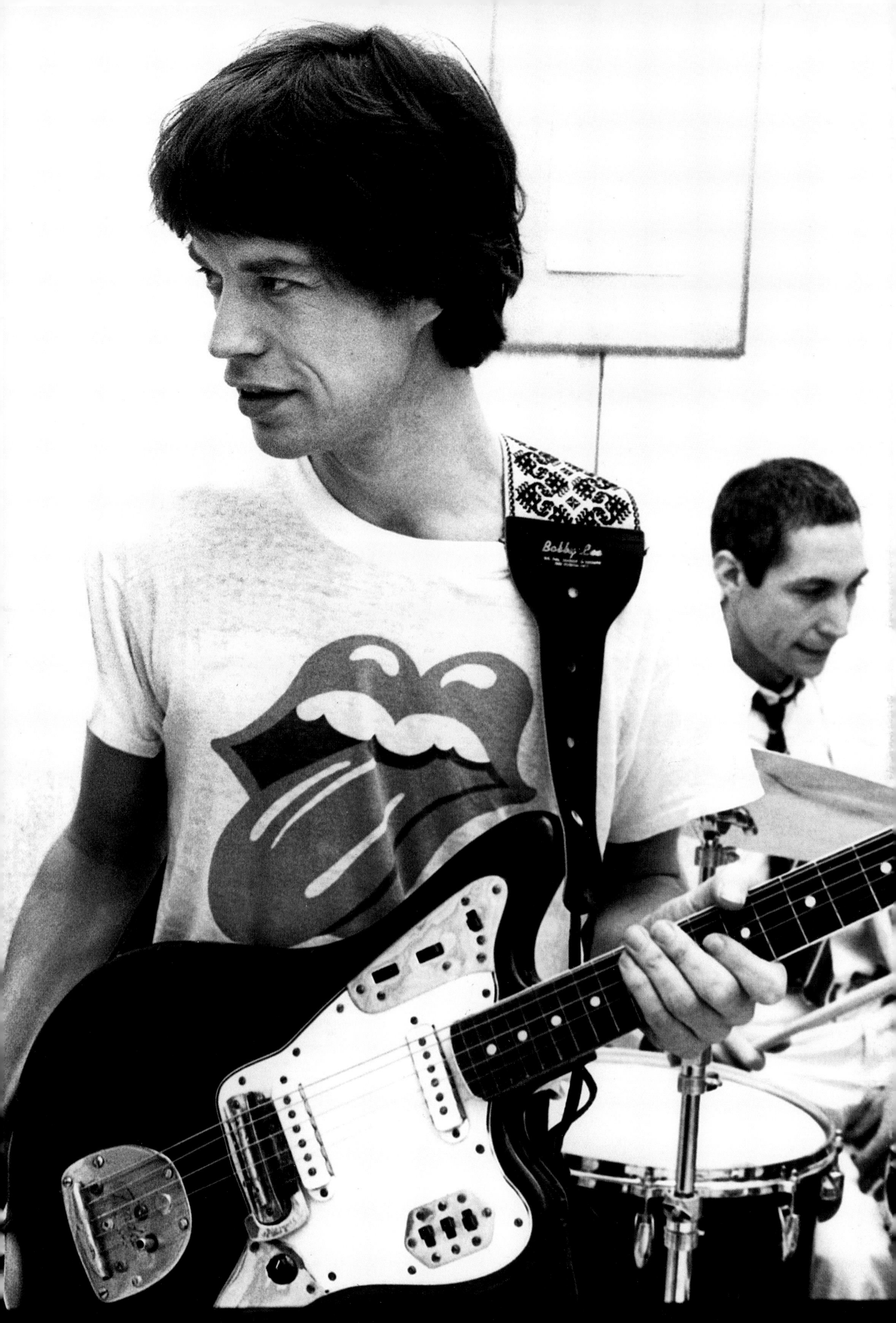
Bobby Lee

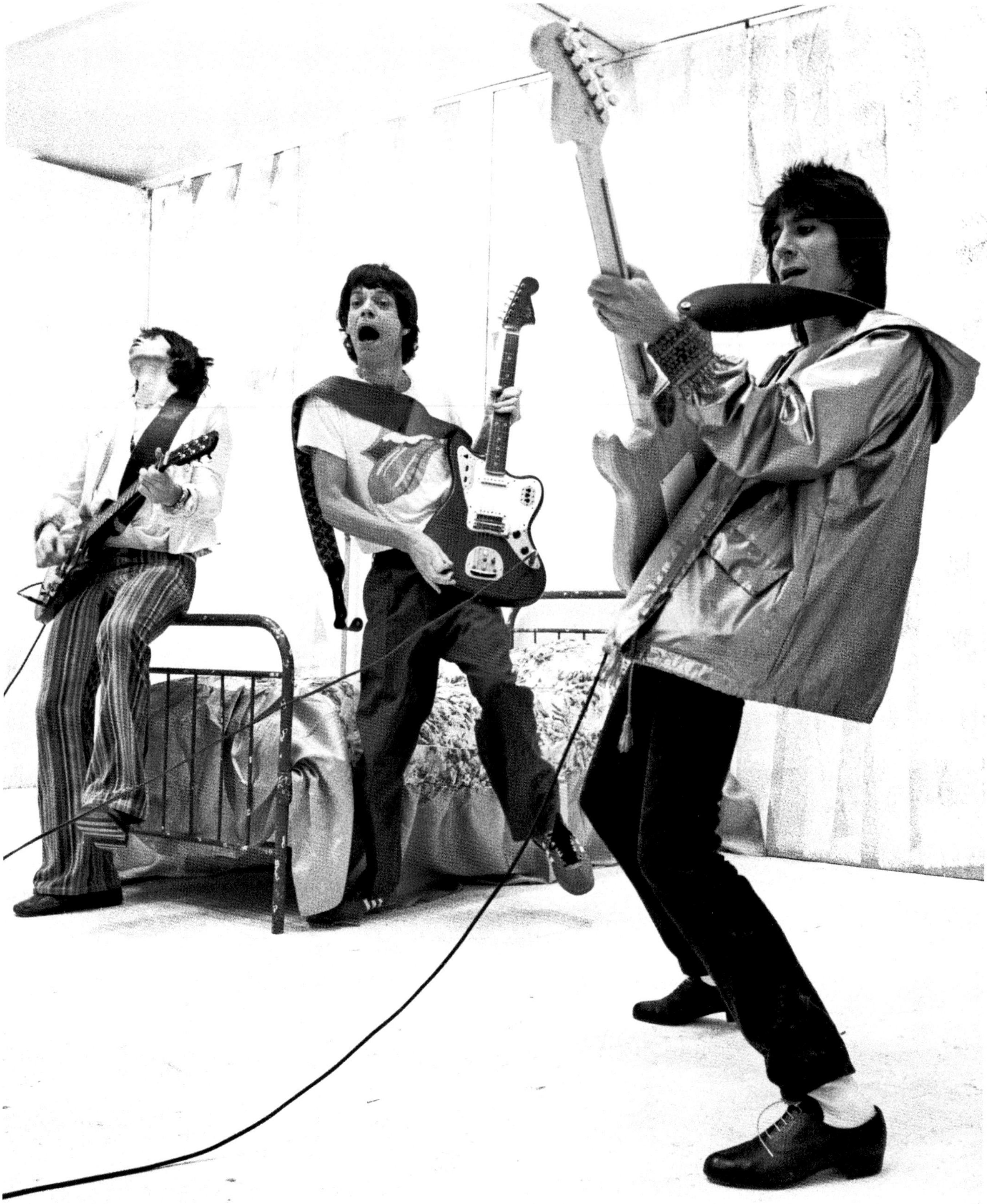

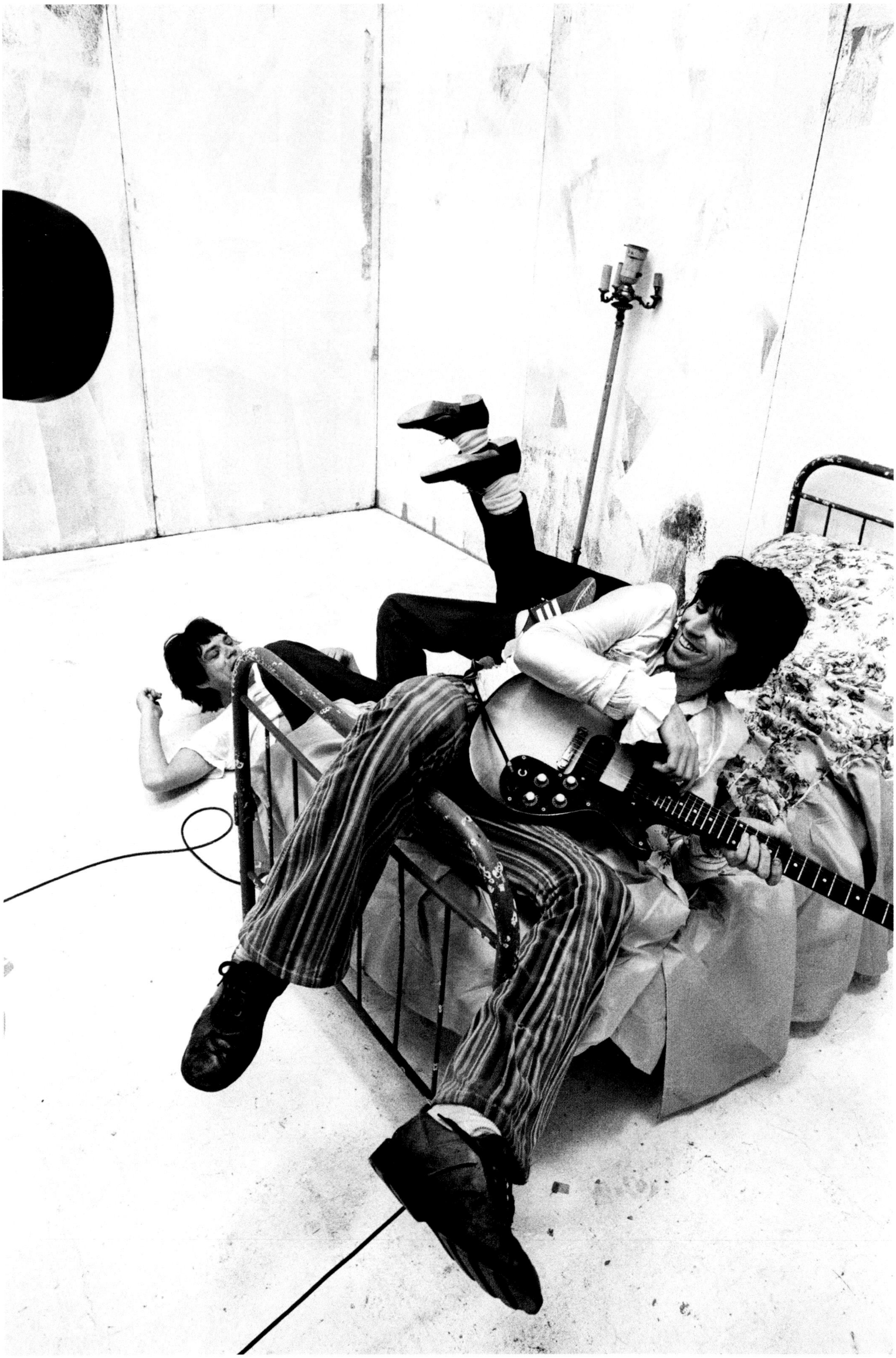

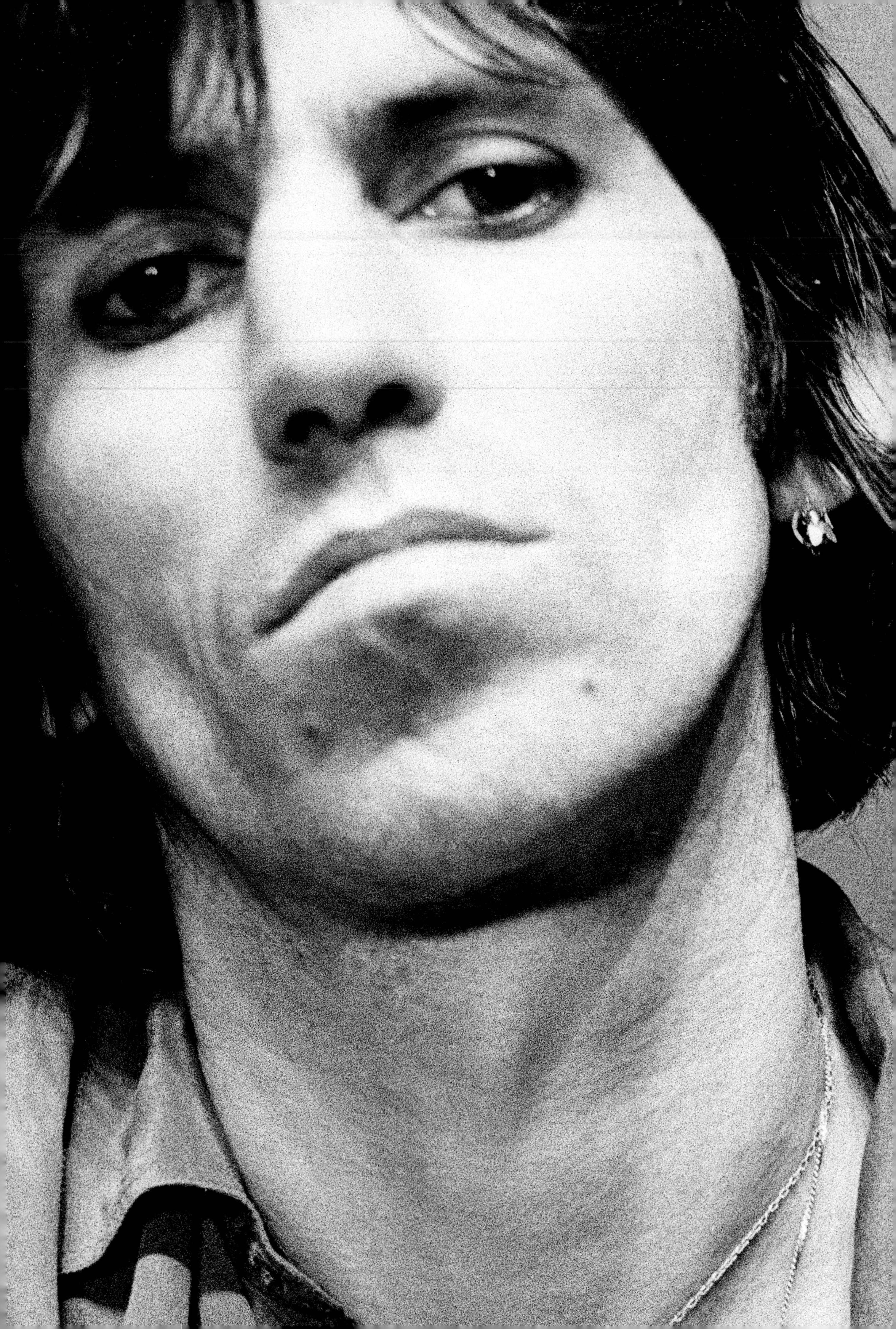

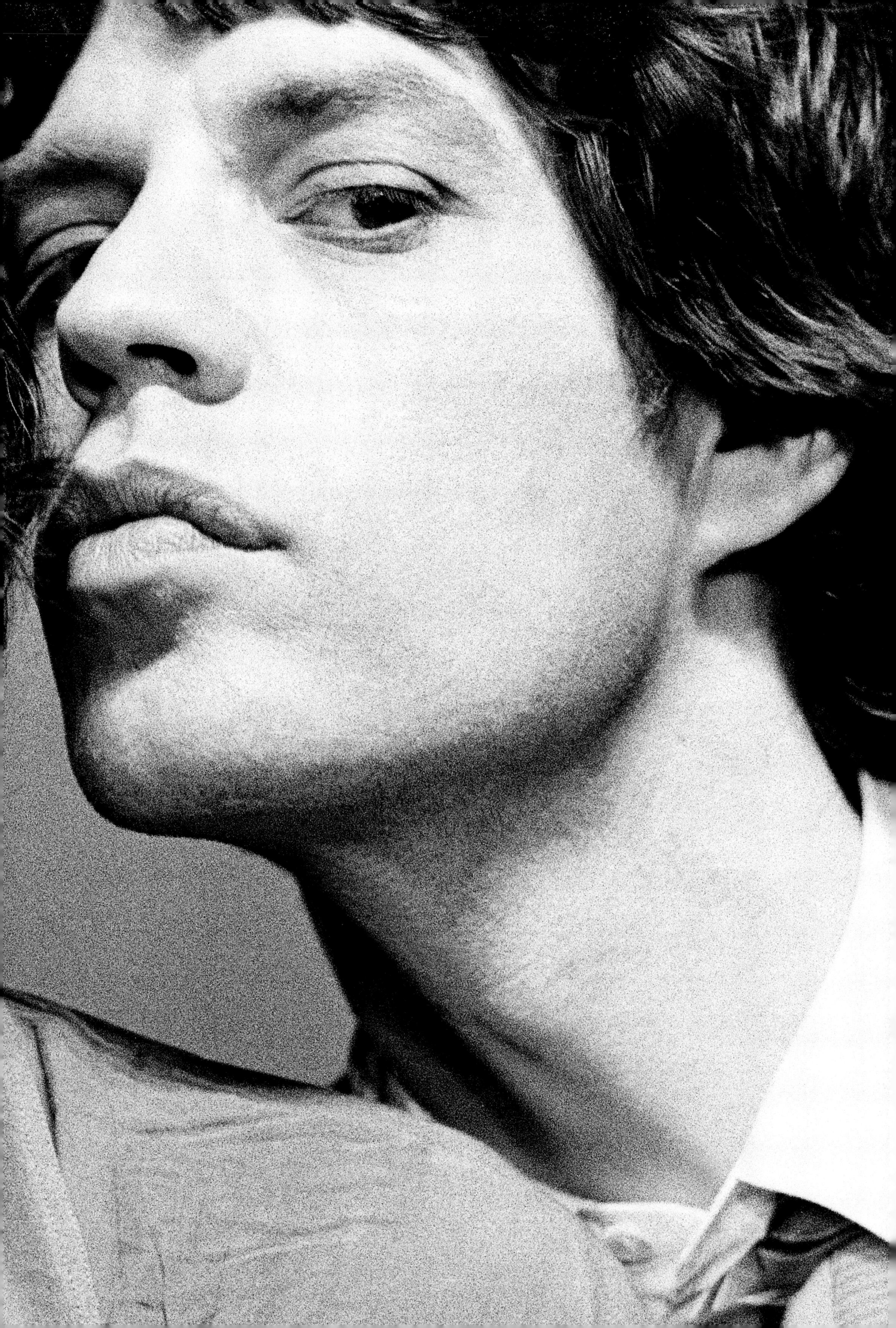

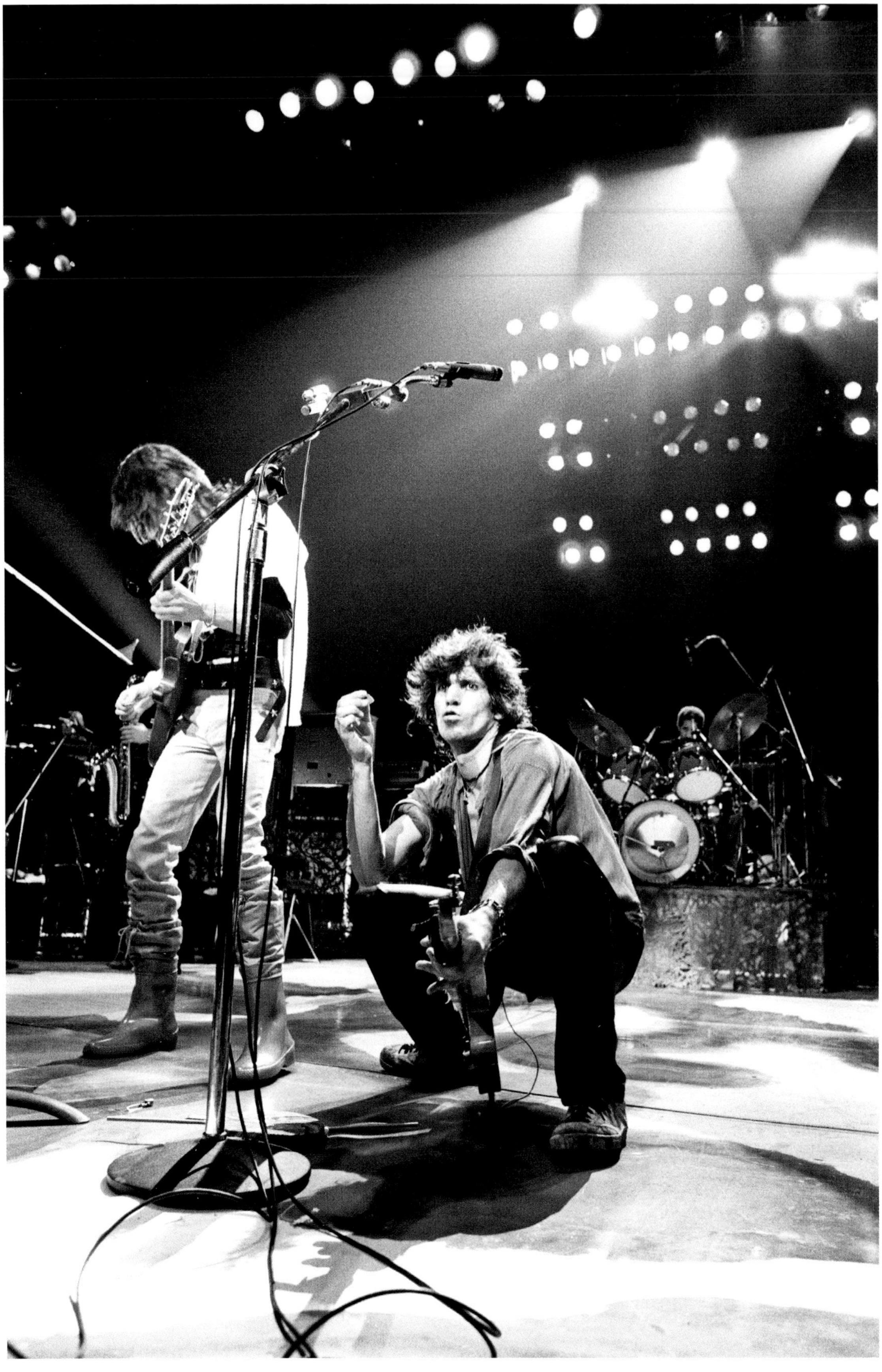

Im folgenden Jahr, 1979, gründeten Keith und Ronnie The New Barbarians. Ich wollte mir die Gelegenheit, sie zu fotografieren, nicht entgehen lassen. Also rief ich Jane an, und sie meinte: »Sicher, natürlich, sie sind im Madison Square Garden.« Sie bat mich auch um Fotos für die Presse. Diese Fotos von Ronnie und Keith schoss ich dann im Hotelzimmer. Das Konzert selbst war grandios: Der Jazzbassist Stanley Clarke war fantastisch, Ian McLagan spielte die Keyboards und Joseph Zigaboo das Schlagzeug. Wirklich großartig, sie rockten den Garden. Unter anderem spielten sie Stücke der Stones, aber hauptsächlich Titel aus Ronnies neuem Album.

Vorhergehende Doppelseite: Keith Richards und Mick Jagger. New York 1978.

Linke Seite: Keith Richards und Ronnie Wood bei einem Konzert der New Barbarians. New York 1979.

Rechts, unten und auf der folgenden Doppelseite: Keith Richards und Ronnie Wood posieren für Werbefotos für die New Barbarians, New York 1979.

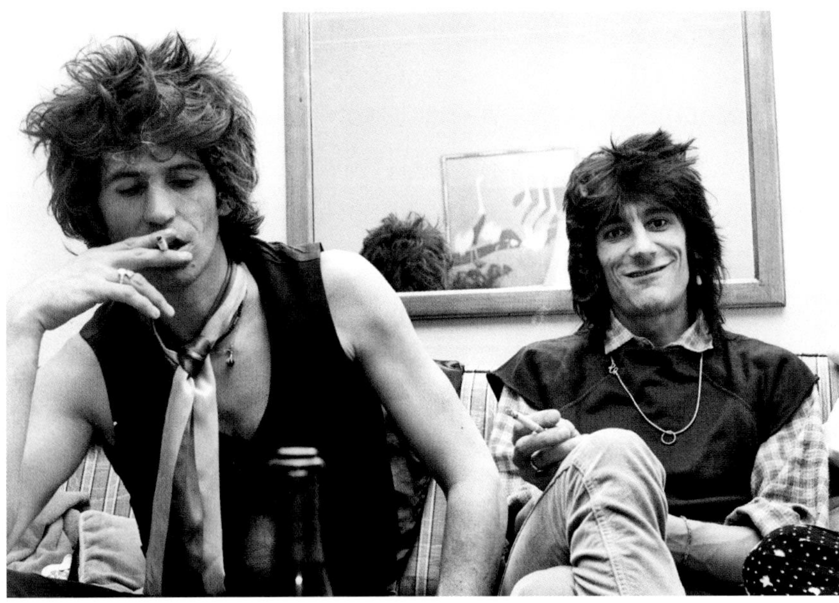

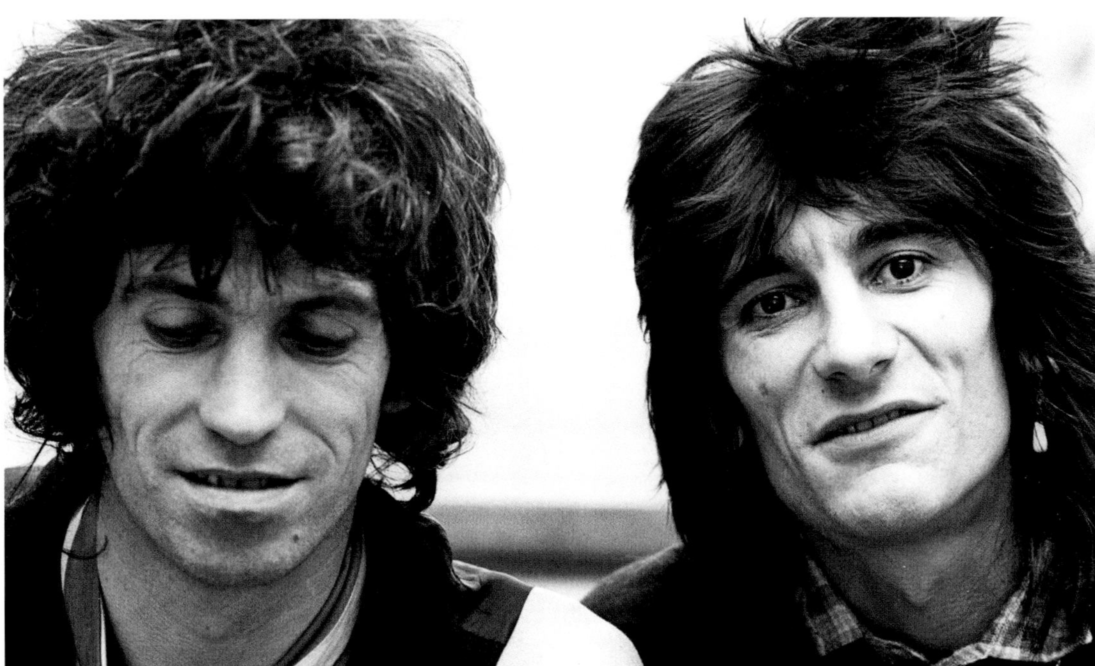

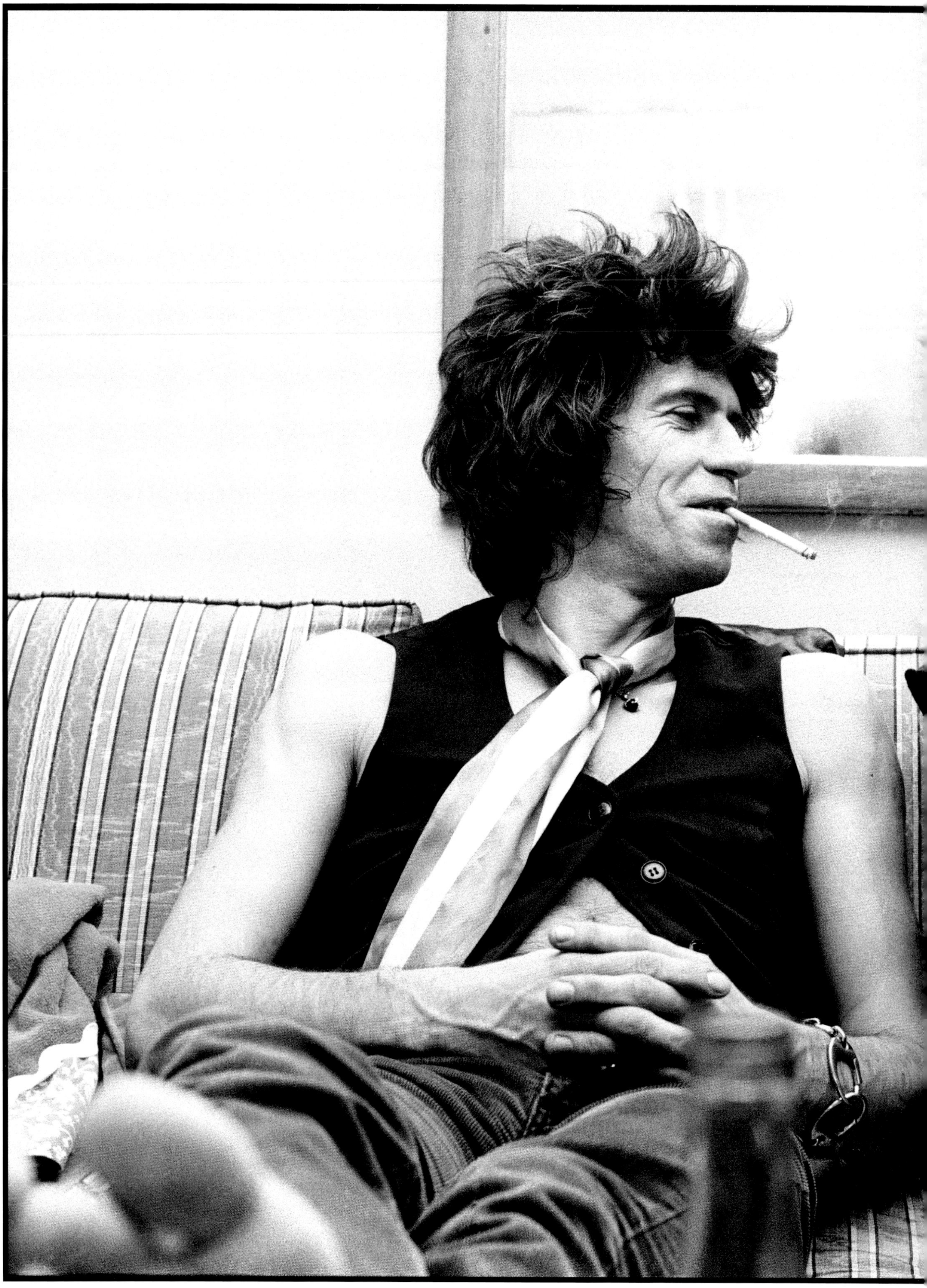

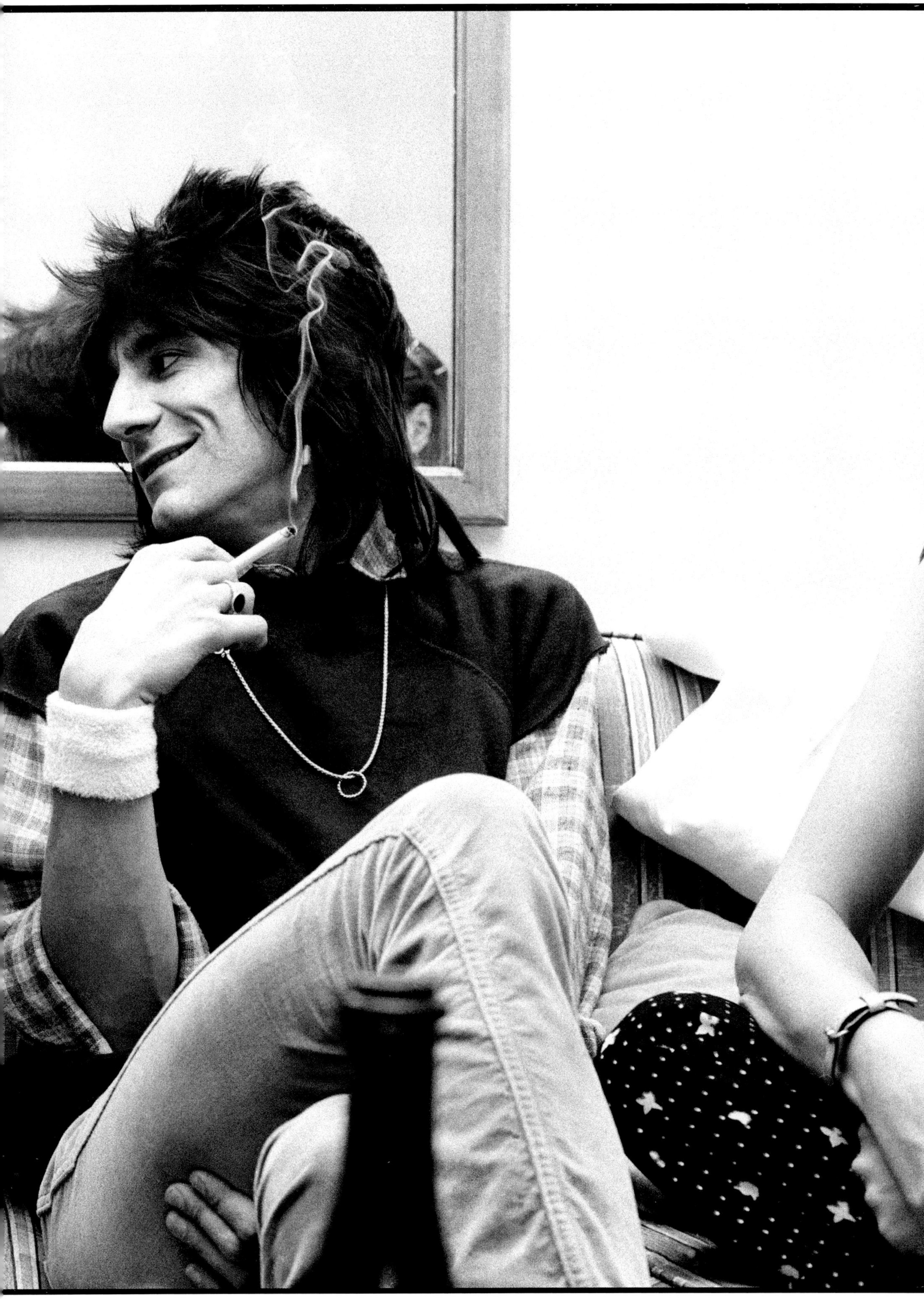

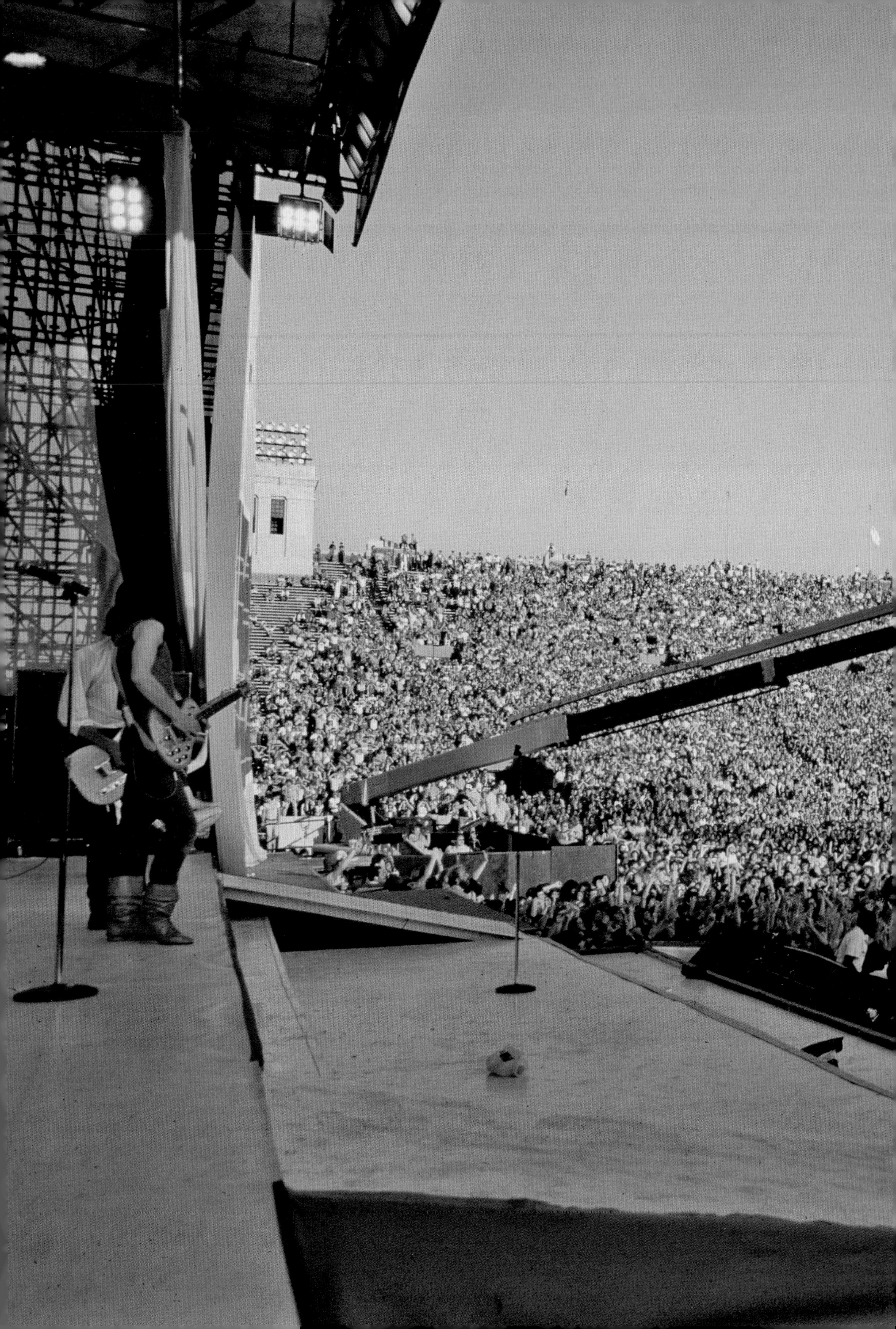

KAPITEL #3

1980–1994

JENSEITS DER MODEN

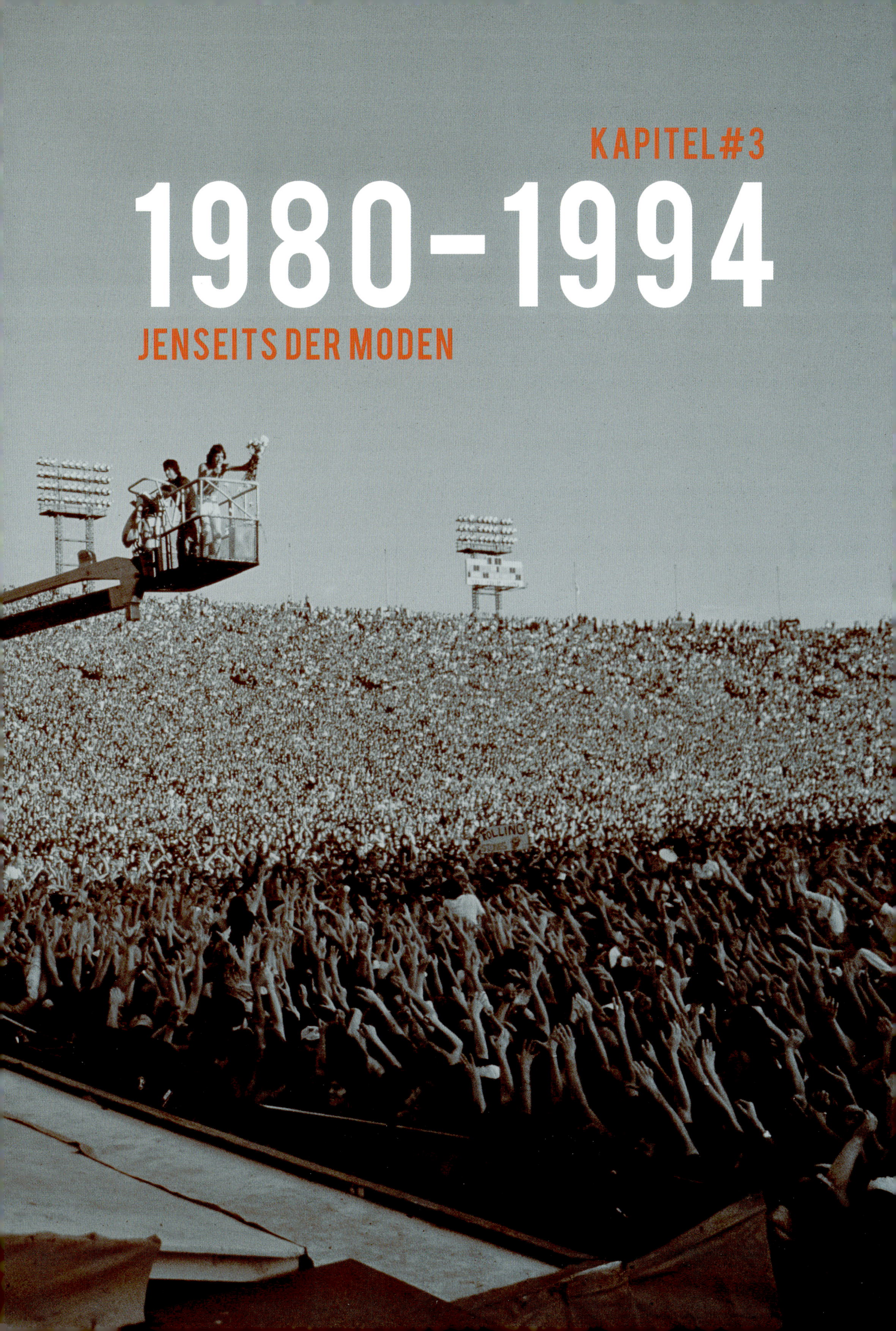

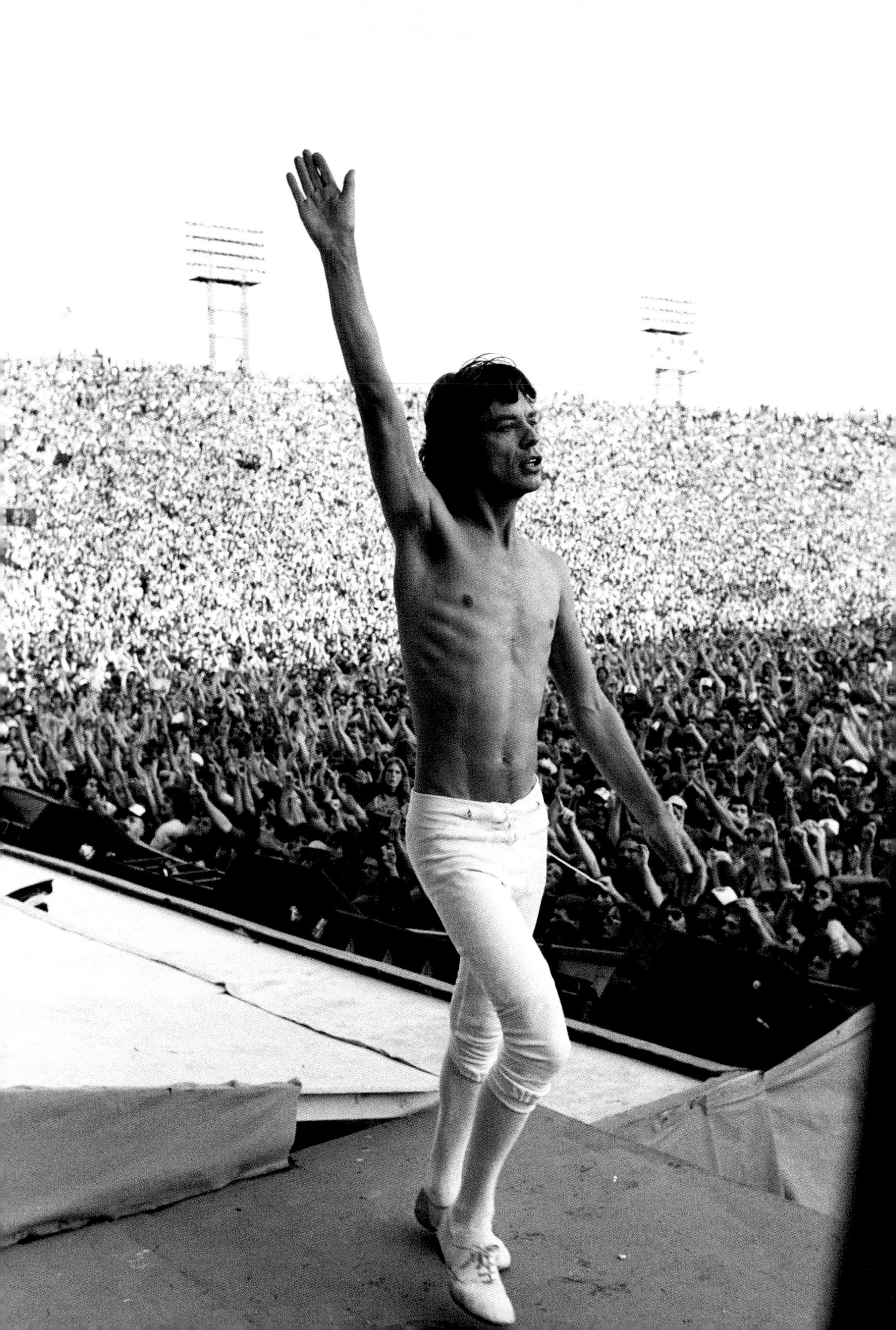

Linke Seite, unten und Folgeseiten: Live-Konzert der Rolling Stones in Philadelphia zur Eröffnung der Amerikatournee 1981.

Die Tournee im Jahr 1981 begann in Philadelphia. Damals konnte ich mich sowohl auf der Bühne als auch im Backstage-Bereich aufhalten (so etwas wäre heute unmöglich). Dort durfte ich sogar Mick fotografieren, während er sich umzog (zum Umkleiden wurde ein riesiges Zelt vor der Bühne herabgelassen). Das Bild von Mick mit erhobener Hand ist ein Schnappschuss, an dem mir viel liegt: Etwa 90.000 Personen standen auf einem Footballfeld, und ich stand mit dem Weitwinkelobjektiv hinter ihm. Er ging auf die Bühne, hob dabei den Arm in Richtung Publikum, um es zu grüßen. Er rief: »Geht es euch allen gut, auch euch da hinten?« Und alle Zuschauer, eine Menschenmenge so weit das Auge reichte, grüßten mit der gleichen Geste zurück. 90.000 Personen grüßten wie ein einziger Mensch – ein unglaubliches Gefühl! Fantastisch!

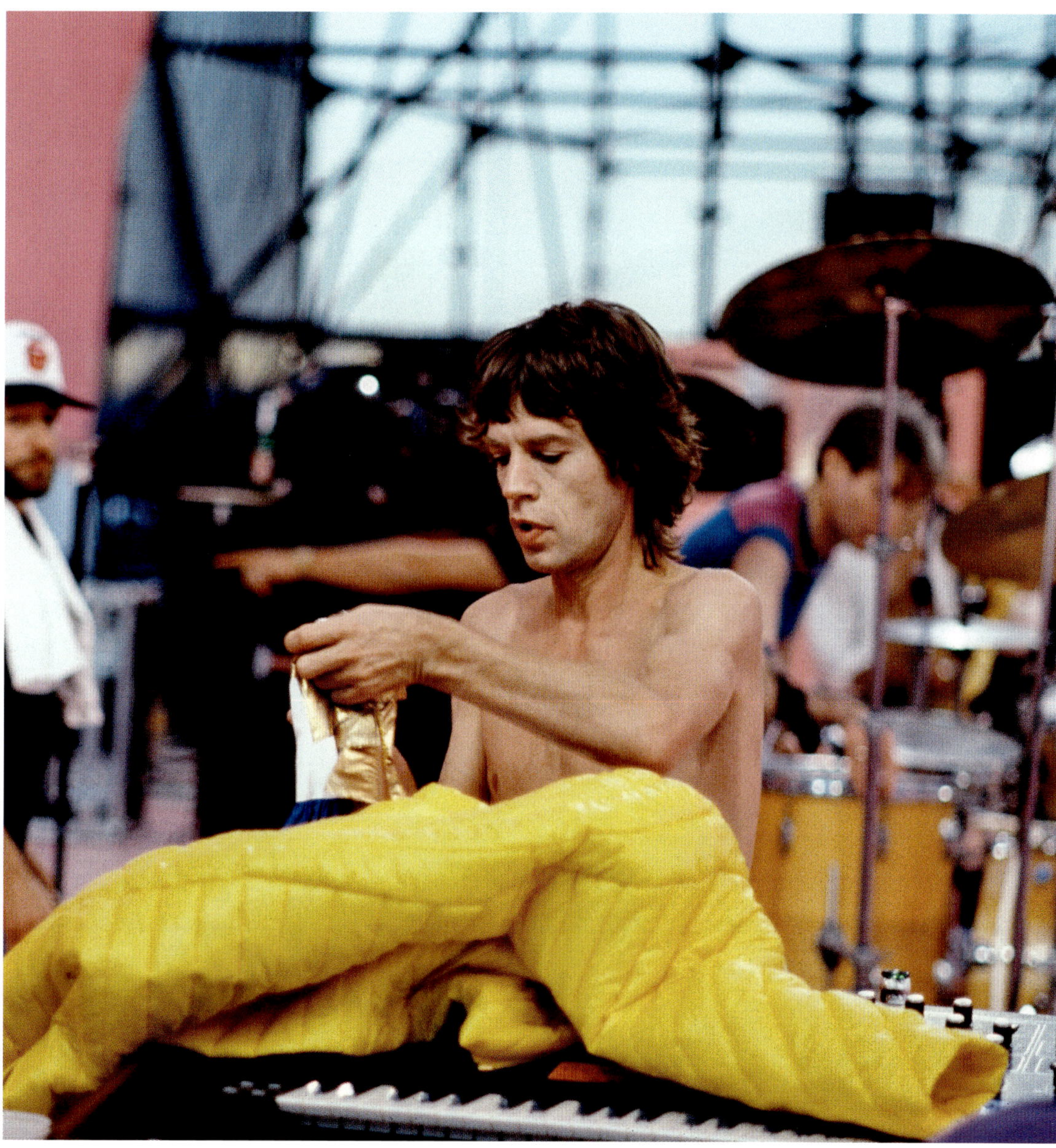

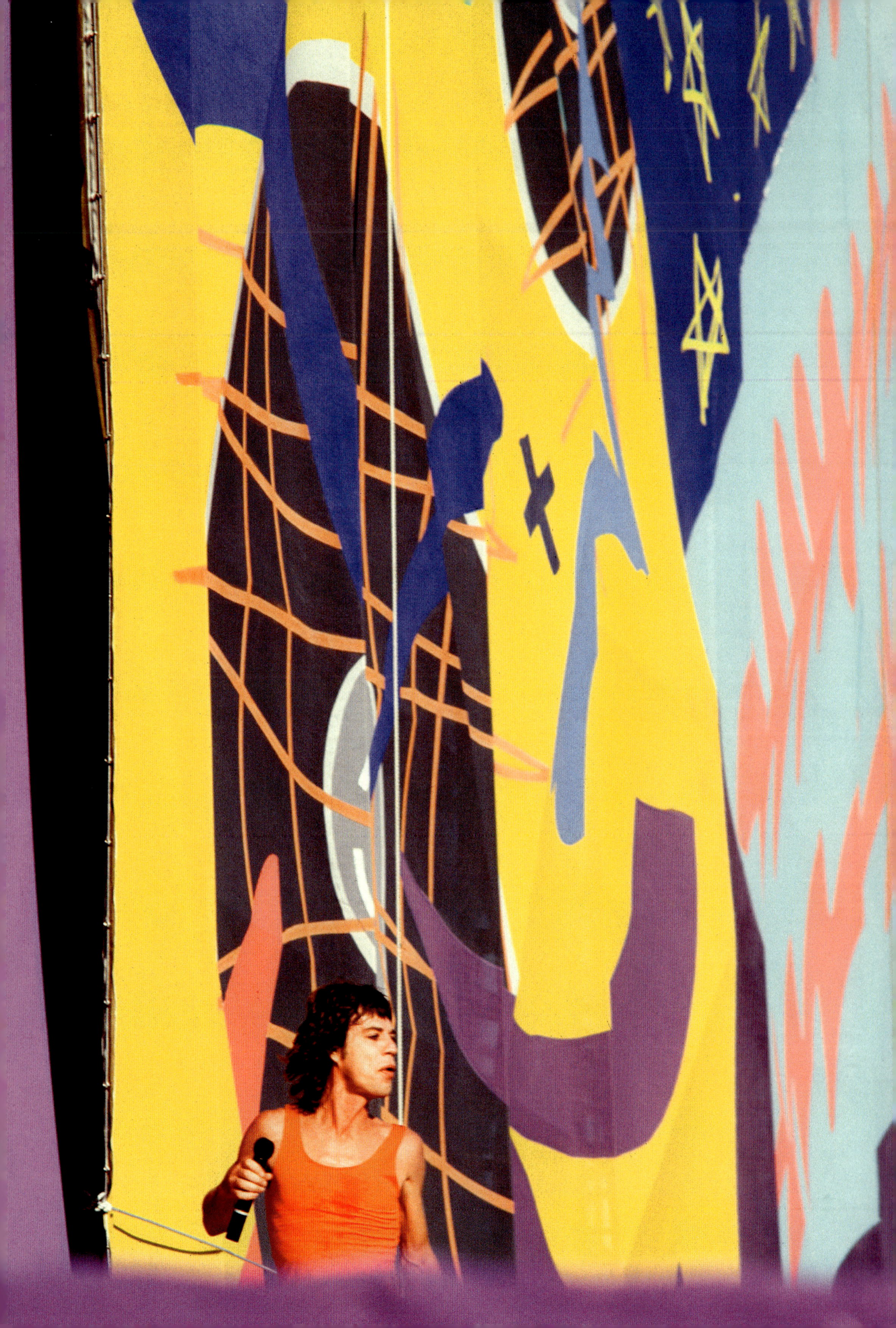

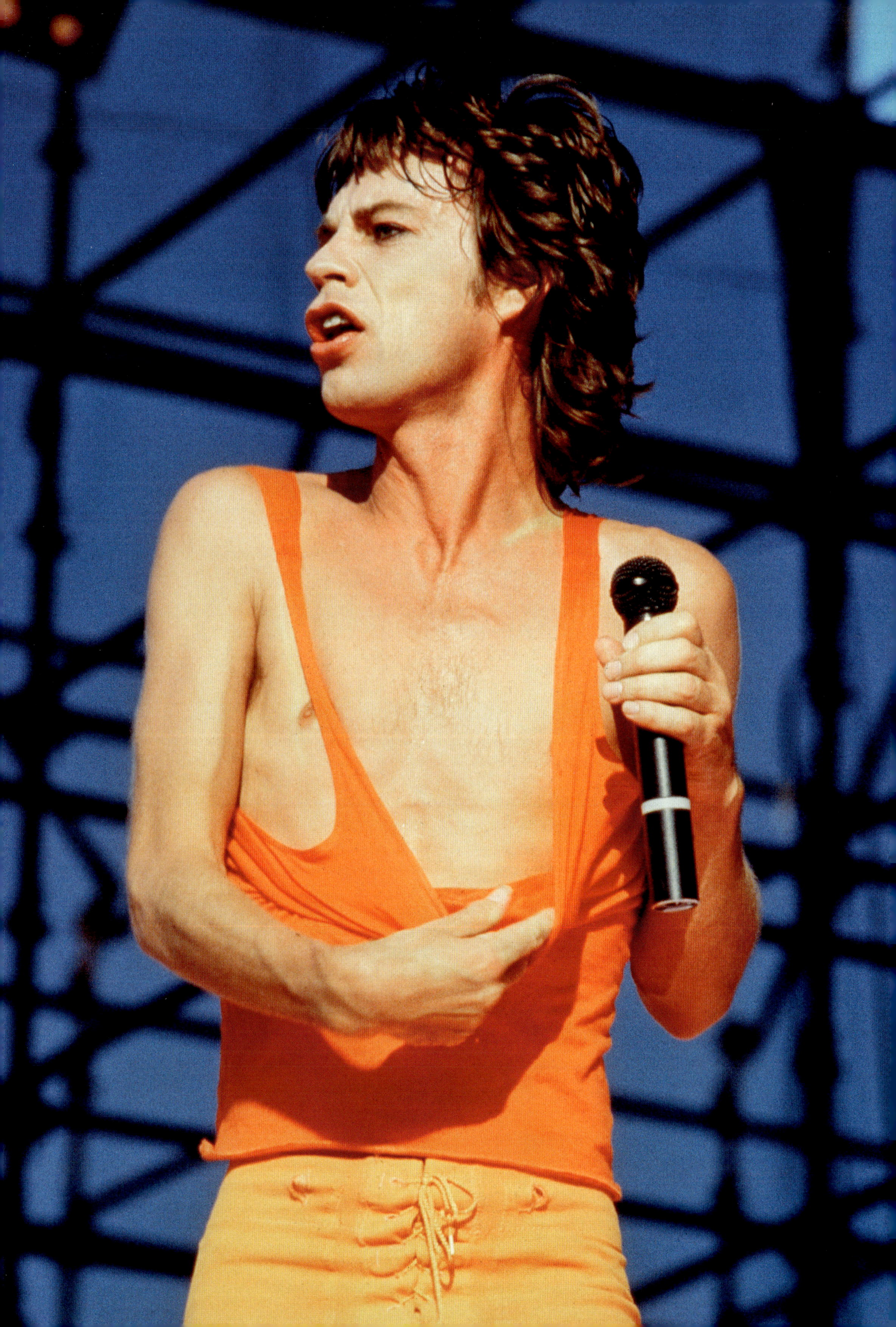

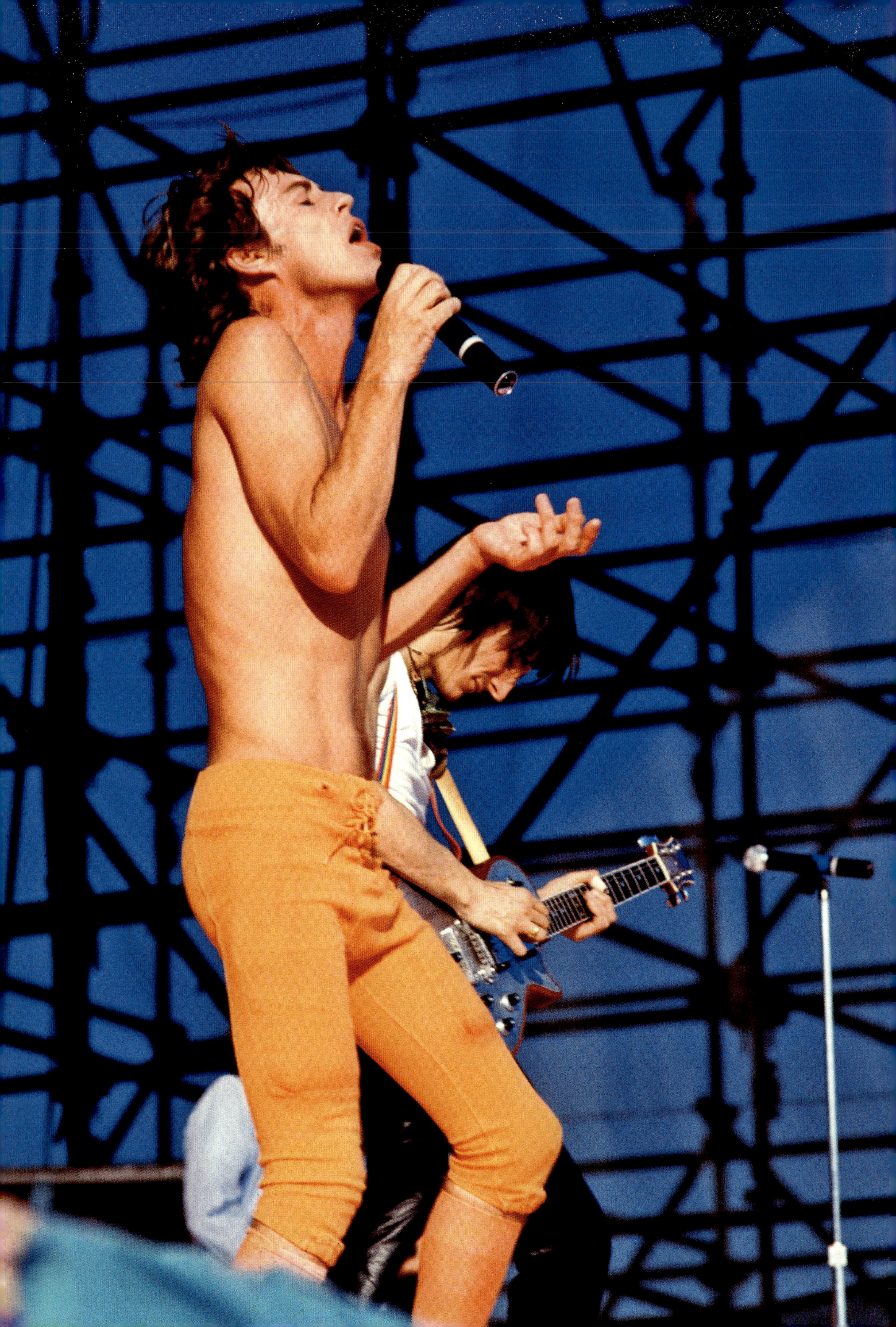

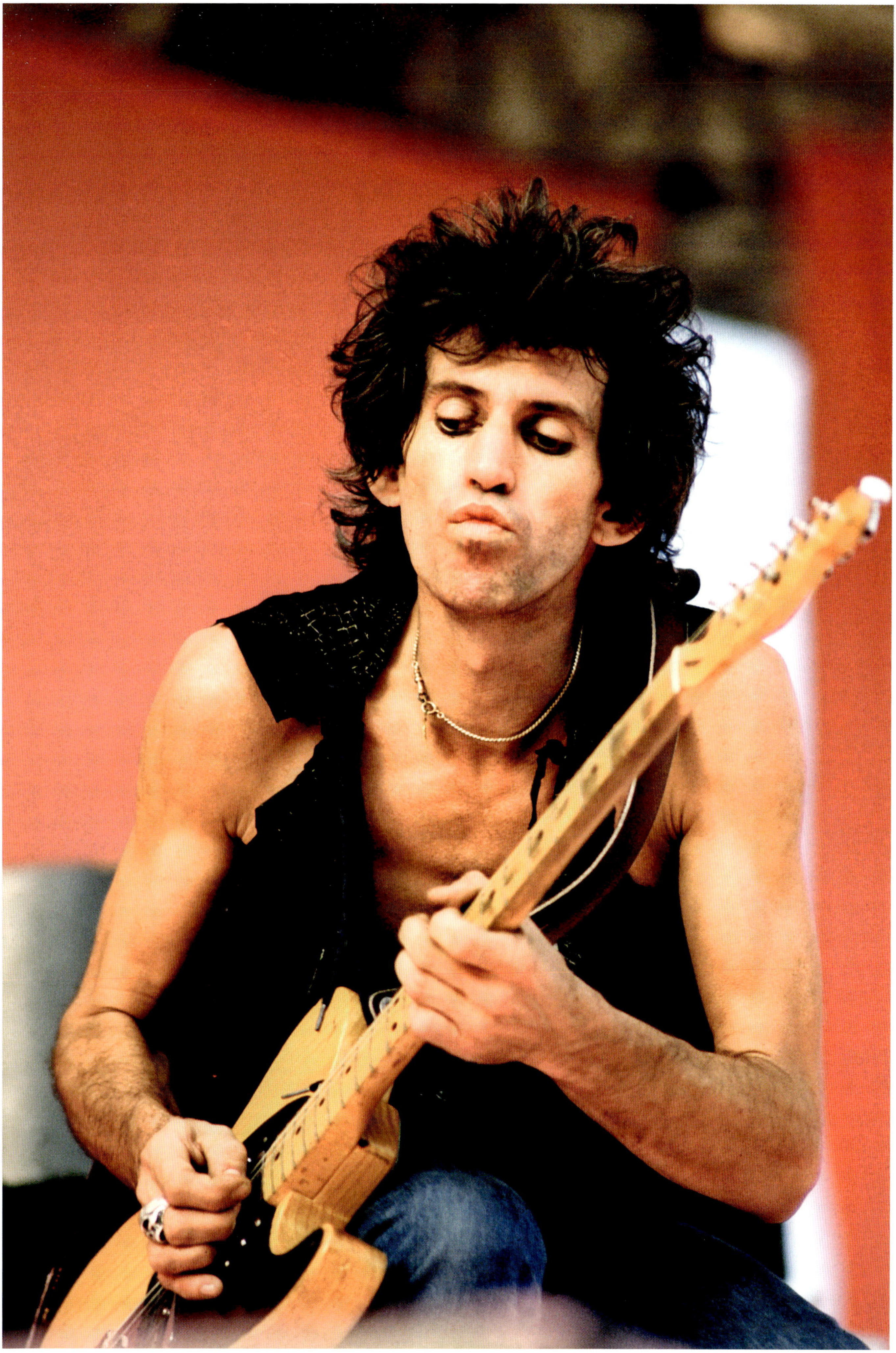

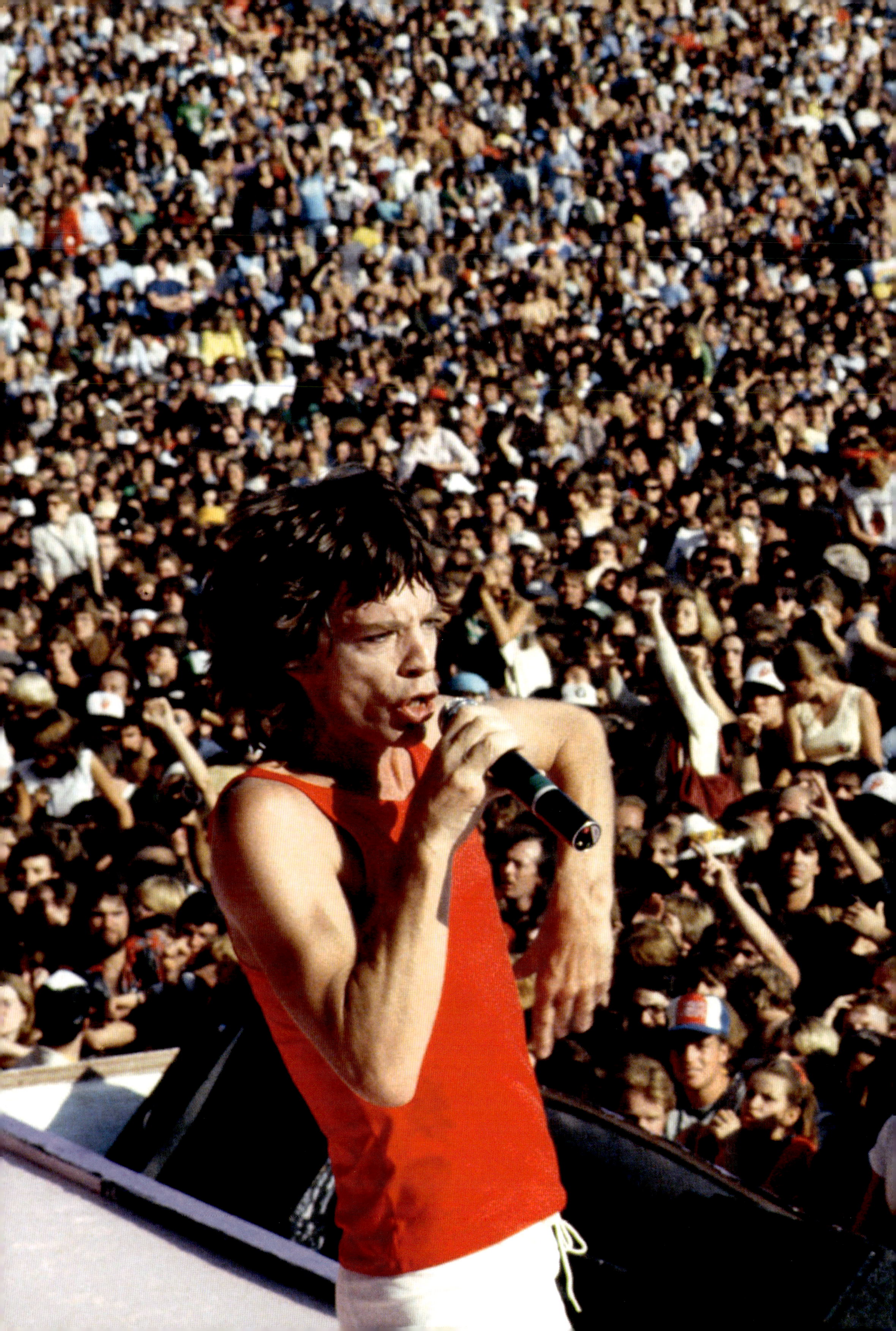

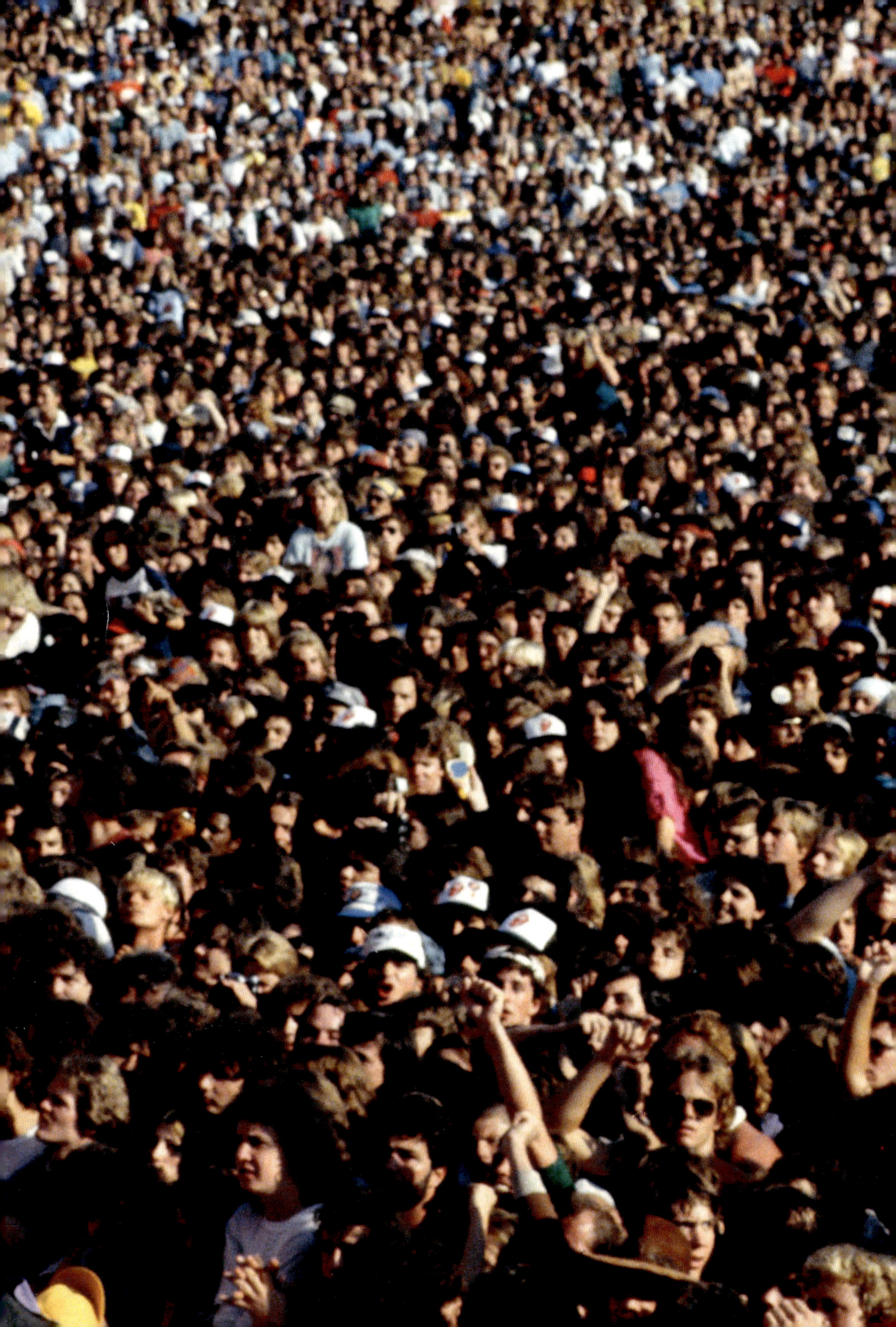

Es war ein tolles Konzert. 1980 zog ich wieder nach England zurück, deshalb war ich auf dieser Tournee auch nur bei diesem einzigen Konzert dabei. Als die Stones im Jahr darauf nach Europa kamen, bin ich ihnen in viele Städte gefolgt. Das Bild mit Keith im Tourbus wurde beispielsweise in Schottland aufgenommen. Ich habe die Stones auch in London fotografiert, im 100 Club in der Oxford Street, einem kleinen Nightclub, in dem maximal 300 Personen Platz haben. Im Innern war es so heiß, dass mir die Objektive beschlugen. Aber die Stones in solch einem Lokal zu beobachten, war fantastisch.

Die Routine der Band hat sich während der 30 Jahre, in denen ich sie fotografiert habe, nicht sehr stark verändert. Vor einem Konzert trainiert Mick immer (es gibt einige Fotos davon), Keith und Ronnie stimmen die Gitarren, während Charlie mit den Stöcken in der Hand herumläuft und damit auch auf seinen Beinen trommelt, einfach um sich zu beschäftigen.

Rechts: Keith Richards im Bus in Schottland während der Europatournee 1982.

Unten: Konzert der Rolling Stones im 100 Club. London 1982.

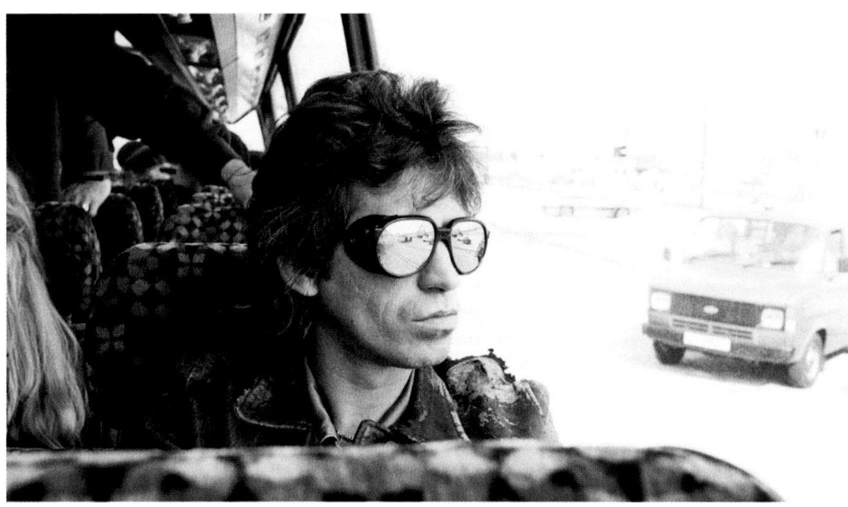

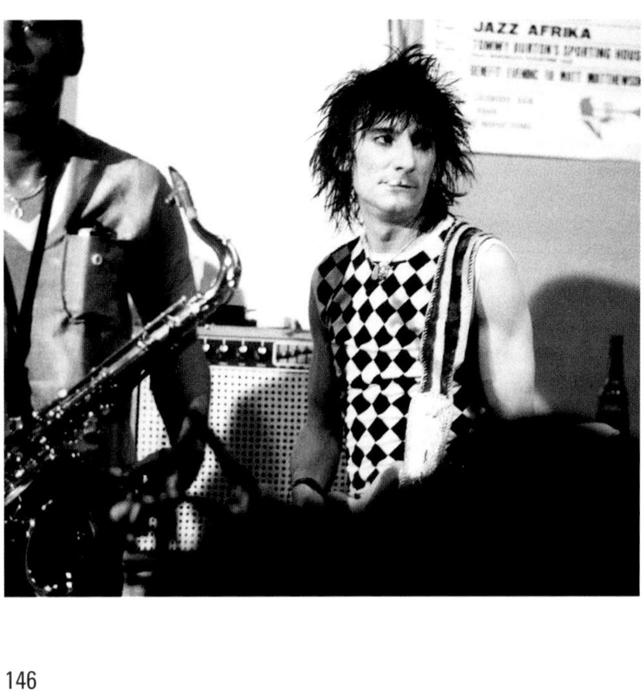

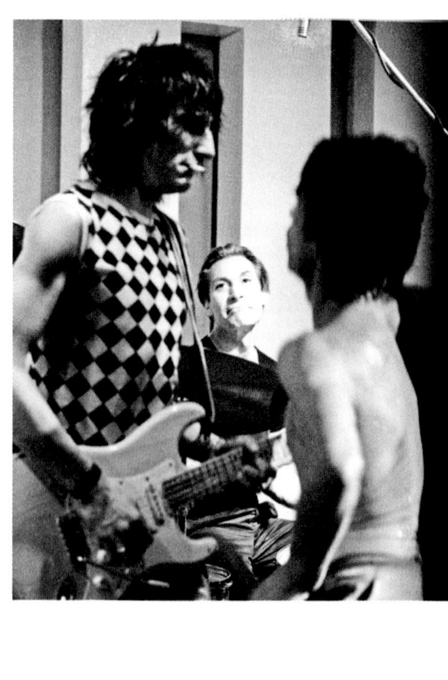

Mick liegt viel daran, in Form zu bleiben. Auf der Bühne arbeitet er hart, darum ist es nötig. Man erzählt, dass er jeden zweiten Tag etliche Kilometer joggt. Ich weiß nicht, ob das stimmt, aber ich habe noch nie gesehen, dass er sein Training vor einem Konzert auslässt. Das wird wohl auch heute noch so sein.
Wenn ich sagen soll, was sich in all der Zeit geändert hat, dann ist es die Höhe des »Schutzwalls« um die Musiker herum und die Tatsache, dass sich immer mehr Leute um ihre Angelegenheiten kümmern. Auf der letzten Tournee, bei der ich dabei war, mussten sie nur noch rechtzeitig ankommen. Mit allem anderen hat sich ein ganzes Heer von Personen in ihrem Umfeld befasst.

1984 hat mich eine sehr bekannte amerikanische Zeitschrift mit einem Fotoshooting von Bill Wyman beauftragt und mir eine kilometerlange Liste von Einschränkungen geschickt. Aber als ich ankam, meinte Bill: »Mein Freund, ich wusste nicht, dass du's bist ... ignorier' das alles!« Es war wirklich angenehm mit ihm.
Ganz allmählich näherte sich das Ende unserer beruflichen Beziehung. 1986 fotografierte ich die Stones während der Aufnahme des Videos *One Hit*. Für mich war es ein trauriger Tag, weil ich am selben Morgen auf der Beerdigung eines lieben Freundes war, und ich war mir nicht sicher, ob ich überhaupt am Set auftauchen sollte. Schließlich ging ich doch hin, und die Fotos wurden gut.
Im gleichen Jahr gab Prince ein wunderbares Konzert in der Wembley Arena, und ich habe ihn dort fotografiert. Gleich nach seinem Auftritt ließ man mich schnell in einen Bus einsteigen, weil Prince an diesem Abend noch einmal singen sollte, in einem kleinen Club in der Stadt. Der zweite Auftritt dauerte noch einmal zwei Stunden – nach dem Konzert in Wembley –, und Ronnie war an der Gitarre dabei.

Prince und Ronnie Wood spielen in einem kleinen Club nach dem Konzert in der Wembley Arena. London 1986.

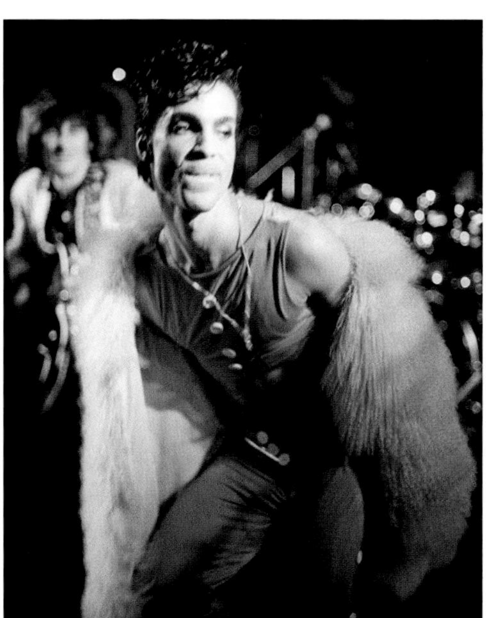

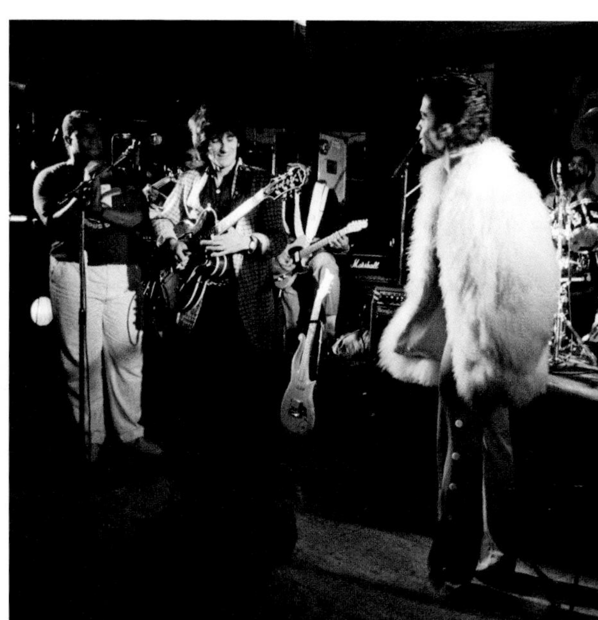

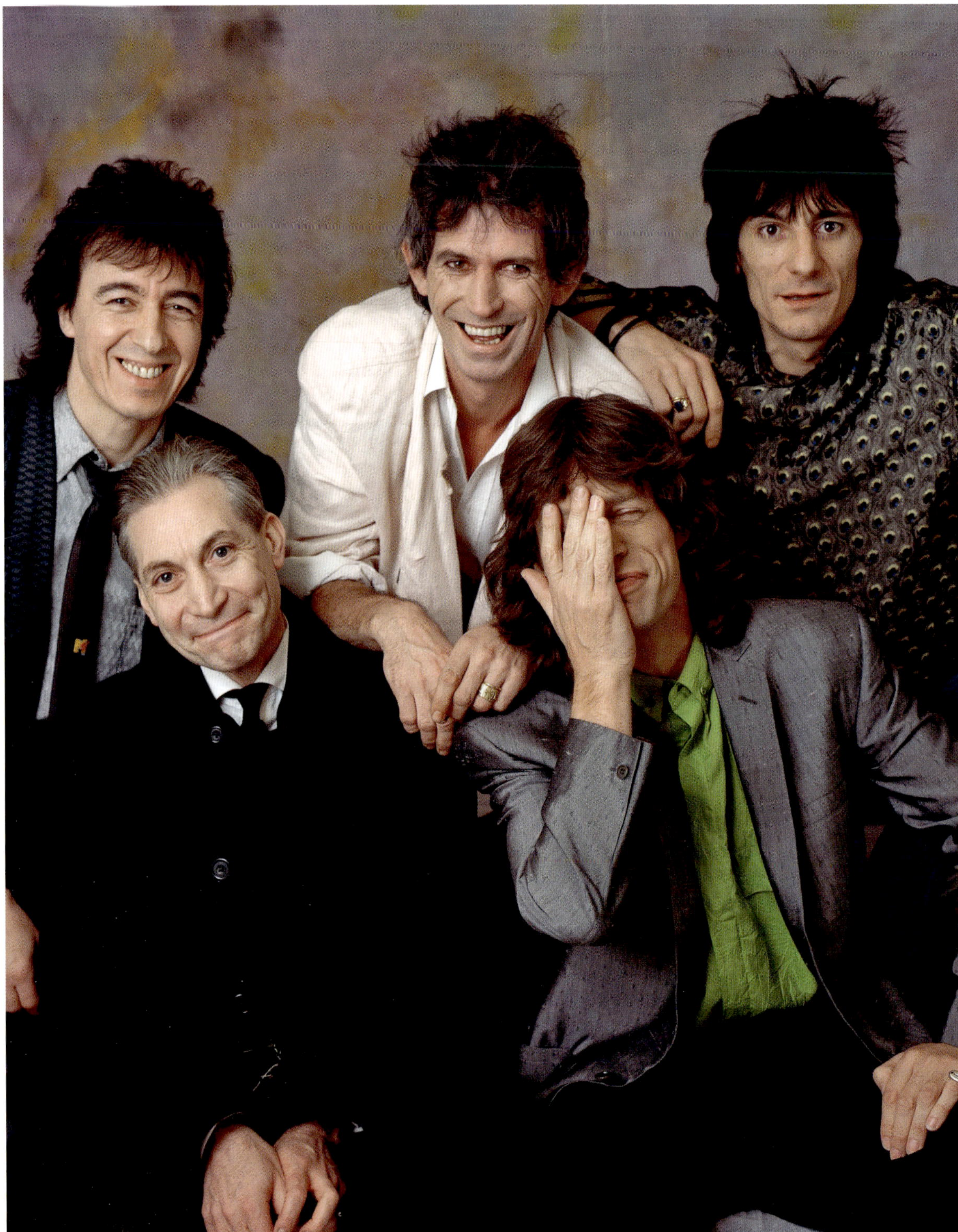

Linke Seite: Die Stones im Studio, kurz bevor sie den Grammy für ihr Lebenswerk in Empfang nehmen. Los Angeles 1986.

Ebenfalls 1986 fand anlässlich der Nacht der Grammy-Preisverleihung in Los Angeles ein Fotoshooting im Studio statt. Eric Clapton überreichte den Stones den Preis für ihre Karriere, und ich fotografierte ihn gemeinsam mit der Band.

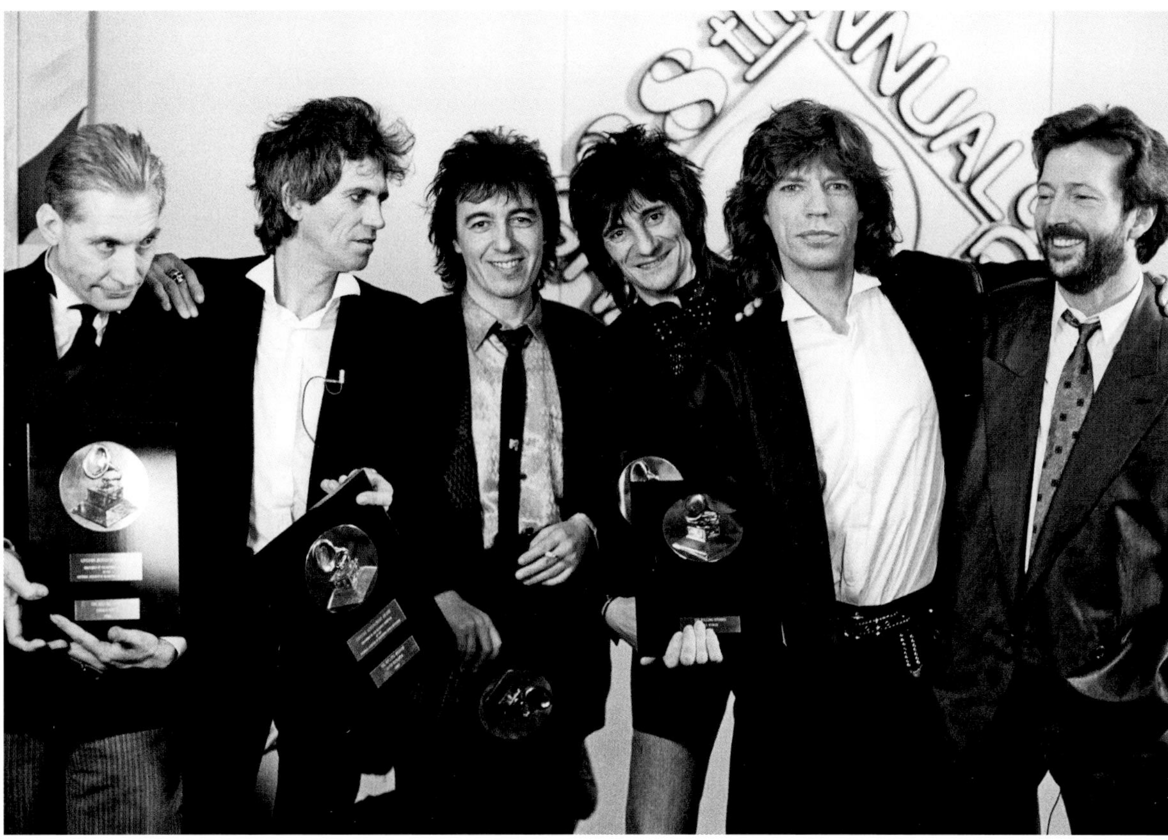

Oben: Eric Clapton überreicht der Band den Grammy. Los Angeles 1986.

Es war ein erheblicher Unterschied, ob man die Stones auf der Bühne fotografierte oder im Studio. Ihr Verhalten änderte sich radikal. Auf der Bühne waren sie unglaublich, ganz besonders die absolut einmalige Art, wie Mick sich bewegte. Sie posierten jedoch nicht gern in einem Fotostudio. Sie haben zwar alle halbwegs mitgemacht, aber manchmal sieht man an den Fotografien, dass sie sich tödlich langweilten. Sie waren nicht schüchtern, sie waren einfach nicht bei der Sache.

Im Folgejahr, 1987, schoss ich eine Fotoserie allein mit Charlie, der ja ein großer Jazzer ist, und damals ein Jazz-Orchester mit 20 oder 30 Musikern zusammengestellt hatte, *The Charlie Watts Orchestra.* Mich hatte Sherry Daly beauftragt, die sich um die Stones im Allgemeinen kümmerte, aber insbesondere die Interessen von Charlie und Ronnie vertrat. Für mich war Charlie immer der Rätselhafteste in der Band. Er sagte mir damals: »Ja, es gefällt mir bei den Rolling Stones, wir machen eine Menge Konzerte und den Rest der Zeit fahren wir durch die Gegend«. Das hörte sich an, als ob sie zwischen den Konzerten nichts zu tun gehabt hätten. Er war sicher ein Mann weniger Worte.

Charlie Watts. London 1986.

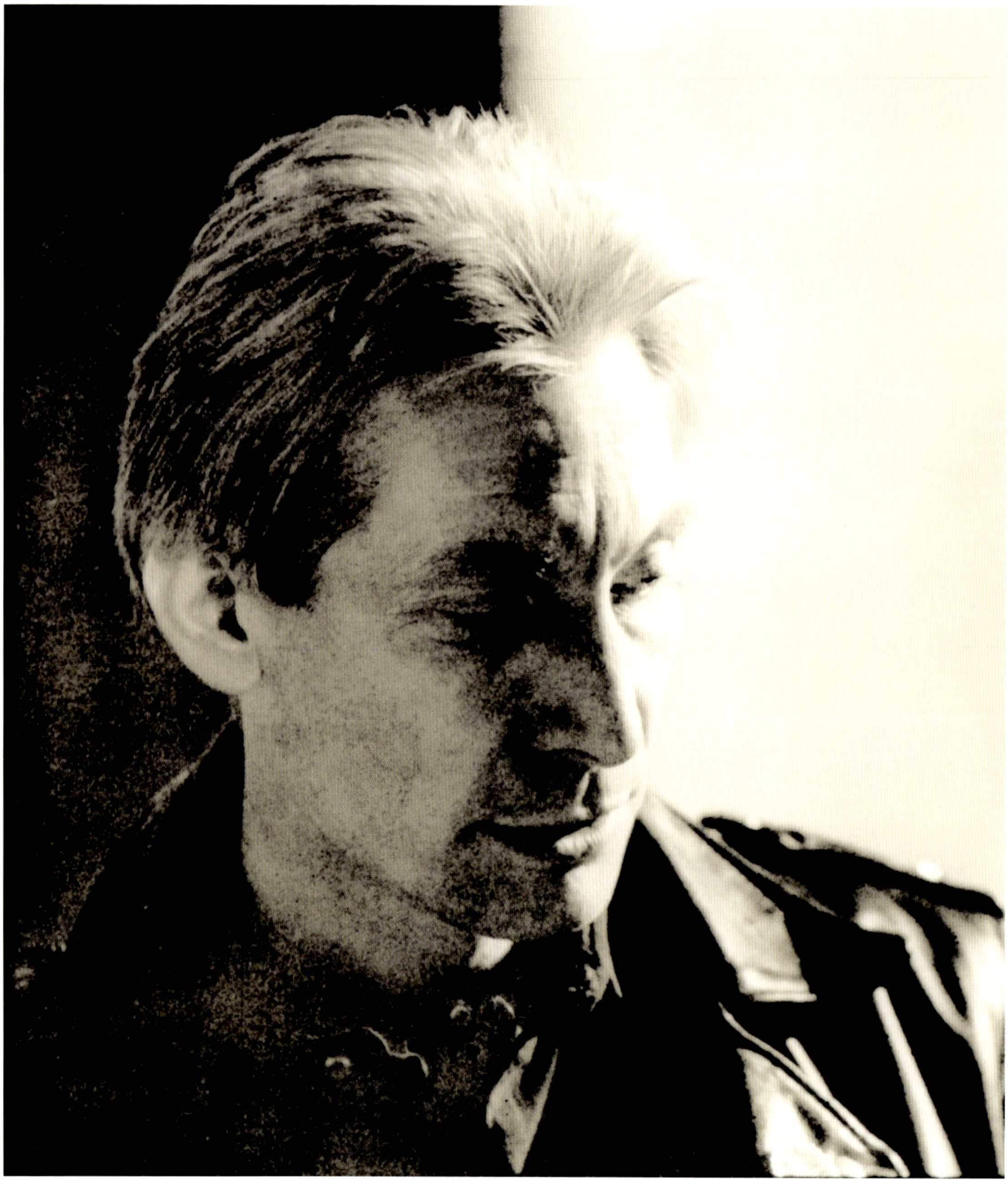

Das waren die Jahre, in denen es die meisten Spannungen zwischen Keith und Mick gab. Es war die Zeit, in der beide auch an ihrer Solokarriere arbeiteten. Keinem der beiden gefiel jedoch die Idee, Dinge allein zu machen. Auch als Bill Wyman einige Jahre später die Band verließ, wurde kein Ersatz für ihn gesucht, weil die Band auch so gut funktionierte und sehr zusammengewachsen war.

Einmal sollte Mick eine Tournee durch Australien machen und bat mich, die Proben zu fotografieren. Dabei spielte er natürlich mit einer anderen Band: An der Gitarre war Jeff Beck, der aber nicht fotografiert werden wollte, was die Sache schwierig machte. Zum Glück kannte ich seinen Manager Harvey Goldsmith und rief ihn an. Zum Schluss durfte ich die Fotos machen. Ich glaube, dass er nicht fotografiert werden wollte, weil er sich schon überlegt hatte, dass er nicht bei der Tournee dabei sein wollte. Warum, weiß ich nicht, denn es gab sicher keine Spannungen zwischen ihm und Mick, aber vielleicht gefiel es ihm besser, viele kleine Konzerte zu geben, als sich für eine ganze Tournee zu verpflichten. Ich kenne Jeff Beck nicht gut, aber ich weiß, dass er sehr reserviert und sehr nett ist. Vor kurzem hat er mir erzählt, wie nervös er war, als er eine Woche lang im legendären Ronnie Scott's Jazz Club spielen sollte, einem kleinen Club, in dem aber schon die besten Gitarristen der Welt aufgetreten sind.

Mick Jagger mit Jeff Beck bei den Proben für seine Solotournee durch Australien. London 1987.

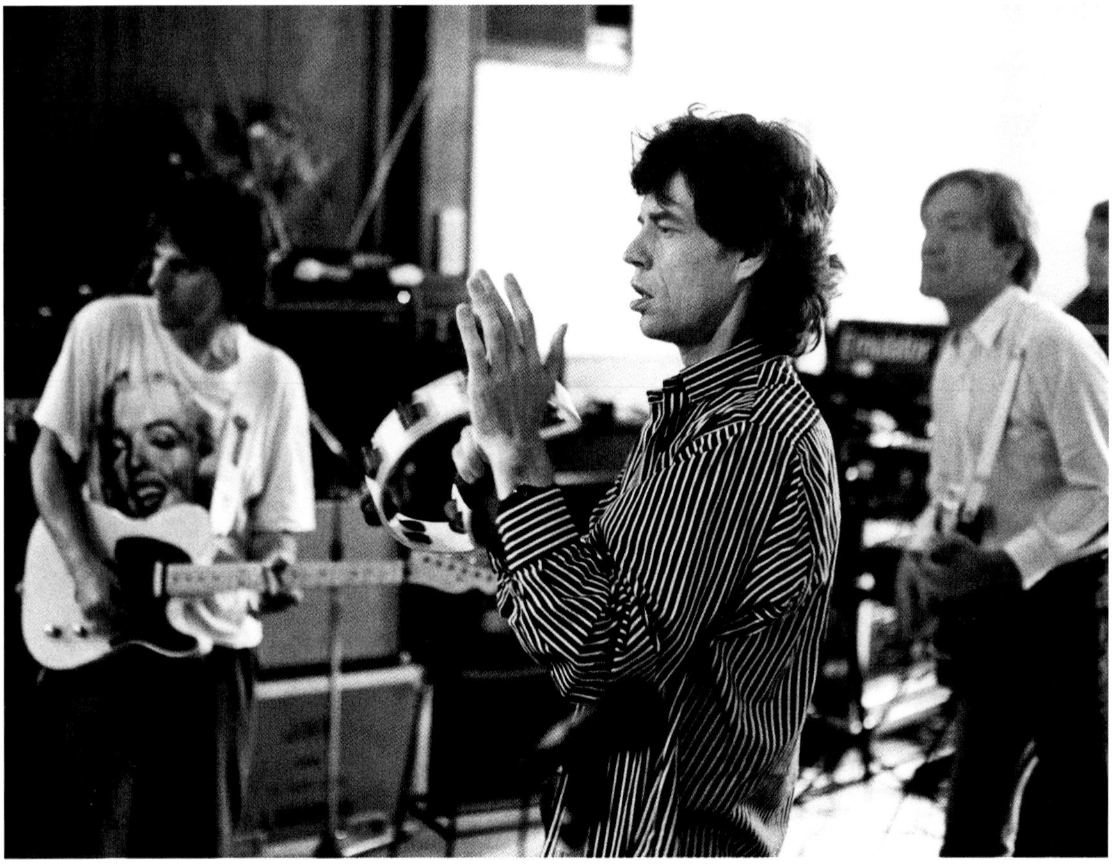

Während der Aufnahmen erinnerte sich Mick daran, dass er noch ein Passfoto brauchte. Wir gingen ins Freie, und ich schoss Fotos von ihm vor einer weißen Wand. So etwas konnte man früher machen, heute wäre das unmöglich. Inzwischen hatte sich die ganze Werbemaschine hinter den Stones verändert, und ich kam mit einem der neuen PR-Menschen nicht gut klar. Das letzte Mal habe ich Ende der 80er-Jahre offiziell für die Stones als Fotograf gearbeitet. Dann ist meine Fotoagentur Retna stark gewachsen. Ich hatte mehr als 60 Angestellte, 30 in New York und 30 in London. Eine gewisse Zeit lang hatten wir auch ein Büro in Los Angeles. Unter diesen Umständen war es

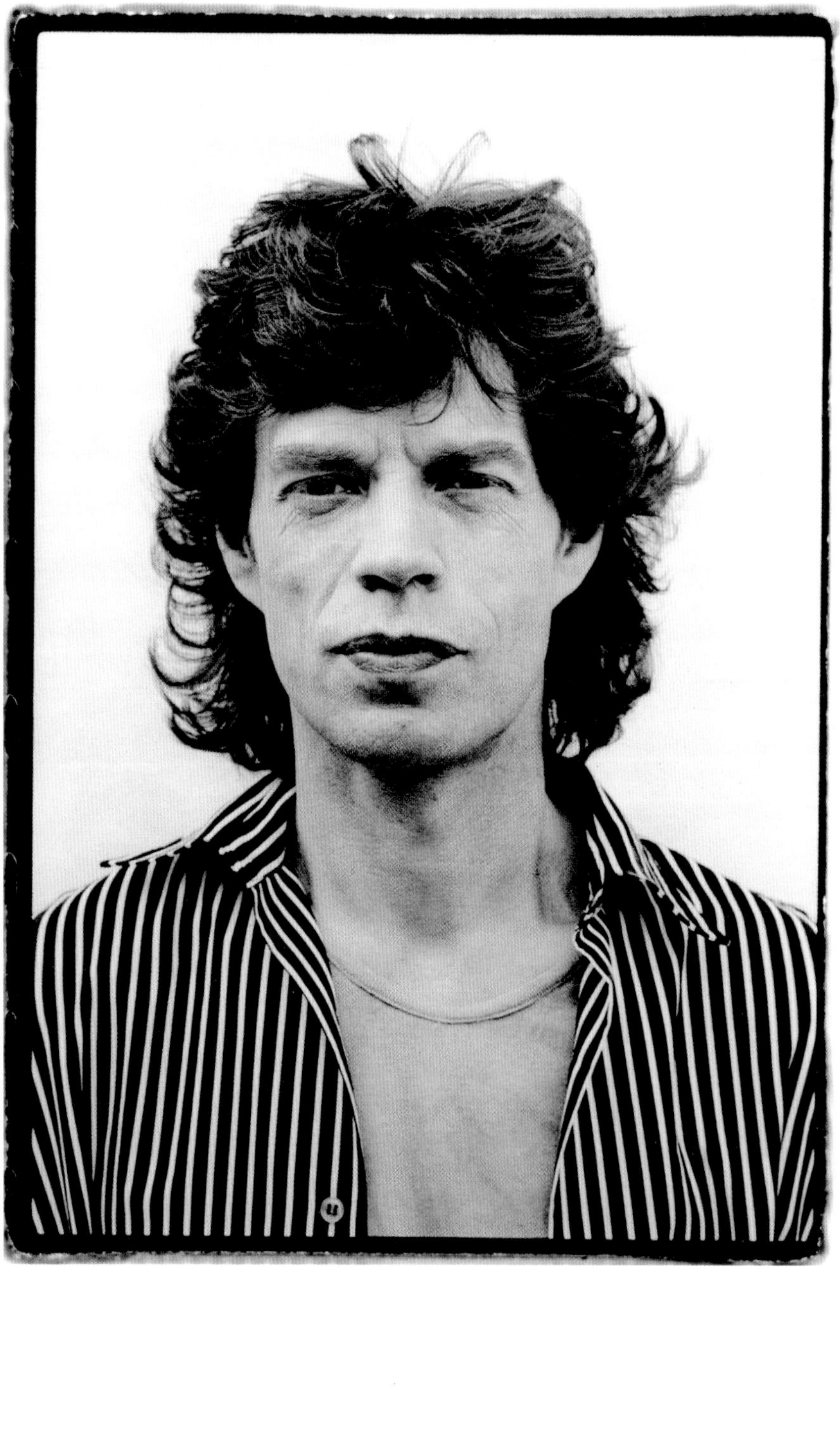

Passfoto von Mick Jagger, aufgenommen während der Proben für die Tournee durch Australien. London 1987.

kompliziert, drei Monate lang unterwegs zu sein. Deshalb hatte ich beschlossen, die Stones nicht mehr auf Tourneen zu begleiten, auch wenn es für mich persönlich eine sehr schwierige Zeit war, weil ich mich fragte, was ich noch machen könnte, um sie anders darzustellen als so, wie ich es schon tausendmal getan hatte. Ich wollte nicht, dass sie meinten, sie müssten mit mir arbeiten. Ich habe also die nächste Tournee übersprungen, das war wohl die *Steel Wheels / Urban Jungle Tour* von 1989 bis 1990.

Ich hatte eine absolute Schwäche für die Stones, ich liebte und respektierte sie, aber inzwischen waren sie auch zu einem Unternehmen geworden. Auf einmal musste ich mit Verträgen voller Klauseln arbeiten, wo wir uns früher mit einem Handschlag geeinigt hatten. Ihr Büro, die Menschen, die der Band nahestanden und die Band selbst waren dieselben geblieben, aber alles, was darum herum war, hatte sich geändert. Das Verhältnis zu allen war ausgezeichnet: Wenn ihr Büro anruft, stehe ich unter Strom, und auch ich rufe sie gelegentlich an. Aber damals mussten wir eine Zeit lang Abstand voneinander haben.

Ich könnte nicht sagen, welches Bandmitglied mir persönlich am liebsten ist. Mick spielt wie ich leidenschaftlich Kricket, und darüber unterhalten wir uns oft. Charlie ist der Leiseste von allen, und man denkt immer, dass er mit dem Kopf woanders ist. Und Ronnie ist immer ganz entzückend.

Mick Jagger und Keith Richards am Set für das Video One Hit. *London 1986.*

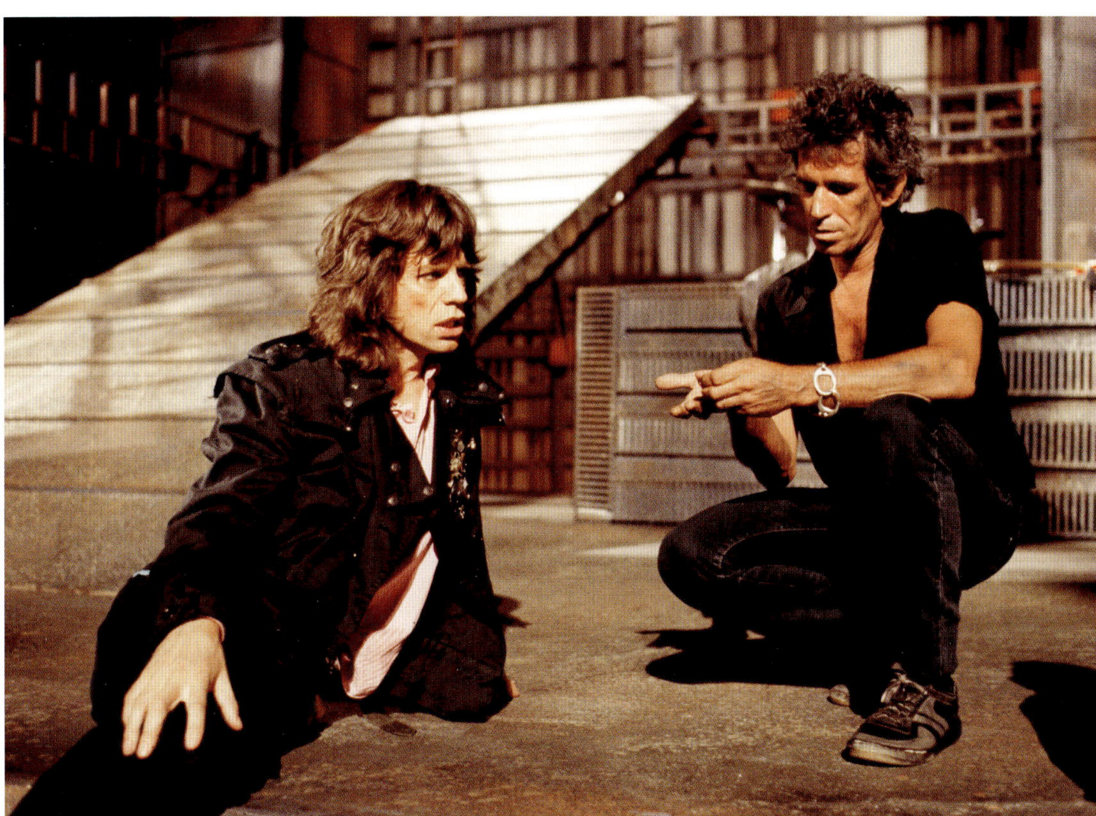

Später, im Jahr 1991, traf ich Keith beim Guitar Legends, einem Konzert über fünf Abende im spanischen Sevilla. Er war wirklich nett und hilfsbereit. In letzter Zeit fand ich ihn oft sehr freundlich, auch wenn ich ihn vor einiger Zeit im Radio sagen gehört habe, dass ihm der alte Keith fehle.

Beim Guitar Legends spielte er ein paar eigene Songs, begleitete aber hauptsächlich Bob Dylan.

Ich kannte Dylan nicht und war sehr aufgeregt. Als er ankam, wollte er im Gegensatz zu allen anderen während der Proben nicht fotografiert werden. Also ging ich zu einem der Sicherheitsmänner, dem gleichen, dem ich geholfen hatte, Tee zu kochen, als wir in Keiths Haus außerhalb von New York waren, und der jetzt für Dylan arbeitete. Ich

Keith Richards und Bob Dylan beim Guitar Legends in Sevilla. 1991.

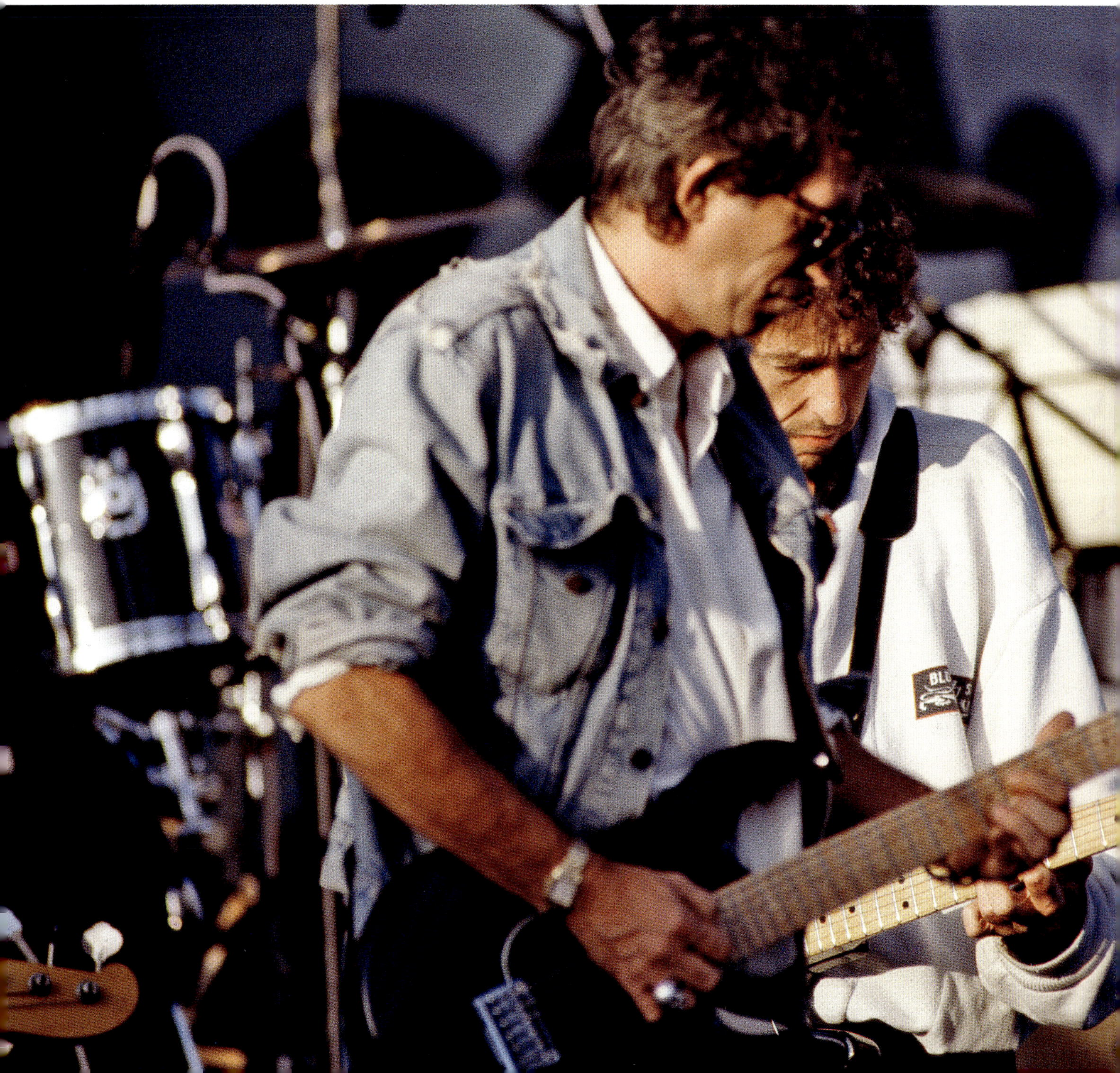

überredete ihn, mit Dylan zu sprechen. Aber Dylan wollte nicht direkt mit mir reden. Also trafen wir uns alle drei, jeder ein Stück vom anderen entfernt, und ich sagte zum Sicherheitsmann: »Bitte sag Bob ...« Und er gab das weiter, dann antworte Dylan, und so fort. Eine absurde Situation! Schließlich gab Dylan nach. Unter der Voraussetzung, dass ich mit den anderen anwesenden Fotografen (die ich zum Glück kannte) spräche, ließ er sich fotografieren.
Keith hatte etwa zwei Tage lang hart für den Auftritt geprobt. Später erzählte man mir, dass sich Dylan am Konzertabend, als sie auf die Bühne stiegen, zu Keith umdrehte und ihm sagte: »Es tut mir leid, mein Freund, wir werden drei andere Lieder spielen, deshalb musst du improvisieren!«

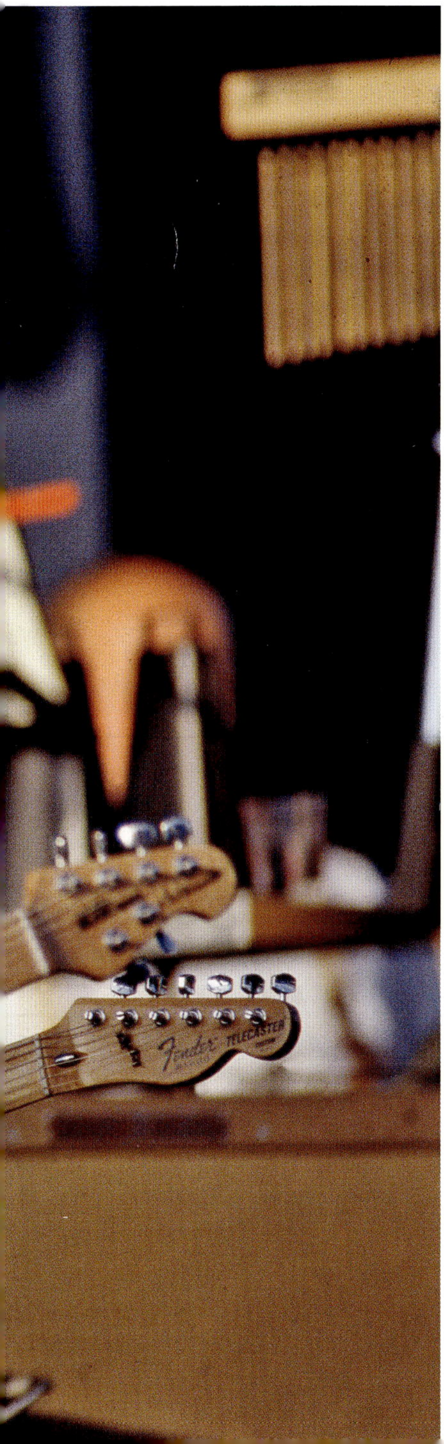

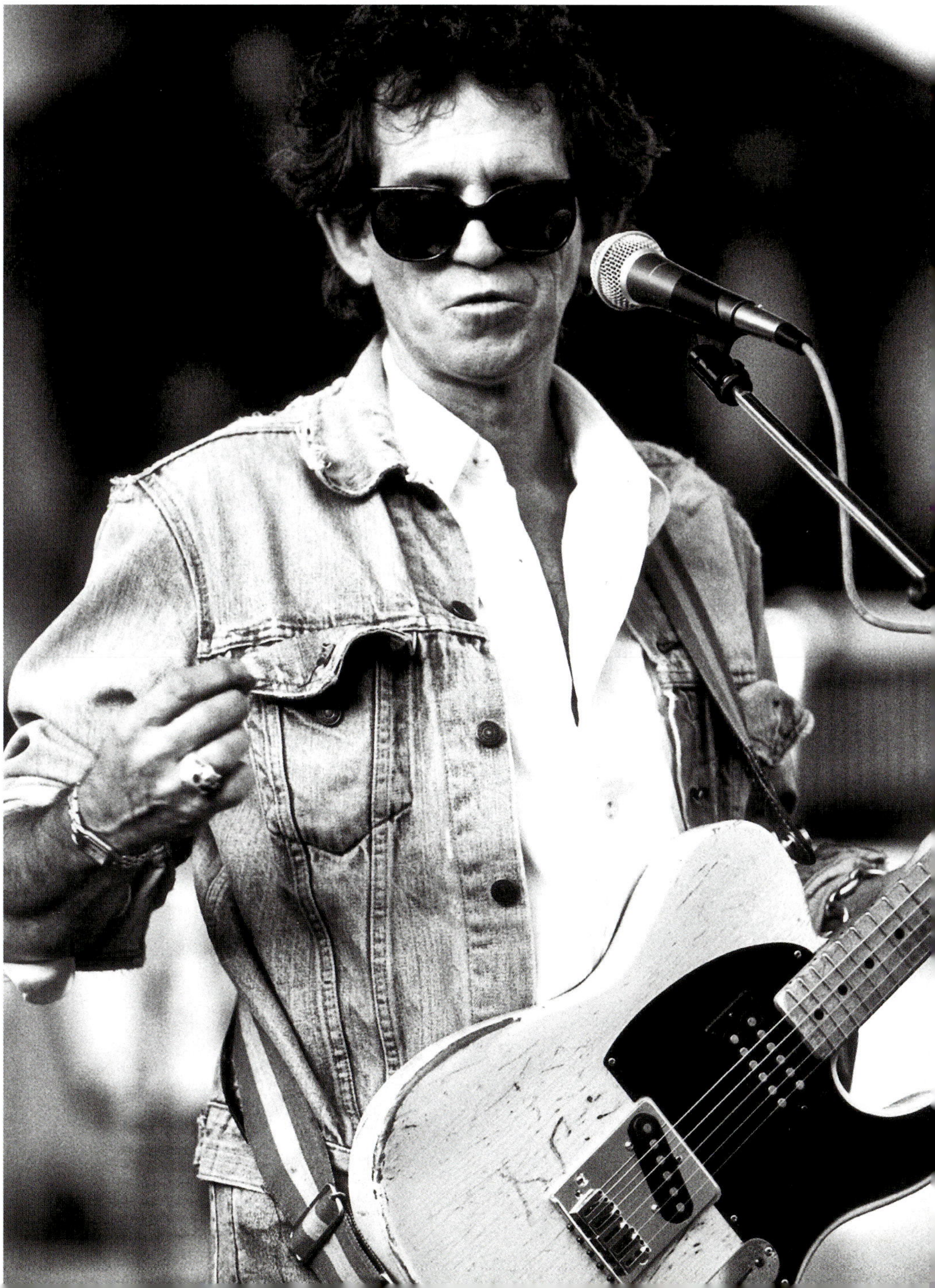

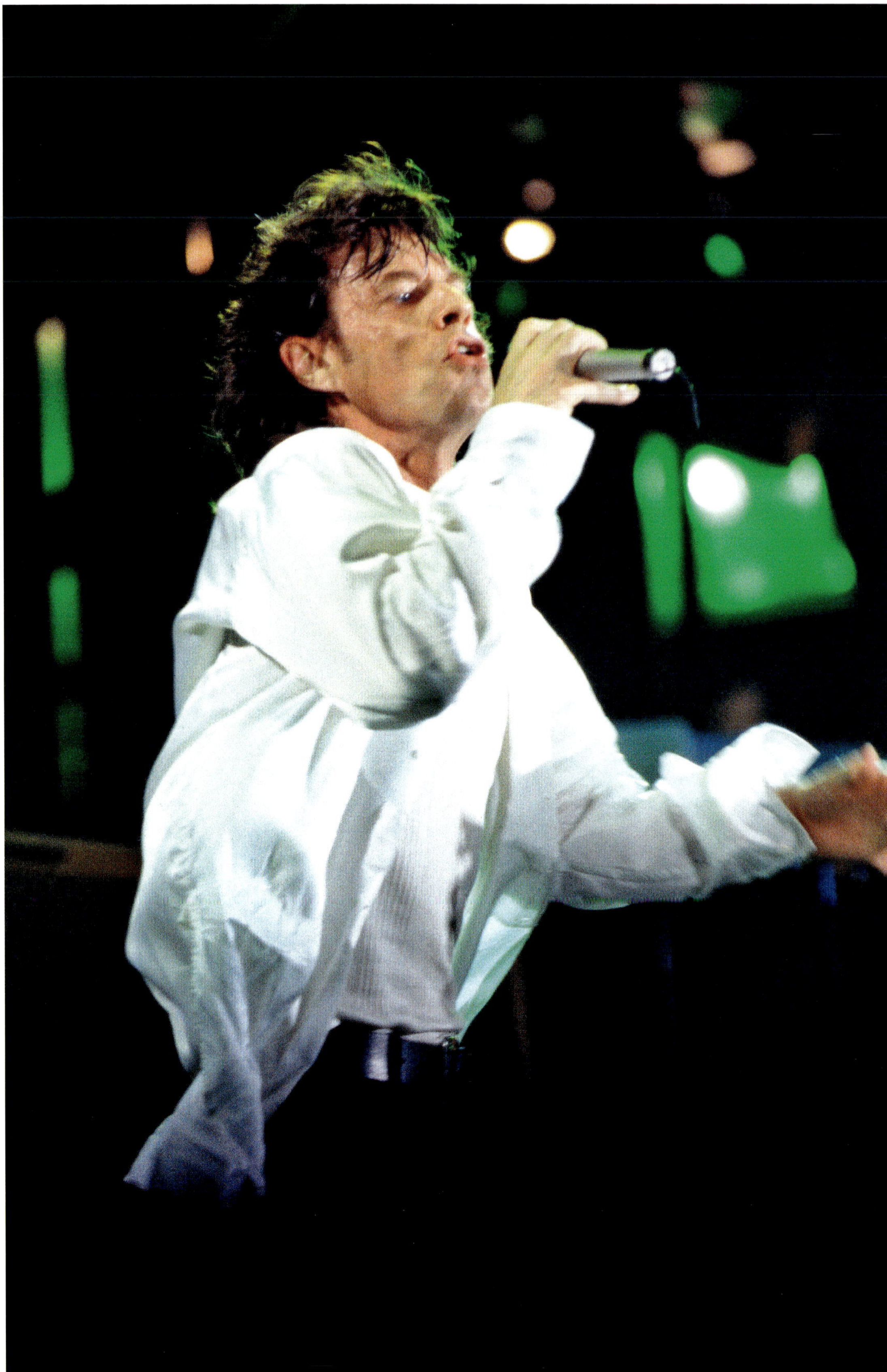

Das letzte Mal arbeitete ich 1994 mit den Rolling Stones. Nach der Entscheidung, nicht mehr mit auf Tournee zu gehen, wollte ich sie ein letztes Mal fotografieren. Und so folgte ich ihnen auf der *Voodoo Lounge Tour*. Im Gegensatz zu den vorangegangenen Tourneen, bei denen ich bei ein paar Konzerten dabei war und dann ins Fotostudio zurückkehrte, um die Fotografien zu entwickeln und sie den verschiedenen Zeitschriften zu übergeben, hatte ich diesmal neben den normalen Kameras auch eine Digitalkamera dabei. Das Digitalzeitalter steckte noch in den Kinderschuhen, und so kamen wir alle in meinem Studio in New York um 4 Uhr morgens zusammen – nicht, um die Pakete per Luftpost auf die andere Seite des Ozeans zu schicken, sondern um zu versuchen, die Aufnahmen mit dieser neuen Technologie zu versenden. Man konnte Bilder noch nicht von Computer zu Computer senden, aber es war auf jeden Fall schon außerordentlich. Es waren meine letzten Fotos der Rolling Stones.

Seitdem habe ich Keith und Bill Wyman ein paar Mal getroffen. Ich habe auch die Stones noch spielen gesehen, das letzte Mal 2012 in der O2-Arena in Greenwich. Sie waren außerordentlich, aufsehenerregend. Mit dabei waren Eric Clapton und Florence Welch von der Band Florence and The Machine. Sie sang *Gimme Shelter*, das Stück, das Tina Turner in den 70er-Jahren gesungen hatte! Zu diesem Anlass waren auch Bill Wyman und Mick Taylor noch einmal dabei.

Ich wäre vermutlich nicht zu dem Konzert gegangen, wenn es nicht der Wunsch meiner Freundin Sophie gewesen wäre, die die Stones noch nie live gesehen hatte. Um Tickets zu bekommen, rief ich das Büro an. Man sagte mir die Karten zu, und ich konnte sie in einem bestimmten Hotel abholen. Dort stand ich vor einem Zimmer Schlange, in einer Reihe von Menschen, die ebenfalls Tickets reserviert hatten. Das war komisch, Schlange stehen zu müssen und dann mitten in der Arena das Konzert zu hören, wenn man gewohnt ist, auf der Bühne zu stehen!

Als Kuba 2016 zum ersten Mal seit Jahren die Grenzen öffnete und die Stones dort dieses Riesenkonzert gaben, wollte ich noch einmal dabei sein. Aber ich habe das Büro zu spät kontaktiert, und auch wenn man sich dort alle Mühe gab, ist es mir nicht gelungen, eine Karte zu bekommen.

Aber das war nicht das einzige Problem. Man benötigte Visa, es gab eine ganze Reihe von Einschränkungen, und vor allem war alles ausgebucht – man fand keine Übernachtungsmöglichkeit. Wenige Tage zuvor fand zudem der Besuch von Präsident Obama statt, und auf Kuba hätte einfach nicht einmal mehr eine Stecknadel Platz gefunden! Die Fotografin Jill Furmanovsky, die das Glück hatte, nach Kuba zu gelangen (auch sie hat mit den Stones gearbeitet und war gleichzeitig ein großer Fan), sagte mir, dass das Event alle ihre Erwartungen übertroffen hatte!

Linke Seite: Mick Jagger am Abend der Eröffnung der Voodoo Lounge Tour. *Washington 1994.*

Auf der folgenden Doppelseite: Die Rolling Stones am Set für das Video One Hit. *London 1986.*

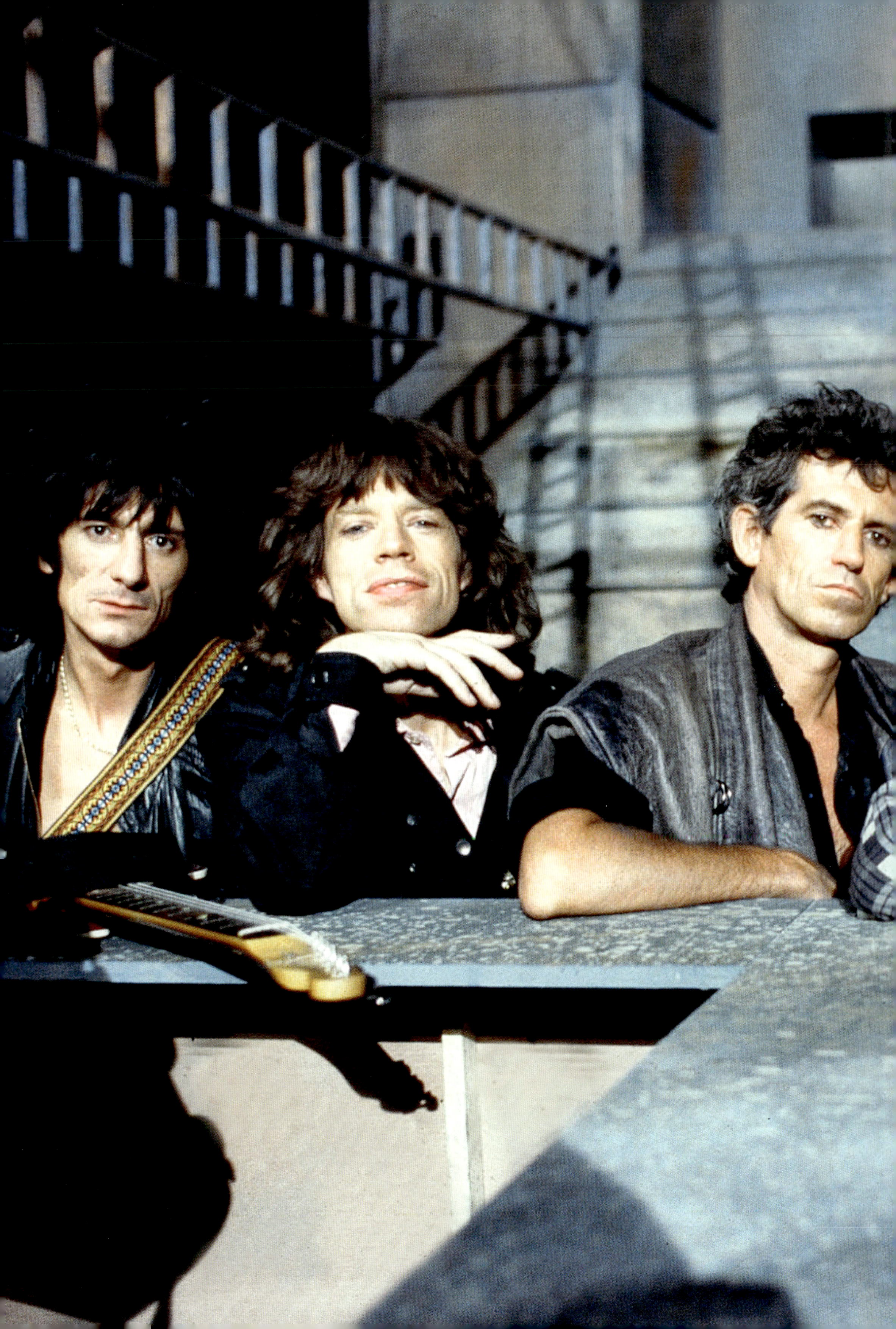

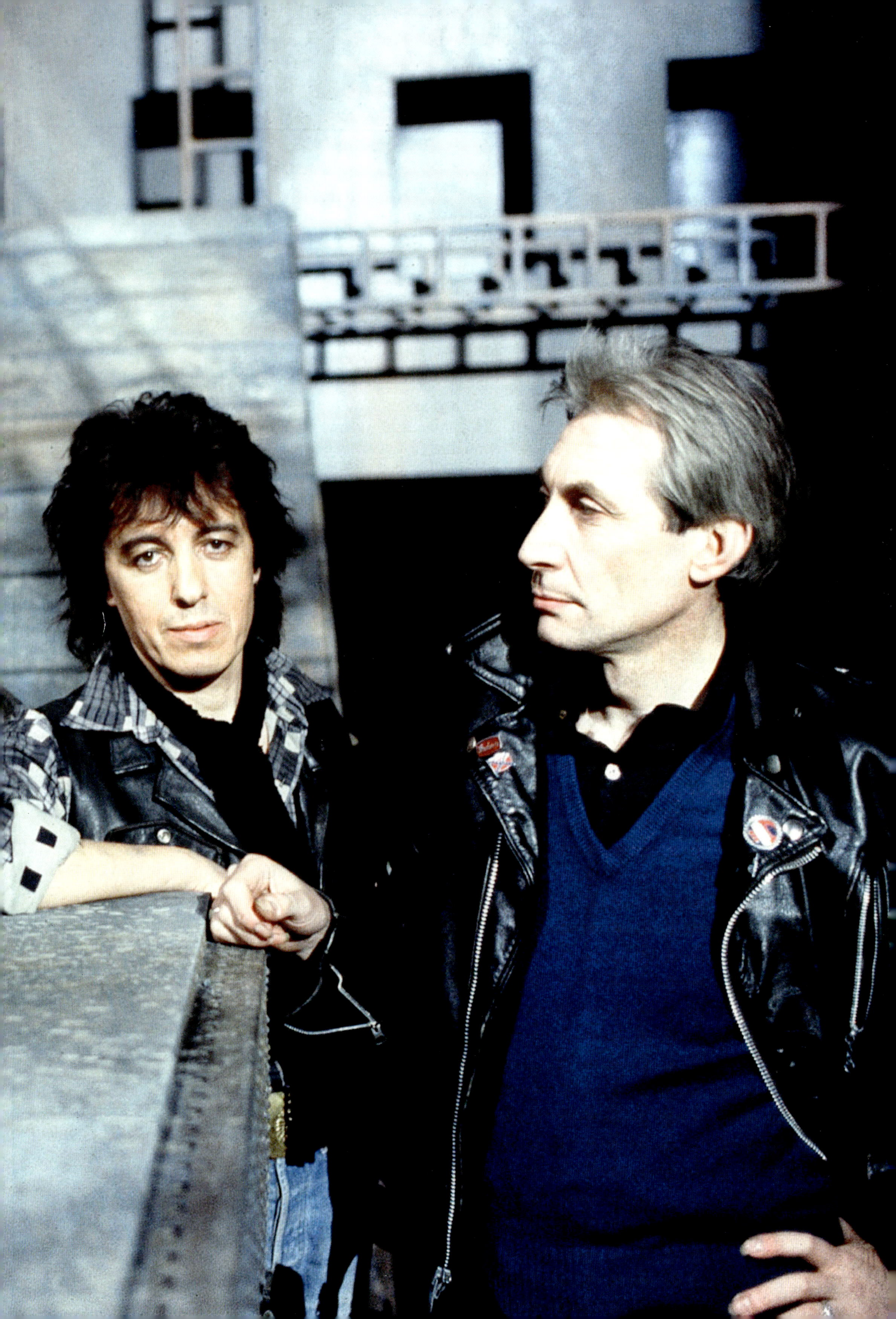